U0772888

课题组在巴拉村调研

课题组在上江调研

课题组在金江镇调研

课题组在攀天阁调研

课题组在叶枝调研

课题组在茨中调研

课题组前往雨崩路遇美景

课题组在塔城调研

课题组在三坝调研

课题组在尼西乡政府调研

课题组在雨崩客栈调研

课题组在塔城调研

巴拉格宗河流风光

冬季的上江乡鸡公石

七彩神瀑

哈巴雪山

三坝白水台

金沙江畔油菜花开

启别村的千年银杏

普达措国家公园之春

普达措国家公园之夏

普达措国家公园之秋

普达措国家公园之冬

冬季的乡村

雨崩神瀑

野生滇牡丹

盛放

高山牧场的秋景

六月的白马雪山取宗贡

秋趣

静谧

江边村的火龙果产业

巴珠村的食用玫瑰种植基地

仕旺村蔬菜种植基地

油牡丹种植基地

羊肚菌人工栽培基地

驰宇滇重楼种植基地

奶思村全景

金上江田园风光

金江镇金沙龙苑民宿

金沙江边的村落风光

夕阳下的三坝乡江边村

世界第一村——尼汝

炊烟缭绕的村落

金沙江畔春来早

野桃花掩映下的藏族民居

独克宗古城一角

叶枝三江司令府

小叶杜鹃花海

丰收的田野

金沙江第一湾

七月的高原

同乐傈僳族村寨

上江水岸福轩民宿

精美的汤堆黑陶

吉祥胜利幢

塔城滇金丝猴

噶丹·松赞林寺

茨中教堂

康普寿国寺

丰收的喜悦

南宝牧场徒步的马队

攀天阁黑谷节

三坝二月初八万人朝白水

尼汝祭山跑马节

傈僳族传统歌舞——阿尺目刮

春节期间小街子的手工经幡市场

象形文字里的活化石——东巴文　　　　　金上江的肋巴舞

载入吉尼斯世界纪录的吉祥胜利幢

《探索与实践——迪庆州乡村旅游发展研究》编委会

顾　　问：许　洋　杨建水　蜂志诚　饶　礼　金莲芳

主　　编：孙志娟

编　　委：彭晓岚　王　蔷　杨绕才

　　　　　李文敏　张红艳　张　艳

图片提供：杨绕才　洪耀辉

　　　　　丁文东　周达辉

主要编撰人员：

孙志娟	民族学副教授	导论、上编
彭晓岚	宗教学讲师	下编第一章、第八章
王蔷	民族学讲师	下编第三章、第七章
杨绕才	法学讲师	下编第二章
李文敏	科社助教	下编第六章、第九章
张红艳	高级讲师	下编第五章、第十章
张艳	助理讲师	下编第四章、第十一章

探索与实践
——迪庆州发展乡村旅游的思考

TANSUO YU SHIJIAN

孙志娟　主编

中国共产党迪庆藏族自治州委员会党校

云南大学出版社
YUNNAN UNIVERSITY PRESS
·昆明·

图书在版编目（CIP）数据

探索与实践：迪庆州发展乡村旅游的思考 / 孙志娟
主编. -- 昆明：云南大学出版社，2019
ISBN 978-7-5482-3793-8

Ⅰ. ①探… Ⅱ. ①孙… Ⅲ. ①乡村旅游－旅游业发展
－研究－迪庆藏族自治州 Ⅳ. ①F592.774.2

中国版本图书馆CIP数据核字(2019)第210690号

策划编辑：张丽华
责任编辑：张丽华
封面设计：任 微

探索与实践
——迪庆州发展乡村旅游的思考

孙志娟 主编

出版发行：云南大学出版社
印　　装：昆明理煋印务有限公司
开　　本：787mm×1092mm 1/16
彩色插页：12
印　　张：14.5
字　　数：290千
版　　次：2019年11月第1版
印　　次：2019年11月第1次印刷
书　　号：ISBN 978-7-5482-3793-8
定　　价：58.00元

地　　址：昆明市一二一大街182号（云南大学东陆校区英华园内）
邮　　编：650091
发行电话：0871-65033244 65031071
网　　址：http://www.ynup.com
E-mail：market@ynup.com

若发现本书有印装质量问题，请与印厂联系调换，联系电话：0871-64167045。

序

中共迪庆州委副书记
中共迪庆州委党校校长 许 洋

　　《探索与实践——迪庆州发展乡村旅游的思考》一书是迪庆州委党校充分发挥党校教师智库作用的实践成果，也是党校科研为教学服务的具体体现。近年来，党校十分注重老、中、青教师的传帮带，不断创新方式培养年轻教师，本书正是在培养年轻教师的过程中应运而生的，是理论与实践碰撞之后的成果。本书采用了多次实地调研、座谈讨论、听取各方意见、吸纳多方建议等研究方法，充分体现出党校教师严谨治学的优良作风。

　　迪庆地处青藏高原南缘，境内海拔最高的卡瓦格博峰有 6740 米，最低点维登乡碧玉河入江口仅为 1486 米，境内平均海拔为 3380 米。这片海拔高低落差达 5000 多米的土地浓缩了诸多的自然精华，雪山、湖泊、草甸、花海、森林、峡谷、冰川、平坝等地理地貌丰富而完整地存在，旅游资源富集，景色美不胜收，全州三县市自然风光各具特色，这是地球上绝无仅有的大自然的奇迹，也是大自然馈赠给迪庆人民最好的礼物。

　　迪庆地处滇川藏结合部，自古以来就处于茶马古道的要冲，是人类迁徙的天然通道，也是各民族出入进退、生息繁衍的大舞台，千百年以来就是藏、傈僳、纳西、普米、白、彝、汉等民族迁移进退的大走廊，历史上曾称为藏、汉经济文化交流的大动脉，目前共居住有 26 个民族，是全国民族成分最多的藏区。千百年来，各民族在生产生活方式、风俗习惯和宗教信仰等方面既保持了自己的文化特性，又突出了你中有我、我中有你的多元特性，呈现出异彩纷呈、民族风情各领风骚的景致。

　　迪庆独特的自然景观与人文景观相得益彰，有着最纯净的自然环境、最纯真的文化底蕴、最淳朴的原生态生活，是旅游者追求的精神家园，也是发展乡村旅游的宝贵财富。

　　迪庆是云南省唯一的藏族自治州，迪庆的稳定和发展关乎云南乃至国家的稳定和发展。只有经济发展和社会稳定同时发力，才能保持当前良好的发展态势。而迪庆自古以来就是兵家必争之地，境外敌对势力从未放松过对迪庆的分裂和渗透活动，迪庆长期处于反分裂、反渗透的前沿阵地，战略地位比较敏感。只有充分发展经济，使广大老百姓过上好日子，才能凝聚人心，与全国同步建成小康社会。

迪庆山高谷深，80％的面积均为山地，不具备发展现代农业的基础条件，要解决"三农"问题和实现 2020 年如期脱贫的任务，唯有充分发挥现有自然资源和乡村优势，借助乡村振兴战略，变资源闲置为资源利用，大力发展乡村旅游，才能实现农民增收和美丽乡村建设。

随着迪庆在云南旅游中的战略地位日益凸显，"大云南"旅游模式的打造、"最美藏区"的创建等大背景给迪庆的乡村旅游发展带来了新的机遇，我们要顺势而谋，依据不同区域的特色精准定位迪庆乡村旅游的特点，科学规划、合理布局，切实使乡村旅游成为广大农民精准脱贫的有力抓手，秉持"授人以鱼不如授人以渔"的原则，为迪庆乡村发展探索出可持续发展的新路子，为实现迪庆跨越式发展夯实基础。

希望党校全体教师继续努力，为迪庆州的发展建言献策，写出更优秀的作品！

2019 年 8 月

目 录

上编 理论基础

下编　实践探索

导　论

第一节　课题研究的选题背景

在当前推进美丽乡村建设、精准扶贫这样一个大背景下，乡村旅游迎来了新的发展机遇，国家提出要在"十三五"期间重点发展休闲农业和乡村旅游新业态。特别是党的十八大提出的创新、协调、绿色、开放、共享的现代发展理念，为发展乡村旅游指明了方向。

近年来，迪庆的乡村旅游飞速发展，特别是第六次西藏工作座谈会提出的"依法治藏、富民兴藏、长期建藏、凝聚人心、夯实基础"二十字治藏方略，对加快藏区发展提出了新的要求；《中共中央关于进一步推进四川、云南、甘肃、青海藏区经济社会发展和长治久安的意见》中提出的七大政策之一就是大力发展藏区特色旅游。这些政策的制定，为迪庆大力发展乡村旅游奠定了坚实的基础。

一、国家政策助推乡村旅游发展

1998 年，国家旅游局推出"华夏城乡游"，提出"吃农家饭、住农家院、做农家活、看农家景、享农家乐"的乡村旅游基本模式，有力地推动了乡村旅游的发展。1999 年，国家旅游局推出"生态旅游年"，以充分保护和利用乡村生态环境为目的，开展乡村农业生态旅游，进一步促进了我国乡村旅游的发展。2002 年国家旅游局组织了"全国农业旅游示范点检查评比"工作；2004年首次公布农业旅游示范点，2005 年以来，国家旅游局先后命名"全国农业旅游示范点"359 个；2006 年在"中国乡村游"之后，将 2007 年的旅游主题定为"中国和谐城乡游"，宣传口号为"魅力乡村、活力城市、和谐中国"；2009 年旅游主题定为"中国生态旅游年"，2011 年为"中华文化游"，2012 年为"中国欢乐健康游"，进一步加快了我国乡村旅游的发展。2009 年，国家旅游局制定颁发了《全国乡村旅游发展纲要（2009—2015 年）》；《国务院关于加快发展旅游业的意见》明确指出，在未来五到十年内，大力发展乡村旅游，通过乡村旅游让农民发家致富。

1. 2012 年 11 月 8 日，十八大报告提出："加快完善城乡发展一体化体制机制，着力在城乡规划、基础设施、公共服务等方面推进一体化，促进城乡要素平等交换和公共资源均衡配置，形成以工促农、以城带乡、工农互惠、城乡一体的新型工农、城乡关系。"由此在全国掀起了发展乡村旅游的新高潮，乡村旅游以其特有优势成为全国乡村经济发展中的一个亮点。

2. 2013 年 11 月，习近平同志首次提出"精准扶贫"，强调扶贫应实事求是，因地制宜。随后，中共中央办公厅印发《〈关于创新机制扎实推进农村扶贫开发工作的意见〉的通知》中提到要有效开展乡村旅游扶贫工作，切实带动农户脱贫致富。2014 年 8 月，国务院颁布和实施了《关于促进旅游业改革发展的若干意见》，其中明确提出大力发展乡村旅游，保持传统乡村风貌，加强乡村旅游精准扶贫，扎实推进乡村旅游富民工程，带动贫困地区脱贫致富。加快乡村旅游的发展对推动中西部发展和贫困地区脱贫致富意义重大。

3. 2015 年 5 月 19 日，汪洋同志在湖北恩施集中连片贫困地区调研乡村旅游扶贫工作时强调，旅游扶贫开发要充分发挥乡村自然资源优势，保护好生态环境，突出民族文化特色，科学规划，有序开发，切实带动贫困人口脱贫致富。要适应自驾游、养生游、休闲游等旅游新业态发展需要，加强旅游基础设施建设，完善旅游服务体系，丰富旅游产品，促进品牌化经营、规范化管理。

2015 年 8 月，中央出台《关于进一步促进旅游投资和消费的若干意见》（以下简称《意见》），《意见》认为：旅游业是我国经济社会发展的综合性产业，是国民经济和现代服务业的重要组成部分。通过改革创新促进旅游投资和消费，对于推动现代服务业发展，增加就业和居民收入，提升人民生活品质，具有重要意义。明确到 2020 年，全国每年通过乡村旅游带动 200 万农村贫困人口脱贫致富；扶持 6000 个旅游扶贫重点村开展乡村旅游，实现每个重点村乡村旅游年经营收入达到 100 万元。《意见》提出互联网＋旅游，用技术的手段来让旅游腾飞。从整合政府资源做信息化的基础设施，到整合商业平台打造电商平台和龙头企业，包括鼓励把乡村旅游和信息化结合，把大众创业万众创新和信息化结合，比较系统地说明了如何实现互联网＋旅游。《意见》把乡村旅游和精准扶贫进行无缝对接，在扶贫方面凸显主体功能。

4. 2016 年 1 月，中央 1 号文件提出，要积极开发农业多种功能，挖掘乡村生态休闲、旅游观光、文化教育价值，对发展乡村旅游提出了更高的要求。2016 年 9 月，国家旅游局等十二个部门制订并印发《乡村旅游扶贫八大行动方案》，确定了乡村旅游扶贫工程的五大任务和实施乡村旅游扶贫八大行动。

提出要大力开发乡村旅游产品、挖掘文化内涵,开发形式多样、特色鲜明的乡村旅游产品。2016 年 12 月,国务院印发《"十三五"脱贫攻坚规划》,在产业发展脱贫的规划中,提出了旅游扶贫的详细措施。要因地制宜发展乡村旅游,开展贫困村乡村旅游资源普查和旅游扶贫摸底调查,建立乡村旅游扶贫工程重点村名录。以具备发展乡村旅游条件的 2.26 万个建档立卡贫困村为乡村旅游扶贫重点,推进旅游基础设施建设,实施乡村旅游后备箱工程、旅游基础设施提升工程等一批旅游扶贫重点工程,打造精品旅游线路,推动游客资源共享。安排贫困人口旅游服务能力培训和就业。在产业发展脱贫的规划中,提出了旅游扶贫的详细措施。

5. 2017 年中央 1 号文件对充分发挥乡村各类物质与非物质资源富集的独特优势,利用"旅游 +""生态 +"等模式,推进农业、林业与旅游、教育、康养等产业深度融合。丰富乡村旅游业态和产品,打造各类主题乡村旅游目的地和精品路线,发展富有乡村特色的民宿和养生养老基地。2017 年 5 月下发了《关于推动落实休闲农业和乡村旅游发展政策的通知》,旨在促进引导休闲农业和乡村旅游持续健康发展,壮大新产业新业态新模式。2017 年 7 月印发了《促进乡村旅游发展提质升级行动方案(2017 年)》等,明确了乡村旅游 2017年实现接待人数超过 25 亿人次,消费规模增至 1.4 万亿元,带动 900 万户农民受益的目标。

6. 2018 年 1 月 2 日发布的中央 1 号文件《关于实施乡村振兴战略的意见》,指出实施休闲农业和乡村旅游精品工程,建设一批设施完备、功能多样的休闲观光园区、森林人家、康养基地、乡村民宿、特色小镇。利用闲置农房发展民宿、养老等项目。同时,加快发展森林草原旅游、河湖湿地观光、冰雪海上运动、野生动物驯养观赏等产业,积极开发观光农业、游憩休闲、健康养生、生态教育等服务。创建一批特色生态旅游示范村镇和精品线路,打造绿色生态环保的乡村生态旅游产业链。2018 年 10 月 10 日,十三个部门联合印发《促进乡村旅游发展提质升级行动方案(2018—2020 年)》(以下简称《方案》),对乡村旅游发展做出了系统部署,重点明确了乡村旅游提质升级的行动任务、创新了产业发展政策,并且加大了措施保障力度。《方案》提出,通过因地制宜推进乡村旅游特色发展;加大对乡村旅游债券融资支持力度;探索建立乡村旅游产业投资基金;加大对乡村旅游贷款支持力度;以加强乡村旅游人才培养及引进力度等方式加大对乡村旅游发展的配套政策支持。

7. 2019 年中央 1 号文件中乡村旅游再次被提及,指出要鼓励社会力量积极参与,将农村人居环境整治与发展乡村休闲旅游等有机结合。要发展乡村新型服务业,充分发挥乡村资源、生态和文化优势,发展适应城乡居民需要的休闲旅游、餐饮民宿、文化体验、健康养生、养老服务等产业，加强乡村旅游基础设施建设。

在过去十年间，中央及有关部委发布的与乡村旅游相关的文件多达二十余个，成为乡村旅游快速发展的重要推手。在国家大力支持乡村旅游的大背景下，迪庆的乡村旅游得到了较快的发展，为迪庆脱贫致富发挥了积极的作用。

二、云南省支持乡村旅游发展的政策背景

1. 2013 年 9 月，《中共云南省委云南省人民政府关于建设旅游强省的意见》（以下简称《意见》）正式出台。作为近年来云南省旅游产业发展历史上最具分量的纲领性文件之一，《意见》提出要紧扣中国特色社会主义事业"五位一体"的总体布局，围绕全省与全国同步全面建成小康社会的战略目标，以融合发展为手段，以项目建设为支撑，推动旅游产业由主要发挥经济功能向发挥综合功能转变，全面构建现代旅游产业体系，实现云南由旅游大省向旅游强省的新跨越。并明确"到 2020 年，要把旅游产业建设成为全省国民经济的战略性支柱产业和人民群众更加满意的现代服务业，把云南建设成为国内一流、国际著名的旅游目的地和中国面向西南开放的国际性区域旅游集散地，形成产业实力强、产业贡献强、产业竞争力强和支撑产业发展能力强的发展格局"。《意见》站在新的发展背景下，通过对云南省旅游产业发展现状的深刻把握，进一步明确了发展路径、发展重点与发展任务，并为云南省旅游产业的转型升级与提质增效指明了方向，为全省旅游产业实现大跨越提供了坚实的政策保障。

2. 为更快、更高效地推进旅游强省建设，2014 年，云南省旅发委联合省其他各相关职能部门联合研究制定并出台了《云南发展大旅游产业的实施方案》（以下简称《方案》）。作为《国务院关于促进旅游业改革发展的若干意见》和《中共云南省委云南省人民政府关于建设旅游强省的意见》的具体细化与落实，《方案》提出要"立足云南传统旅游业发展优势，增强创新动力，优化发展环境，以产业互动和协同发展为核心，深入实施旅游开发与城镇、文化、产业、生态、乡村建设和沿边开放'六位一体'的融合发展战略，进一步延伸产业链，扩大产业面，培育产业群，全面构建产业实力强、产业贡献强、产业竞争力强和支撑产业发展能力强的现代旅游产业体系，努力推动旅游休闲消费升级，全面实现旅游强省建设目标，更好地为调结构、稳增长、促改革、惠民生服务"。《方案》在强调融合发展路径的同时，非常具有针对性地对旅游产业、民族文化产业、旅游制造销售业、健康服务业、旅游地产业和乡村旅游业发展的任务和重点需要开展的工作做出了计划与安排，并进一步凸显

了旅游产业的综合优势及其在国民经济中的主导地位，为旅游产业的发展提供了更为广阔的空间，提供了更多资源整合的可能。

3. 2016 年云南省委、省政府制订出台了《云南省旅游产业转型升级三年（2016—2018 年）行动计划》，按照优存量、强增量、调结构、补短板、重品质、提效益的发展思路，以高端化、国际化、特色化为目标，以全域旅游为方向，以优化结构、转型升级、提质增效为主线，以改革创新和融合发展为动力，以加快重大旅游项目建设为突破口，通过实施传统产品提升、新业态培育、全域旅游强县富民、市场主体培育、旅游对外开放、智慧旅游建设、旅游服务质量提升、城乡环境整治八大系统工程，做大、做强、做精、做优旅游产业，推动全省旅游产业转型升级。2016 年云南省旅游产业转型升级三年行动计划将旅游强县富民工程作为全省旅游产业转型升级的重点任务，提出要大力发展乡村旅游，发挥旅游业在城乡统筹、脱贫攻坚和带动就业方面的积极作用，推动旅游与城乡建设融合发展，实现以城带乡、城乡一体化发展格局。

三、近年迪庆州发展乡村旅游的政策规划

1. 《迪庆州"十三五"旅游业发展规划》中提出要打造区域知名休闲旅游品牌。依托移民扶贫搬迁、现代农业项目、现代休闲度假项目等，按照打造省内及周边知名旅游品牌的标准，抓好乡村旅游、休闲旅游发展，打造区域知名休闲旅游品牌，形成休闲旅游胜地。在"十三五"期间，迪庆州要将发展乡村旅游当成一项富民惠民的重大工程加以推进。拓展全州扶贫开发新领域，着力打造乡村旅游扶贫开发新亮点，全力开创迪庆州乡村旅游扶贫新局面，实现项目区贫困农民收入倍增和稳定脱贫致富，推动贫困地区经济社会更好更快发展，全面提升乡村旅游发展水平，实现以旅促农、以旅脱贫、以城带乡的良好发展格局。

2. 打造三条乡村旅游发展带。迪庆州乡村旅游发展格局主要依托迪庆州旅游发展空间格局，根据旅游发展成熟度及旅游资源分布情况分为三大乡村旅游带，分别为：214 公路沿线乡村旅游带、金沙江乡村旅游带和澜沧江乡村旅游带。

3. 塑造十二个重点乡村旅游发展片区。迪庆州的乡村旅游发展要充分依托区域内的核心旅游景区与旅游资源，充分发挥核心旅游景区对周边村庄社区的辐射和带动作用，以全域旅游协同发展的理念将景区周边乡村旅游作为景区旅游产品的重要补充，打造成迪庆州的景区旅游融合发展区，根据迪庆州内核心旅游景区及旅游资源对周边乡村的辐射带动范围，将全州乡村旅游划分为十二个乡村旅游发展片区，分别为：小中甸杜鹃花海乡村休闲旅游片区、虎跳峡

乡村生态旅游片区、经开区金沙江沿线乡村休闲度假旅游带、普达措国家公园乡村生态旅游片区、金沙江峡谷乡村旅游发展带、香格里拉市郊乡村旅游发展区、巴拉格宗大峡谷乡村旅游发展区、白马雪山乡村生态旅游片区、梅里雪山国家公园乡村生态旅游区、梅里大峡谷乡村旅游发展带、滇金丝猴国家公园乡村旅游发展区、维西县城郊乡村旅游发展区。

4. 完善和提升特色旅游文化村的综合接待功能和服务体系，充分展示乡村历史文化和民族文化，提升乡村旅游的文化内涵。重点挖掘原生态古村落、民族村寨和民俗风情的文化内涵、民族风俗以及生活特色，选择符合当地实际的发展模式和方式，开发具有不同特色的乡村旅游文化产品。

5. 积极实施乡村旅游发展工程。迪庆州乡村旅游发展要通过美丽乡村富民工程、旅游人才培训工程、旅游基础设施建设工程、民族特色旅游村寨工程、乡村旅游景区化建设、特色旅游乡村工程、乡村旅游实验区示范工程、农家乐和特色民居客栈八大乡村旅游发展措施，全面带动全州乡村旅游的快速发展。

综合国家、云南省、迪庆州对发展乡村旅游做出的系列政策部署，迪庆发展乡村旅游具有一定的必然性，而且在政策的支持下，迪庆乡村旅游的发展趋势会越来越好。

第二节 课题研究的目的和意义

一、课题研究的目的

迪庆集"民族、贫困、落后"于一体，是全国"三区三州"深度贫困地区之一。近年来，迪庆的乡村旅游虽然取得了一定的成绩，但还面临一些发展的困难，存在一些亟待解决的问题，对迪庆乡村旅游状况的研究，其目的主要表现如下。

1. 有助于梳理迪庆乡村旅游发展的现状，总结经验。迪庆的乡村旅游从无到有，从农家乐到今天的乡村旅游，经历了一个漫长的发展过程。本课题研究的目的之一就是梳理迪庆乡村旅游发展的历程、发展的现状，为下一步加大乡村旅游发展力度提供一个可以参考的基础情况。迪庆发展乡村旅游虽然时间不长，但已取得了一定的经验，如塔城旅游小镇的打造、金江亲子科普游、雨崩依托宗教文化开展的乡村旅游等案例，已经具有一定的发展规模，取得了一定的效果，积累了一些好的经验。本课题立足对迪庆乡村旅游发展基本情况的梳理和分析，总结经验和做法，为进一步发展迪庆乡村旅游产业提供可借鉴的经验和发展模式。

2. 有助于了解迪庆乡村旅游发展面临的困难，发现存在的问题。迪庆虽然有着丰富的发展乡村旅游的资源，但是因为经济发展滞后，交通不便，乡村旅游起步晚，在全国乡村旅游发展中属于较为落后的地区。本课题研究通过大量的实地调研和访谈，通过与乡村旅游从业者和农民的访谈，发现迪庆发展乡村旅游存在"小、散"等问题，面临客源少、竞争压力大、服务与发展不匹配、旅游基础设施不完善等问题突出。如同乐发展乡村旅游依托的是传统的傈僳族文化的展示，但因为交通不便，旅游接待基础设施不完善，难以提高知名度。调研发现，进入同乐的游客以自驾游、自助游和民俗旅游爱好者为主，每年仅有 200—300 人，且停留时间不长。

3. 有助于厘清发展迪庆乡村旅游的思路，提出具有可操作性的对策建议。本课题研究希望通过对迪庆乡村旅游发展现状的梳理，在借鉴成功经验和吸取教训的基础上，根据迪庆发展乡村旅游的优势和实际情况，探索适合迪庆乡村旅游发展的可行路径，推进迪庆乡村旅游发展的进程，发挥其最大、最好的作用，实现美丽乡村建设、乡村振兴和乡村旅游发展之间的良性互动，相互促进，最终实现把迪庆建成全国最美藏区的目标。

二、课题研究的意义

本课题研究的理论意义在于丰富了迪庆藏区发展乡村旅游的可行性理论研究。乡村旅游作为连接城市和乡村的纽带，促进了社会资源和文明成果在城乡之间的共享以及实现财富重新分配，并为地区间经济发展差异和城乡差别的逐步缩小、产业结构优化等做出很大贡献，推动欠发达、开发不足的乡村地区经济、社会、环境和文化的可持续发展，可以说乡村旅游对于加快实现迪庆精准脱贫和美丽乡村建设具有重要意义。

本课题研究的实践意义在于：一是迪庆乡村旅游发展尚处于起步阶段，通过本课题对发展现状的梳理，可以更好地总结经验，吸取经验和教训，规避发展短板，更好地促进迪庆乡村旅游的发展。二是对迪庆经济社会发展具有促进作用。发展乡村旅游不仅可以缓解乡村经济发展迟缓的问题、改善迪庆乡村经济单一化的发展模式、调整乡村产业结构，还可以极大地增加农民经济收入，促进乡村基础设施建设，吸纳和转移农村富余劳动力，拓宽农民的就业空间。就乡村旅游发展所带来的好处而言，研究迪庆乡村旅发展的模式和可行性，对促进迪庆农村经济社会发展具有一定的现实意义。三是促进迪庆优秀传统文化的保护和传承。迪庆异彩纷呈的乡村民俗风情和民族文化是发展乡村旅游的根本基础。在推进乡村旅游发展的进程中，势必要对本村本地的优秀民族文化进行挖掘和整理，进一步保护和传承，以"原真性"和"独特性"吸引游客。四是促进迪庆美丽乡村建设。乡村旅游是接待游客的服务性行业，要发展乡村旅游除了必须具备的旅游接待基础设施以外，还必须保持基本的村容村貌整洁，这些无形中促进了农牧民形成自觉保持村风文明、村容整洁、环境卫生等行为习惯，促进了迪庆美丽乡村建设的步伐。

第三节　课题研究的内容和方法

一、课题研究的内容

本课题研究的范围是迪庆藏区，从地域和空间来说，涵盖了香格里拉市、德钦县、维西傈僳族自治县和经济开发区，我们对全州的乡村旅游资源进行了调研，特别对已经开始发展乡村旅游或者在发展乡村旅游中已具有一定规模的乡镇、村落进行了重点调研，调研情况将在本书的下编中以案例展示的形式呈现。

本课题的研究属于理论和政策指导下的实践应用研究，具体内容按以下框架展开。

第一部分是导论。介绍本课题研究的选题背景、课题研究的目的和意义、课题研究的内容和方法。

第二部分是上编——理论基础。在查阅大量资料、对比分析的基础上，第一章介绍乡村旅游的概念和特征；第二章对迪庆乡村旅游的基本模式和发展趋势做出阐述；第三章对迪庆发展乡村旅游的优势和劣势进行分析，对迪庆州发展乡村旅游的资源特质做出客观分析；第四章从迪庆发展乡村旅游战略意义的角度阐述迪庆大力发展乡村旅游的必要性和重要性；第五章通过梳理调研情况，对迪庆发展乡村旅游中发现的问题进行归纳；第六章针对发现的问题，提出进一步发展乡村旅游的思路。

第三部分是下编——实践探索。通过大量的实地调研，选取迪庆发展乡村旅游已粗具规模的十一个点构成十一个篇章进行具体分析。如依托景区的尼西、奔子栏、独克宗古城；以康体养生为主的金江、上江；以农业观光体验为主的三坝、攀天阁；以宗教文化为背景的雨崩、茨中；以民族文化体验为目的的同乐、尼汝；呈现新型发展模式的奶思。在对这些案例进行详细调研分析的基础上，梳理迪庆近年来发展乡村旅游的基本做法和取得的经验、存在的问题，有针对性地提出解决问题的对策建议。

二、课题研究的主要方法

本课题以相关的产业经济理论、民族宗教学、文化学、旅游学等学科理论作为依据和基础，全面梳理迪庆乡村旅游发展的现状，针对面临的困难和存在的问题，探讨迪庆如何加快发展乡村旅游的步伐，主要采用以下几种方法进行研究。

1. 资料查阅法。走访州旅发委、州发改委以及三市县相关部门，收集整理迪庆发展乡村旅游的规划、部署、总结等资料，深入了解迪庆乡村旅游发展的历程、下一步的安排部署，为进一步研究迪庆乡村旅游发展寻找理论支撑。

2. 调研、访谈法。走访迪庆各乡镇，重点对乡村旅游从业者、周边居民、遇到的游客进行访谈，力求掌握第一手的资料，为分析迪庆乡村旅游发展的现状、存在问题以及发展趋势做出全面而准确的判断。对村落、乡镇主要负责人的访谈主要是为了了解围绕本地实际情况制定的规划、政策以及下一步的发展部署。通过实地调研和大量的访谈，梳理迪庆发展乡村旅游的资源优势和可行性。

本课题研究进行调研的路线设计：

尼西乡→三坝乡→虎跳峡镇→金江镇→上江乡→塔城镇→攀天阁乡→维西县旅发委→叶枝镇→茨中村→雨崩村→德钦县旅发委→奔子栏镇→香格里拉市旅发委→迪庆州旅发委。

3. 文献分析法。认真查阅国内外关于乡村旅游的研究报告、期刊论文、统计资料等方面的相关文献资料，充分了解和掌握国内外关于乡村旅游发展的理论研究，同时利用互联网对乡村旅游的相关资料进行了较为详尽的搜索、整理和分析，为本课题的研究和分析奠定了较好的基础。

4. 归纳对比法。归纳的核心是从具体的范围到抽象的规律，通过对收集到的大量资料、调研内容、文献等的归纳，找出迪庆发展乡村旅游的共性和特殊性，通过对比，发现可供遵循的规律，进而对迪庆乡村旅游发展提出具有实际意义的发展建议。

上编　理论基础

第一章　乡村旅游的概念和特征

一、乡村旅游的概念

国内外学者对乡村旅游的概念研究甚多，但目前尚未有一个统一的界定。由于乡村旅游本身所具有的多样性和复杂性，国内外学者对关于乡村旅游的相关概念定义有着不同的理解和看法，但综合来看，大致认同乡村性是吸引旅游者开展乡村旅游行为的基础，乡村性也是区别城市旅游和界定乡村旅游的重要标志。本课题对乡村旅游的概念阐释主要采用郭焕成老师的界定。

乡村旅游，是指以乡村地区为活动场所，利用乡村独特的自然环境、田园景观、生产经营形态、民俗文化风情、农耕文化、农舍村落等资源，为游客提供观光、休闲、体验、健身、娱乐、购物、度假的一种新的旅游经营活动。乡村旅游以农业为基础，以旅游为目的，以服务为手段，以游客为目标，是第一产业和第三产业相结合的一种新型产业。

乡村旅游既包括乡村观光农业旅游，又包括乡村民俗文化风情旅游，还包括乡村休闲度假旅游和乡村自然生态旅游，是现代旅游业向传统农业延伸的一种新的尝试，它通过旅游业的带动效应，将生态农业和生态旅游业结合在一起，合理开发生态资源、发展生态旅游，实现城乡优势互补、协调发展，是一种具有区域性和综合性的新型旅游业。

我国乡村旅游的发展是由供给与需求两方面因素共同推动的结果。从供给的角度来看，主要是农村产业结构调整的需要；从市场需求的角度来看，主要是城市化进程加快的结果。

二、乡村旅游的特征

根据乡村旅游对不同内容的依存度，我国的乡村旅游可分为农业观光型、采摘体验型、民俗文化型、亲子科普型、休闲度假型、红色路线型、自然生态型和康体养生型等不同的类型。这些不同的乡村旅游类型除了依托的旅游资源不同，具有一定的共同特征。

（一）乡村旅游首先体现的是人与自然的和谐性

乡村旅游依托的乡村景观是千百年来积淀下来的自然和人文景观的协调统一，在长期的劳作、生产、生活等过程中保持了原有的乡土风情和最原始的自然景观，是最贴近自然、返璞归真的原生态乡村特性，体现的是人与自然和谐相处的美好。如香格里拉建塘镇流传的黑颈鹤与藏族人民歃血为盟的故事，反映出了迪庆农牧民顺应自然、尊重自然、敬畏自然并最终以自己独特的方式与自然和谐相处的方式。这些乡土特点使得乡村旅游具有了亲近自然、人与自然和谐相处的特性。

（二）乡村旅游具有旅游资源丰富多样的特征

我国广大的乡村不仅有神奇的自然景观，还有异彩纷呈的人文景观；不仅有原生态的农业资源，还有兼收并蓄的文化资源；不仅有绿色生态的农特产品，还有独具特色的民间手工艺品……我国地域辽阔，东西南北的地域特色风情各异，既有江南水乡的婉约，又有西北的雄壮，更有山地的粗犷，加上五十六个民族具有各不相同的民风民俗、居住环境等，可以满足不同游客的需求。此外，乡村旅游还可以根据季节交替、四时变化，发展不同的季节性旅游内容。乡村旅游的资源可谓是丰富多彩、琳琅满目，具有丰富多样的特征。

（三）乡村旅游具有游客参与度高的特征

作为乡村旅游主体的游客，可以随着乡村旅游模式的多样性而不同程度地参与到各种行为活动中，获得较大的成就感。如垂钓、采摘、劳作、喂养、手工制作等活动，需要游客不断参与进来，才能充分体验乡村旅游的乐趣。

（四）乡村旅游的衍生品具有文化性

我国的农业生产活动源远流长，各族人民在漫长的历史长河中创造了诸多的劳作形式，如水车灌溉、二牛一犁、水磨作物等方法，以及各种民间小吃的传统做法、手工艺品的加工、民族服饰的制作等等，无一不体现出我国劳动人民的勤劳和智慧，扎染、布艺、手工纸、藏香、编织品等旅游产品具有浓厚的乡土味，更具有浓郁的传统文化特性。

（五）乡村旅游的经营具有低风险性

由于乡村旅游大部分是在原有的农业基础、民房民居和原有的生产条件的基础上，通过基础设施的提升和接待能力的改善而进行的经营行为，其调整的原则之一为最大限度保持原有的特色和原真性，在不破坏原有生产形态和资源的基础上，进行生态化、经营化使其发挥多功能多作用的一种经营手段，因此其开发难度较小，经营风险低，对增加乡村农户经营者的收入见效快。

2012—2018 年我国休闲农业与乡村旅游人数不断增加，从 2012 年的 7.2 亿人次增至 2017 年的 28 亿人次，年均复合增长率高达 31.2%，增长十分迅速。据测算，2018 年全国休闲农业和乡村旅游接待量超 30 亿人次，年营业收入达到 8000 亿元，[①] 休闲农业成为城市居民休闲、旅游和旅居的重要目的地，成为乡村产业的新亮点。中国乡村之声推出特别策划"乡村旅游观察"，介绍各地丰富多彩的旅游文化活动，挖掘乡村旅游发展之道，探索乡村旅游推动乡村振兴的路径。综合乡村旅游的几个特征，迪庆乡村旅游发展潜力巨大，是实现精准脱贫的有效载体。

---

① 数据来源：中商产业研究院网讯，2019 – 02 – 20。

第二章 迪庆乡村旅游的基本模式和发展趋势

中国的乡村旅游开发主要以农业观光和休闲农业为主，并正向着以观光、考察、学习、参与、康体、休闲、度假、娱乐等为一体的综合型方向发展。游客参与率和回游率比较高的乡村旅游主要体现在以"住农家屋、吃农家饭、干农家活、享农家乐"为内容的民俗风情旅游；以收获各种农产品为主的采摘体验旅游；以民间传统节庆活动为内容的乡村节庆旅游等几个方面。

一、迪庆乡村旅游的基本模式

迪庆乡村旅游根据依托的旅游资源和发展侧重点的不同，基本可以分为以下九种模式。

（一）农家乐旅游模式

农家乐是一种农民以自家庭院为活动场所、以自己生产的农产品以及周边天然的自然风光、田园风光或自然景点为旅游内容，以低廉的价格吸引游客前来吃、住、玩、购的一种旅游活动，是乡村旅游的雏形。目前迪庆的农家乐主要有如下方式。

1. 食宿接待。以农户自家生产的绿色、生态的有机食品为原材料，加工成可口的特色食品和舒适、卫生的环境吸引游客前来食宿。如上江乡清水河畔人家，就是利用自己家里种植的蔬菜、粮食和自家喂养的猪、鸡、鱼等生态食品和垂钓、休闲的方式吸引游客。

2. 劳作参与。通过参加农业活动，与农民同吃、同住、同劳动，实际接触劳作的辛苦，感受农耕文化和乡土味道。这种模式近年来在迪庆比较常见，是一种常见的吸引游客的手段。如金江、上江、塔城、攀天阁等地，均会在夏令营中安排此类活动，目的在于让参加旅游的人员亲身体验劳作，感受浓厚的乡土气息，同时增加一定的科普内容，比较受内地一线城市进入的游客青睐。

3. 采摘体验。依托现代农业应运而生的一种乡村旅游模式。如经济开发区的草莓采摘、金江的蓝莓采摘等活动。用亲手采集农产品的方式吸引游客。

4. 民居型农家乐。利用本地的传统民居住宅，吸引游客前来观光住宿的一种模式。如维西县塔城哈布达云谷的民宿，简单古朴的建筑风格与周围的青山、梯田、核桃树等相映成趣，毫不突兀，凸显了人与自然和谐的主题。其经营模式以亲子游为主，通过网络平台招募游客，主要提供民宿、餐饮和旅游定制服务，极受沿海城市游客的青睐。2018 年 7 月开业至今，该民宿已经接待了来自北京、上海、广州等大城市的八百多名游客。

（二）依托景区旅游模式

这是一种依托知名景区开展的乡村旅游模式，多数位于景区周边，是旅游者在景区观光之余对周边的田园风光、民俗文化、农家生活等的观光游玩模式。迪庆乡村旅游依托景区开展的不在少数，如尼西乡就是依托巴拉格宗五 A 景区发展乡村旅游的典范。随着巴拉格宗知名度的不断提高，大面积油菜花观赏、野生桃花观赏、土陶制作体验、吃土锅鸡等成了景区的伴生物，呈现出较快的发展势头。

（三）民俗风情旅游模式

这是以乡村的风土、民俗、文化等为吸引物，充分体现出传统文化、民风民俗特点，开发农牧文化、民族节庆、生活习俗、民族歌舞等旅游活动，为乡村旅游融入更多的文化内涵的一种旅游模式。迪庆居住着二十六个民族，在长期的生产生活中，形成了既保持自己民族特点又吸收其他民族文化的独特民族文化，是发展乡村旅游的最根本因素。仅从服饰来说，迪庆同一民族因居住地域、年龄、场合等的不同，就呈现出不同的特点，如藏族服饰就有一百余种。迪庆各种节庆文化、歌舞文化、民族民居、饮食服饰更是令人目不暇接，是发展乡村旅游最好的文化基础。如上江乡四同鱼庄 2012 年就以通过举办插秧文化节，挖掘整理本地特色文化的方式扩大自身影响力，取得了较好的效果。

（四）田园农业观光型旅游模式

田园农业观光型旅游主要是以绿色景观和田园风光为主题的旅游活动。田园农业观光型乡村旅游要想具有持续长久的生命力，必须突出当地的乡村特色，需要充分利用当地独特的旅游资源优势以塑造特色产品。迪庆的田园观光型旅游模式主要有香格里拉每年举办的观鸟节、高山牧场观光、金沙江沿线田园观光、塔城巴珠玫瑰谷、攀天阁黑谷节等类型。如塔城玫瑰谷观光性旅游，在以高原玫瑰吸引游客的同时，巴珠还开发了以玫瑰为原料的深加工旅游产品，玫瑰饼、玫瑰茶、玫瑰精油、玫瑰花瓣等产品深受欢迎。巴珠超过98.7% 的森林覆盖率也为绿色生态观光游奠定了基础。

（五）传统村落旅游模式

传统村落是指村落形成较早，拥有较丰富的传统资源，具有一定历史、文化、科学、艺术、社会、经济价值，应予以保护的村落。传统村落旅游模式是一种依托传统村落古建筑、古民居古宅、特色村寨、古镇、古寺庙等开展的乡村旅游模式。我国目前已经公布了 4 批次 4157 个传统村落名单，其中迪庆共有 21 个传统村落，为迪庆发展传统村落乡村旅游提供了得天独厚的条件。如维西同乐，2006 年被云南省政府公布为第一批省级傈僳族传统文化保护区；在 2007 年开始的全国第三次文物普查中，维西同乐木楞房被列为全国百大新发现之一；2012 年 1 月，被云南省人民政府公布为云南省第七批省级文物保护单位。其建筑为傈僳族传统的木楞房，全屋不用一颗钉子，全部以榫口相接而成，冬暖夏凉，抗震效果优良。同乐傈僳族木楞房建筑以统一的外观鳞次栉比地分布在山坳之间，具有极高的观赏和科研价值。

（六）康体养生旅游模式

这是依托独特的地热温泉、舒适宜人的气候、优美的田园风光以及相对便利的交通条件形成的一种新的旅游模式。迪庆温泉资源富集，如德钦西当温泉、永芝温泉、谷扎温泉；维西的永春桥头温泉、白济汛猴子崖温泉；香格里拉的天生桥温泉、霞给温泉等。

（七）红色路线旅游模式

红色旅游，主要是指以中国共产党领导人民在革命和战争时期建树丰功伟绩所形成的纪念地、标志物为载体，以其所承载的革命历史、革命事迹和革命精神为内涵，组织接待旅游者开展缅怀学习、参观游览的主题性旅游活动。红色路线旅游活动的主题是要发挥爱国主义教育基地的作用。红色路线旅游模式是把红色人文景观和绿色自然景观结合起来，把革命传统教育与促进旅游产业发展结合起来的一种新型的主题旅游模式。其打造的红色旅游路线和经典景区，既可以观光赏景，也可以了解革命历史，增长革命斗争知识，学习革命斗争精神，培育新的时代精神，并使之成为一种文化。迪庆有着丰富的红色旅游资源，如红军旧址独克宗古城、金沙江沿线红军渡口、藏经堂、上桥头红军纪念桥、伏龙桥、金江特区等。

（八）探险科考旅游模式

这是一种以优美的自然景观、神奇的山水等资源来发展登山、徒步、漂流、探险、科研等的旅游活动，是游客感悟大自然、挑战自我的一种新型乡村旅游模式。迪庆山高谷深，高原湖泊众多，自然风景秀丽，生物资源丰富，可以开发的徒步探险科考路线较多。如香格里拉市三坝乡的哈巴雪山徒步登顶活动、尼汝秘境徒步探险活动、白茫雪山生物考察活动、维西塔城滇金丝猴科研活动等等。

（九）宗教文化旅游模式

宗教旅游是一种以宗教朝觐为主要动机的旅游活动，主要以朝圣、拜佛、转山等宗教活动为载体开展。迪庆州因地处滇、川、藏、青民族文化走廊地带，历史上属于茶马古道的要塞，迪庆 26 个民族在长期的生产生活中形成了多宗教并存的局面。藏传佛教、天主教、基督教、伊斯兰教、东巴教、道教、原始宗教在这里和睦相处，截至 2018 年年末，全州有登记备案且批准开放的寺观教堂及宗教固定处所 150 个，全州信教群众 152000 人。迪庆宗教的奇特之处不仅在于其多元性，更在于它的包容性和交融性，由此形成了神秘、深邃的宗教文化殿堂，具有悠久的历史和古老的文化基础，是迪庆发展乡村旅游最好的资源。如德钦县雨崩村，因为有藏区八大神山之首的梅里雪山而使得其他藏区的信教群众因朝拜神山而进入，其秀丽神奇的自然风景又吸引了诸多的中外游客，随着知名度的不断提高，仅有 41 户人家的雨崩村成了游客趋之若鹜的以宗教文化带动乡村旅游的典范。

迪庆乡村旅游的发展模式并不是独立的，而是各种旅游元素交织在一起形成的具有发展活力、形式多样、内涵丰富、灵活多变等特点的旅游活动，具有较大的发展空间和极高的发展潜力。

二、迪庆乡村旅游的发展趋势

近年来，迪庆乡村旅游发展迅速，一些乡镇已经粗具规模，乡村旅游的消费正逐渐扩大，成为迪庆旅游发展的一大亮点。迪庆发展乡村旅游虽然起步晚，但后劲足，呈现出一些新的发展趋势。

（一）地方政府主导的力度明显加大

从一开始农民自发开展的农家乐、休闲鱼庄到现今的乡村旅游模式，迪庆地方政府的主导力度不断加大，已把乡村旅游纳入迪庆全域旅游和"十三五"旅游规划，把乡村旅游作为一项增加农民收入、促进精准脱贫、发展旅游产业的重要载体纳入产业发展的总体规划，作为旅游业全新的增长点着力扶持和培育，还出台专门政策，扶持乡村旅游发展。如维西县塔城镇的旅游小镇打造，就是维西县政府、迪庆州委州政府以专项资金扶持、整体规划进行的建设，其目的在于整合塔城的优势资源，着力打造集休闲、养生、康体、体验、文化、宗教、观光等旅游目的为一体的复合型乡村旅游度假区。

（二）开发多元化趋势日益明显

单打独斗的现状已不能适应市场经济发展的脚步，产业融合、规模经营、整合发展成为扩大乡村旅游市场份额和提高市场竞争力的必然选择。迪庆乡村旅游与全国其他地区的乡村旅游一样，在起始阶段，一般以一些有一定实力、一定专长、意识比较超前的农户自发组织开展为主。随着乡村旅游市场的不断扩大，投资、开发、经营等的主体也趋于多元。目前迪庆的乡村旅游既有农户个体或合作社经营，也有集体投资经营，一些有实力的公司、集团等城市资本也纷纷加入乡村旅游开发中。如小中甸镇"鬲思·碧水蓝天乡村旅游景区"就是一种以村集体经济现金入股，与香格里拉市阿佳拉集团投资合为一体的乡村旅游开发模式。小中甸镇"鬲思·碧水蓝天乡村旅游景区"以"吃藏家风味，住藏家帐篷，欣赏高原风光，感受藏家文化，了解当地历史"为发展乡村旅游的内容，目前形成了游客中心、35 家藏民接待点、2 千米长的高原水乡美景、木天王旧址参观、高原农牧文化体验、完好的生态环境、民族歌舞等旅游项目，实现了村落户户、人人参与乡村旅游的目标。"政府＋公司＋集体＋农户"的发展趋势是今后迪庆发展乡村旅游的主要趋势，可以解决经营小、散、资金不足等问题。

（三）从乡村旅游到乡村生活的发展趋势

当前迪庆的乡村旅游正在从短暂的乡村旅游向乡村生活发展。如金江镇小龙潭庄园在最初的食、宿、休闲经营模式的基础上，着力营造生态花园、展示农耕文化，吸引了国内知名公司的入驻。2015 年进入该地观光的亚洲铜装饰协会被其清净、优雅、舒适的乡村环境和浓厚的文化氛围所吸引，以每年 12 万元的价格承租了小龙潭庄园，每年把公司的员工、合作伙伴、行业人员等带来开会、小住。这体现了把短暂的乡村旅游变为长期的乡村生活，完全融入乡村生活中的发展趋势。

（四）注重乡村旅游的特色化、规模化、品牌化

迪庆第一批从事乡村旅游的开发者和经营者大多已完成了原始的资金、游客、经营渠道等的积累，他们一方面要开创更大的事业，一方面已感受到竞争的压力，必然要把乡村旅游事业做大做强做优，而新加入的乡村旅游开发者起点高，旅游内容丰富，产品精品化、高端化。因此，迪庆目前的乡村旅游发展开始注重旅游产品的特色化、规模化、经营化。如金江镇金沙龙苑精品酒店的打造，就依托周边的鱼庄、农家乐、蔬菜种植合作社、养殖大户等形成一个完整的生态产业链，在发展乡村休闲、体验的基础上，不断挖掘当地的传统农耕文化，举办手工豆腐全宴、篝火晚会、农特产品展示等独具特色的经营活动，

着力打造辐射周边村落乡镇的精品乡村旅游产品。目前已粗具规模，吸引了大量的旅游团队、夏令营学生团队、自驾游等乡村旅游客源。此外，金沙龙苑还依托当地丰富的中医资源，筹划了健身、针灸、按摩、疗养等内容的康体养生。目前已经建好必要的场所，正在进行专业人员的培训，下一步必将吸引更多的游客进入该地，其辐射的村落也延伸到紧邻的上江乡、五境乡、塔城镇，以旅游环线为载体着力打造全域旅游。

（五）注重乡村旅游产品和组织形式的多样性

游客对乡村旅游品牌的多样性、内容的丰富性和体验的差异性的要求越来越高，因此，相应的迪庆发展乡村旅游呈现出旅游产品和组织形式的多样性。如上江乡的水岸福轩乡村旅游的经营就随着游客的多元需求，呈现出组织形式多样性的特点。水岸福轩最初也与大多数乡村旅游的内容相同，即以烧烤、垂钓、休闲、观景为主要内容。近年来，随着乡村旅游的不断发展和旅游者的需求多元，其增加了塔城滇金丝猴观看、红色路线徒步、穿越千湖山、亲子活动、感受达摩祖师洞宗教文化等内容，吸引了更多的游客。除了平日的游客以外，每年还会有40个左右的游客从全国各地来到水岸福轩欢度春节，不仅感受乡村生活的舒适，同时还可以体验迪庆春节的民族文化氛围，受到了游客的喜爱。

第三章 迪庆发展乡村旅游的资源分析

迪庆，藏语意为"吉祥如意的地方"，是云南省唯一的以藏民族为主、多民族聚居、多宗教共存、多文化交融的藏族自治州，也是全国民族成分最多的藏族自治州。位于滇川藏三省区交界处，总面积23186平方千米。东与四川省稻城县、木里藏族自治县接壤；南界丽江市玉龙县及怒江州的兰坪县、福贡县；西与西藏自治区的左贡、察隅县以及怒江州的贡山县毗邻；北与西藏昌都芒康县及四川甘孜州的巴塘、得荣、乡城县交错接壤。总体地势呈西北高、东南低，最高海拔为德钦县卡瓦格博峰，海拔为6740米；最低点为维西县维登乡碧玉河入江口，海拔为1486米，境内平均海拔为3380米。下辖香格里拉市、德钦县、维西傈僳族自治县和一个经济开发区，共有29个乡（镇），含3个民族乡193个行政村（办事处）。[①]

一、迪庆发展乡村旅游的优势分析

迪庆因其特殊的地理区位和地理地貌，乡村遍布，自然景观多样，文化底蕴深厚，绝大部分乡村保持着原始的自然风貌和民风民俗，在发展乡村旅游上拥有得天独厚的优势。

表3-1 迪庆州发展乡村旅游资源一览[②]

自然资源	水资源	1. 河流。金沙江是我国第一大江万里长江的上游，境内共有80条一级支流注入金沙江，如珠巴洛河、岗曲河、吉仁河、东旺河、硕多岗河、尼汝河、腊普河等。澜沧江从迪庆州德钦县佛山乡隔界河入境，流经德钦县佛山、云岭、燕门，维西县巴迪、叶枝、康普、白济汛、中路等乡（镇），至维登乡碧玉河汇口出境。境内主要有141条一级支流注入澜沧江，流量较大的有阿东河、永春河、三岔河等

---

① 数据来源：迪庆州统计局2018年统计数据。
② 《迪庆藏族自治州志》《迪庆州旅游十三五规划》《迪庆州全域旅游发展规划》。

续　表

自然资源	水资源	2. 湖泊。迪庆州境内海拔 3000 米以上的群山中，高原平坝的低洼处，湖泊星罗棋布，数量众多，面积在 10 亩以上的高原湖泊共有 94 个，多为断层陷落而形成的构造湖，少量为冰蚀湖。其中面积较大、景观最美的是纳帕海、碧塔海、属都湖和千湖四个高原湖泊和湖群。 3. 雪山、冰川。迪庆州境内群山林立，冰峰雪岭高耸于群山之上。境内海拔 4200 米以上的山峰共 211 座。这些山峰岭上布满着冰雪，是天然的固体水库，蕴藏着巨大的水资源。德钦县明永冰川面积为 13 平方千米，海拔仅 2660 米，是全国海拔最低的冰川。还有面积为 2.1 平方千米的哈巴雪山，是规模较小的现代冰川。梅里雪山和哈巴雪山孕育了冰川
	动物资源	有国家重点保护物 42 种，其中一级保护动物有滇金丝猴、云豹、黑颈鹤等 9 种；二级保护动物有小熊猫、藏雪鸡、血雉、林麝、棕熊等 27 种；三级保护动物 6 种。此外还有经济类毛皮兽、肉用野生动物、药用动物、观赏动物、天敌类动物以及饲养动物等——《迪庆藏族自治州志》
	植物资源	迪庆藏族自治州被誉为"动植物王国"和"天然高山花园"，是世界著名花卉杜鹃、报春、龙胆、绿绒蒿、细叶莲瓣等的分布中心，有世界著名的园林园艺植物珙桐、秃杉等，有以松茸、羊肚菌、木耳为代表的野生食用菌 136 种，野生药用植物有虫草、天麻、贝母、杜仲、当归等 867 种。分布在迪庆境内的高等植物多达 187 科 5000 余种，其中银杏、云南红豆杉等 30 余种为国家一、二级保护树种；维西兰花、高山杜鹃等观赏植物就达 1578 种；有国家级重点保护珍稀濒危植物 34 种，乔木类 322 种，野生维生素植物 248 种，香料植物 150 种；油料植物 150 种。主要树种有云杉、红杉、冷杉、高山松、红豆杉、香榧、云南松、华山松等
	矿产资源	迪庆地处"三江成矿带"腹心地带，是全国十大矿产资源富集区之一，也是我国最具潜力的矿产资源富集区。矿产资源丰富，种类繁多。目前已探明的有铜、铁、铅、锌、钨、金、银、铳、铁等 17 种金属矿产；石棉、石膏、大理石等 20 种非金属矿产，有矿点 323 处。铜、钼、金、银、铍、铳、铁等矿产资源储量在云南位居第一。全州铜矿储量达 660 万吨。其中普朗和羊拉里农铜矿储量达 600 万吨

续　表

自然资源	畜牧资源	境内分布有大面积的天然草场资源，饲用植物种类繁多，牧草营养价值高，植物组合性复杂，自然生态群落丰富，是云南省最大的天然牧场。全州现有天然草场面积82.56万公顷，占全州土地面积的35%；人均拥有草场面积2.2公顷，居全省之首
自然景观	雪山冰川	梅里雪山、白马雪山、哈巴雪山、石卡雪山、迪隆雪山、阿布吉雪山、碧罗雪山、天宝雪山、明永冰川、斯农冰川……
	神山峡谷	巴拉格宗大峡谷、香格里拉大峡谷、碧荣峡谷、虎跳峡、胜嘎神山、尼汝神山、色拉神山……
	湖泊牧场	白水台、千湖山、碧沽天池、南姐洛、新化湖、月亮湖、蜀都湖、碧塔海、乃当牧场、纳帕海、南宝牧场、南仁村高山牧场、亚拉清波牧场……
	田园风光	杜鹃花海、狼毒花海、金江和上江田园风光、澜沧江沿线田园风光、塔城田园风光、巴珠玫瑰谷、攀天阁水稻种植基地、奔子栏葡萄谷……
人文资源	民族风情	1. 丰富的节日活动。如春节、藏历年、箭友节、过年节、二月八、本主节、赛马会、丹巴日古、阔时节、祭龙节、祭山跑马节、花山节、俄中花节、赛马节、钩溜节等 2. 多彩的民族服饰。如藏族、傈僳族、纳西族、白族、苗族、彝族等各民族服饰 3. 风味饮食。藏族的酥油茶、糌粑、青稞酒、奶渣、牛肉烧烤、藏家一锅珍，傈僳族的阔要俄勒、仙米粑粑、漆油鸡，纳西族的四扇松茸、天麻扣鸡、贝母鸡、虫草鸡、水汽粑粑，汉族的江边八大碗、春卷，普米族的醉鸡等 4. 独特的婚丧习俗。如惊世骇俗的藏族丧葬仪式、彝族婚礼习俗、苗族丧葬、汉族婚俗等
	宗教文化	1. 宗教类型。迪庆州宗教以藏传佛教为主，多种宗教多种教派并存。藏传佛教、天主教、基督教、伊斯兰教、东巴教、道教、原始宗教在这里和睦相处，形成了神秘、深邃的宗教文化殿堂。迪庆香格里拉的宗教文化，奇特之处不仅在于其多元性，更在于它的包容性和交融性

续　表

人文资源	宗教文化	2. 宗教建筑。云南最大的藏传佛教寺庙松赞林寺和东竹林寺、水边寺、塔巴林寺，道教与佛教共居一室的寿国寺，茨中教堂，小维西天主教堂，飞来寺等 3. 宗教节日及活动。格冬节、迎佛节、神山祭祀等宗教活动 4. 宗教艺术。唐卡、壁画、酥油花、雕塑、东巴画等
	民族文化	1. 朴实的高原风格民居，如木结构平顶房、木楞房、高原藏房、碉楼式藏房、三坊一照壁等 2. 绚丽的歌舞体育，如弦子舞、锅庄舞、热巴舞、东巴舞、阿里里和赛马、拔河、磨秋、射弩、摔跤、木球、赛陀螺、摔牛等 3. 历史文物，如残存的石棺墓、碑刻、吐蕃铁桥遗址、古岩画等 4. 古老的医药，如藏医藏药文化、神药双解的苗族医药文化、纳西传统医药等 5. 手工艺文化，如藏族手工织毯技艺、三坝白地纸制作、洛吉汉族刺绣、傈僳族手工编织、黑陶制作、金银器制作、木碗加工等

（一）自然资源

迪庆发展乡村旅游所依托的自然资源包括水资源、矿产资源、动物资源、植物资源、畜牧资源等。迪庆位于青藏高原延伸部分南北纵向排列的横断山脉，地处怒江、澜沧江、金沙江"三江并流"世界自然文化遗产腹心区，主要山川河流均为南北走向，呈现出三山夹两江之势。三山即怒山山脉、云岭山脉、中甸大雪山山脉，其间有澜沧江、金沙江自北而南贯穿全境。境内海拔在4000 米以上的雪山山峰有790 座，高耸的雪山和深切的河流将迪庆分割成大大小小的块体，相对海拔高差在5000 米以上，[①] 这种较小范围内的巨大高差使得境内气候、植被、土壤、生物乃至民族呈现垂直立体分布。立体气候十分明显，有"一山分四季，十里不同天"的说法。特殊的地理条件形成了迪庆无与伦比的自然景观，同时也使幅员辽阔的迪庆高原成为一块资源富集的宝地，那皑皑的雪山、肥美的草场、茫茫的森林、宁静的湖泊、纵横的溪流，蕴藏着极为丰富的资源。

迪庆州是云南省冰川地貌最集中的地区，不仅有大量古冰川遗迹，还有现

---

① 迪庆藏族自治州地方志编纂委员会：《迪庆藏族自治州志》，云南民族出版社2003年版。

代冰川的活动痕迹。除此之外还有一些较为典型的岩溶地貌，如维西祖师洞、仙人洞，纳帕海落水洞、天生桥、霞给温泉、三坝白水台等，都是远近闻名的岩溶地貌风景区。

全州林业用地 188.38 万公顷，林地面积 120.83 万公顷，占全省第二位，仅次于普洱。森林覆盖率达 73.95%，高于全省平均水平。有白茫雪山国家级自然保护区，哈巴雪山、碧塔海、纳帕海三个省级自然保护区，保护区总面积达 32.0129 万公顷。迪庆是我国弥足珍贵的活化石和物种基因库。

（二）自然景观

迪庆拥有香格里拉和"三江并流"两个世界级品牌，是一个浓缩了诸多自然精华的神奇之地。雪山、湖泊、草甸、花海、森林、峡谷等等丰富而完整地存在于海拔高低落差达 5 千米的土地上，不得不说，这是地球上绝无仅有的大自然的契机，也是大自然馈赠给迪庆人民的最好的礼物。河谷地区如澜沧江边的西当、巴迪、叶芝、康普、中路、维登；金沙江边的奔子栏、托顶、上江、金江等乡镇，是迪庆的农业主产区，拥有优质的田园乡村风光。

迪庆自然景观丰富，且大部分保持了最古朴、最原始、最生态的原生性，是迪庆发展乡村旅游最主要的依托。徒步、探险、观光、体验、采摘等活动是乡村旅游的主要内容，迪庆境内涵盖了河谷、坝区、高原、雪山、山地等地形地貌，是进一步发展乡村旅游的必需条件。

（三）文化资源

迪庆自古以来就是各民族出入进退、生息繁衍的大舞台，千百年来，由于地处"民族迁徙大走廊"核心区域，形成了 26 个民族大杂居小聚居的特点，各民族间相互影响，文化元素相互采撷，历史上长期以来就是多民族聚居、多宗教和谐并存的宗教重点地区。迪庆形成了以藏族为主、多民族共生的格局，这种情况在全国范围而言也属罕见，成为全国 10 个藏族自治州中民族成分最多的藏族自治州。迪庆境内千人以上的世居民族有藏族、傈僳族、汉族、纳西族、白族、彝族、普米族、苗族、回族 9 个民族。截至 2018 年 12 月 30 日，迪庆户籍人口为 369198 人，其中少数民族 328899 人，占全州总人口的89.08%。[①] 多民族大杂居的格局造成了民族文化的交流、交融、交锋，既保持了自身独特的文化，又吸收了其他民族的文化特色，形成了兼收并蓄、各具特色而又和谐共融的香格里拉文化。神秘的宗教文化、厚重的历史文化、绚丽的服饰文化、缤纷的饮食文化、多彩的建筑文化等相互交织，正所谓"一步一

---

① 迪庆州公安局户籍统计科 2018 年户籍人口统计。

景"，璀璨的人文资源和秀丽的自然景观相得益彰，更为迪庆增添了无限魅力，正是发展乡村旅游必需具备的文化资源。

（四）乡村资源

迪庆下辖香格里拉市、德钦县、维西傈僳族自治县和一个经济开发区，共有 29 个乡（镇），含 3 个民族乡 193 个村（居）委会 2246 个村民小组。[①] 在全州占大多数的乡村和农业人口，是迪庆发展乡村旅游的依托和主力军。迪庆地广人稀，3.2 万平方千米的土地上，峡谷、高原、山地、平坝、河谷等地貌纵横交错，使得迪庆的自然景观呈现出多样化的特点，原始的自然风貌、天然的农特产品、悠久的农牧文化，加上 26 个民族在千百年来的大杂居小聚居的生产生活中形成的风格各异的风土人情、村落建筑、饮食服饰等民风民俗，形成了"古、真、土、美、趣"的乡村景观，为迪庆创建原生态的乡村田园风光、农牧体验、自然科普、康体养生、文化感受、亲子旅游等丰富的旅游模式，提供了无限的发展空间，发展乡村旅游的潜力巨大。

（五）地理区位

迪庆地处滇川藏三省区交界处，是内地连接西藏的主要通道之一，也是茶马古道的黄金要冲。历史上就是内地与藏区经济文化交流的中转站和物资集散地，也是当前大香格里拉区域合作的核心圈。迪庆居于滇、川、藏茶马古道大三角旅游区的连接点，从所处的地理区位来看，迪庆发展乡村旅游具有独特的地理位置和优越的区位优势。

二、迪庆发展乡村旅游的劣势分析

（一）交通不便

迪庆地处云南西北部，地势险峻，自古以来就处于交通不便的偏远地区，建州以来，虽然交通基础设施建设取得了极大的进展，但受迪庆境内山高谷深、山地面积多、相对闭塞等不利因素的影响，交通制约一直是迪庆发展的严重阻碍。

（二）旅游产品分散

迪庆发展乡村旅游虽然拥有得天独厚的自然资源、人文资源，但因为空间距离大、游览所需花费的时间长等原因，许多优越的旅游资源因游客稀少而未能充分开发。如维西巴迪的南姐洛，具备开发雪山探险、高原徒步、杜鹃林观

---

① 数据来源：迪庆州统计局 2018 年统计数据。

赏、高原湖泊探秘等精品路线的优势，但因为与周边的旅游产品距离远、道路险峻等原因，至今只有少量的自驾游、本地游客进入，依旧是"养在深闺人未识"。

（三）季节性强

迪庆位于青藏高原南麓，是典型的高海拔地区。境内有人类至今未能征服的海拔 6740 米的处女峰、云南第一峰——卡瓦格博峰。迪庆境内平均海拔 3328 米，境内海拔在 4000 米以上的雪山山峰有 790 座，年最低气温零下 27.4℃，大半年的时间处于寒冷、结冰、积雪的状态，寒冷时仅有极少数游客进入，迪庆旅游季节性太强，直接影响到迪庆乡村旅游的持续发展。

（四）旅游产品单一

目前迪庆乡村旅游多集中在开发休闲农业和观光农业，对传统文化和民风民俗资源的开发不够，存在乡村旅游产品的开发程度低、开发模式单一、旅游资源开发产品雷同、缺乏创新等问题。迪庆的乡村旅游资源丰富，但是在发展乡村旅游的过程中，除了对原有的资源尽心搞开发和利用外，迪庆乡村旅游对衍生品的开发滞后，未能较好地体现迪庆特色，而且未能较好地体现旅游产品的附加值，这是迪庆乡村旅游发展的一个劣势。

（五）理念转变难

迪庆集偏远、贫困、落后、民族为一体，长期处于闭塞的环境之下，对利用自家的民宿和农特资源发展乡村旅游，在理念、观念的转变上有一定的差距，特别是部分经营者的客栈、民宿、餐厅等经营场所与居住场所未有明确的区分，而是混合在一起，部分老人对发展乡村旅游具有一定的抵触。目前迪庆已经开发乡村旅游的经营者服务理念滞后、服务人员综合素质不高，也是迪庆发展乡村旅游的一大劣势。

三、迪庆发展乡村旅游的资源特质

迪庆发展乡村旅游的资源很多，发展潜力巨大。其特质主要表现如下。

（一）品牌强

迪庆拥有"香格里拉"和"三江并流"两个世界级旅游品牌，是迪庆发展乡村旅游最好的金字招牌，也是迪庆人文、自然、历史、景观、生态等的综合体现，关系到迪庆其余旅游产品对潜在游客的综合吸引力。目前迪庆拥有的这两个世界级品牌是进一步发展乡村旅游的最大优势。

（二）内容丰富

迪庆发展乡村旅游具有丰富的自然资源、人文资源和自然景观。迪庆除了具有气势磅礴的雪山冰川、风光迷人的湖泊草甸、丰富多样的动植物以及雄奇壮观的峡谷江河，还拥有神秘的宗教、绚丽的服饰、多彩的建筑、独特的饮食……种类繁多的人文资源与自然资源交织在一起，迪庆发展乡村旅游内容丰富，是一笔大自然的馈赠。

（三）特色突出

迪庆发展乡村旅游的资源与周边藏区相似，但又独具优势和特色。藏传佛教、天主教、伊斯兰教、基督教等多种宗教和谐并存，构成了有别于其他藏区的一种宗教信仰文化；26 个民族共同创造的民族文化绚丽多彩，独具特色；特殊的高山峡谷景观与雪山、冰川、湖泊、森林、草甸等叠加在一起，形成了多样的自然景观、多元的传统文化和多种民族文化，与滇西北的丽江、大理、怒江相比，各有侧重；与周边的西藏、四川相比，更具有发展乡村旅游的大区域优势和特色。

（四）精神家园的象征

香格里拉之所以会成为世人所追寻的一个梦想，其根本在于《消失的地平线》一书中所描绘的和平、宁静、安详、和谐的世外桃源般的生活。而香格里拉落户迪庆，给世人半个多世纪以来苦苦寻觅和追寻的精神寄托找到了一个实实在在的载体。迪庆有着最纯净的自然环境、最纯真的多文化底蕴、最纯朴的原生态生活，这些与生态旅游者"真""善""美"的追求是完全吻合的，是旅游者的精神家园。现在，迪庆香格里拉已经成了人们所追求的精神家园的象征。

（五）和谐的本质特征

香格里拉文化的根基是迪庆多元民族文化，展现出人与自然的和谐、人与人的和谐、各民族文化的和谐、人的内心世界和外在世界的和谐，归根结底就是社会的和谐。可以说，和谐是贯穿于香格里拉文化的主线。从多宗教并存、多民族聚居、多文化共同繁荣的迪庆文化现状中，可以发现和谐在迪庆无处不在，是迪庆发展乡村旅游所必须坚持的核心。

第四章　迪庆发展乡村旅游的战略意义

迪庆是全国"三区三州"深度贫困地区之一，发展乡村旅游是解决贫困和"三农"问题的一个突破口，对于迪庆经济社会发展具有重要的战略意义。

一、发展乡村旅游有利于推动迪庆最美藏区建设

迪庆州委州政府深入学习贯彻习近平同志考察云南的重要讲话精神，结合迪庆实际，提出了要争当文明建设排头兵，把迪庆建成全国最美藏区的目标。迪庆拥有普达措国家公园、白马雪山国家公园、塔城滇金丝猴国家公园等五大国家公园，生态环境良好。推进乡村旅游的发展，是迪庆实现生态美、环境美、山水美、城市美、乡村美的主要途径，有利于实现把迪庆建成全国最美藏区的目标。

二、发展乡村旅游有利于改善迪庆农村环境

随着乡村旅游的不断发展，现期进入的游客对旅游地的餐饮、住宿的卫生状况、服务水平、接待地的环境等方面十分关注，尤其是对卫生的要求较高。这就促使乡村旅游地加大对基础设施、人居环境、农村公共文化服务体系、农村社会化服务体系等的投资建设。如对农村厕所的改造提升、路面的亮化美化、生活垃圾处理等的不断完善。

随着进入村落的游客日益增多，村落居民的观念也在慢慢转变，大家定期或不定期地组织妇女小组、党员、村民进行村落环境卫生的整治和维护。平时对村落周边的垃圾也会主动进行清理，有利于维护村落环境卫生。市、县、州劳动局对乡村旅游从业者或村民举办一些培训班，从接待礼仪、卫生安全、国家政策、法律法规等方面对村民进行培训，有效地提升了农民的素质，更好地为乡村旅游发展培养高素质新型农民。随着观念的转变和理念的提升，农村环境整治取得了较好的效果，迪庆农村环境改善是乡村旅游的主要载体。

三、发展乡村旅游有利于吸纳农村富余劳动力

迪庆自身发展慢，不像内地拥有大量的企业可以提供就业岗位，农村人口就业较为困难。而农村产业结构单一，农村富余劳动力要么背井离乡到经济发达地区务工，要么就业不充分，长期处于"隐性失业"的状态，造成了迪庆大量的农村富余劳动力。发展乡村旅游可以使农民就近充分就业，不用背井离乡，既可以保证家里的农业收益，又可以依靠打长工、短工、临时工等进行再就业；既保证了农民的收益，又消除了农村富余劳动力给治安带来的隐患。

四、发展乡村旅游有利于保护迪庆原生态文化

乡村旅游的最初动因是原生态的自然风光和民族文化，保持和突出农村的自然特色、原始生产模式、淳朴的乡村文化是发展乡村旅游的基本条件，也是每个经营者、开发者、参与者、村落居民的共同责任。在发展乡村旅游的过程中，一些鲜为人知、濒临灭绝、不可再生的文化和历史传统得到了挖掘、整理、复原、宣传等，本地居民认识到了文化带来的价值和经济效益，能更多地激发他们对保护自身传统文化和生态环境的自觉性。如维西县维登乡在发展乡村旅游的过程中，对濒临失传的拉玛人文化进行了挖掘和整理，每年通过"钩溜节"的举办进行宣传和传承，取得了极大的成就。迪庆乡村众多，原生态文化更是琳琅满目，发展乡村旅游对迪庆的原生态文化保护具有积极的推动作用。

五、发展乡村旅游有利于拓宽农民增收的渠道

乡村旅游主要是利用农村的资源进行旅游活动，依托的主要是乡村自然景观、田园风光、农业资源、传统文化等资源。而这些资源具有投资少、风险小、见效快、成本低、经营灵活等特点。农民可以在保留所有权的基础上，以较低风险、较小投入获得效益回报，发展乡村旅游是增加农民收入、实现精准脱贫、全面建成小康社会的有力保障。

发展乡村旅游有利于增加农业附加值。乡村旅游是植根于农村、以农民为主要参与者、与农业息息相关开展的旅游活动。农特产品可以直接面对消费者，解决农产品销路渠道狭窄的弊端，同时对消费者也具有一定的价格、质量等的优惠保证。在发展乡村旅游的整个过程中，农民既是劳动者，又是经营者，更是所有者，可以更好地自主经营，创造财富。在满足游客需求的同时，还可加大周边农户开发旅游衍生品力度，如蔬菜种植、家禽养殖、农特产品加工等方式，形成产、购、销、娱、赏等为一体的现代农业产业。乡村旅游的发展，为农村产业结构调整、农业产业化、经营现代化提供了一个良好的平台。

第五章 迪庆发展乡村旅游存在的问题

近年来，随着迪庆经济社会的快速发展、新媒体的使用范围不断扩大、人们理念的不断提升，迪庆的乡村旅游打破了过去的传统模式，取得了较大的发展，乡村旅游从业人员不断增多，乡村旅游辐射的种养殖产业、传统饮食制作、手工艺品制作等不断发展，乡村旅游已经成为迪庆精准脱贫、农民致富增收、维护迪庆团结稳定的有力抓手。但由于迪庆经济底子薄，乡村旅游起步晚，虽然取得了一定的成效，但也存在一些问题。

一、迪庆乡村旅游发展基本处于无序开发的状况

目前迪庆从事乡村旅游的农家乐、休闲山庄、民宿、客栈、旅游车运营等均处于自发进行的状态。一是缺乏统一的规划和管理。从事乡村旅游的人员单打独斗、各自发展、无序经营，导致迪庆乡村旅游市场处于无序、乱象经营的状况。二是对资源的利用率不高。迪庆广大乡村资源丰富，但因单打独斗的局限性，对资源的开发、保护、使用不足，迪庆乡村旅游发展后劲不足。三是迪庆乡村旅游规模小、散。由于缺乏统一的规划和发展，迪庆乡村旅游的发展模式规模小，基础设施、接待能力等较弱，难以满足人数较多的团队需求，只能接待极少的散客、自驾游游客。迪庆乡村旅游的发展还有分散经营的特点，具体表现为各乡镇、村落、从业者零星经营，乡村旅游看似遍布全州，实则局限性和低效性日益突出，难以形成规模化发展的局面。四是旅游经营乱。目前迪庆的乡村旅游经营 95% 为农户自己投资建设、自主经营，有的经营者为了抢夺客人，恶意采用压低价格、相互抹黑等不正当的竞争手段，造成迪庆乡村旅游市场乱象经营的问题日益凸显。

二、迪庆乡村旅游的发展较为单一

近几年，迪庆的乡村旅游如雨后春笋般飞速发展，但是综合发展状况来看，目前迪庆乡村旅游发展较为单一。一是内容单一。全州的乡村旅游还局限

于农家乐、鱼庄、休闲烧烤等内容，缺乏新的、高端的内容来吸引游客，餐饮、休闲等内容千篇一律，不能满足市场与游客的多样需求，不利于乡村旅游的可持续发展。二是客源单一。当前迪庆的乡村旅游发展绝大多数依靠朋友的推荐、回头客的介绍、路过的散客或自驾游等传统的模式，进入广大乡村的游客以零星散客为主，不利于乡村旅游的扩大经营和规模化发展。三是投资渠道单一。目前迪庆的乡村旅游主要依靠农户自身的零星投入、自主经营等方式进行投资开发，由于经营者的资金有限，因此各类乡村旅游的基础设施、服务等均不能满足目前的发展需求。

三、迪庆发展乡村旅游的特色挖掘力度不够

从自然资源来说，迪庆乡村囊括了雪山、冰川、高原、草甸、湖泊、河谷、平坝等大部分的地理地貌；就人文风情而言，迪庆居住着 26 个民族，这些民族在千百年来的相互交流中，创造了各具特色的民族文化，因此迪庆自然风光和人文风情较为丰富。但目前迪庆的乡村旅游开发千篇一律，大同小异，对各区域的特色挖掘力度不够。一是传统民族文化的特色未能充分体现。迪庆乡村旅游要得到发展，充分的吸引物是必不可少的。当前全国发展乡村旅游的地区数不胜数，迪庆要在交通较为滞后的情况下，吸引更多的游客进入该区域，传统的优秀民族文化特色是一张王牌，而这也正是目前迪庆乡村旅游发展的短板。二是迪庆特色未能与其他地域区分开来。迪庆在全国 10 个藏区中是民族成分最多的藏族自治州，具有其他藏区无法比拟的多民族多宗教特点，但在当前迪庆乡村旅游开发中未能体现出自己的特色。三是不同区域的特色打造不足。迪庆各个不同的区域均有自己的特色，如雨崩的宗教朝圣游、同乐的傈僳族文化体验游、三坝的纳西族文化游、金江和上江的田园风光游等，各个区域具有各自的特点和风格，当前由于迪庆乡村旅游发展的散乱，各个区域发挥乡村旅游的特色不足，挖掘、保护、开发的力度不足。四是迪庆部分乡村旅游的开发失去了原真性。乡村的原生自然和人文环境是发展乡村旅游的个性特征，是游客前往游览的主要目标。迪庆在发展乡村旅游的进程中，部分从业者一味追求高端的基础设施建设，忽略了原生态的自然和人文环境。特别在人文环境的建设中，或引入诸多与当地传统不符的伪文化，或夸大事实以吸引眼球等。

四、迪庆发展乡村旅游的基础设施建设滞后

受迪庆经济发展缓慢的影响，迪庆乡村旅游的基础设施建设较为滞后，不

能满足当前飞速发展的乡村旅游需求。一是各个旅游点、公路、村落之间的公厕不能满足游客需求。当前迪庆乡村旅游发展最大的制约因素之一便是公厕的缺乏，如香格里拉旅游东环线连接尼西、五境、上江、金江等乡镇，其间有优美的田园风光、民居建筑等，虽然也开设了一定的观景台，但还处于未交付使用的状态，给出行的游客带来极大不便。五境仙人洞风景优美、气候宜人，可以欣赏瀑布、天然优质水源地，远眺金沙江，但由于公厕缺乏，未能得到充分利用。二是交通制约。迪庆地处云南的西北角，山高谷深，交通状况不利于旅游的发展。截至目前，迪庆尚未有铁路、高速公路，阻碍了迪庆的旅游发展。尤其是在广大乡村，虽然近年来已经完成了乡村公路的全部硬化，但因道路弯多狭窄，一定程度上阻碍了乡村旅游的发展。三是环境卫生的制约。虽然迪庆州在各个乡村建设了垃圾焚烧池，但因各种因素，部分乡村的环境卫生还是处于"自家门前打扫，公共地带不管"的局面，不利于美丽乡村建设。四是接待环境差。部分农家乐、山庄、民宿、客栈等的饮食卫生和住宿卫生脏、乱、差，严重妨碍了乡村旅游的发展。

五、迪庆对乡村旅游的衍生品开发力度不够

迪庆发展乡村旅游具有得天独厚的条件，但是目前来看，乡村旅游的衍生品开发力度滞后于乡村旅游的发展。如2018年春节，从广州到上江乡旅游并短期居住的张先生对本地的手工麦芽糖十分喜爱，准备在离开的时候大量购买，但因农户数量不足、包装简陋而未能达成心愿，失望而归，诸如此类的事件很多。其根本的原因在于迪庆对乡村的农特产品、旅游手工艺品、纪念品的开发滞后，不能满足游客的多元需求。迪庆广大乡村具有很多独具特色的农特产品；民间艺人具有高超的手工艺品制作技艺；各民族的手工艺品精美绝伦……这些都是可以进行开发、包装的旅游衍生品。目前在迪庆乡村旅游的发展中，旅游衍生品的开发是急需解决的问题。

六、迪庆乡村旅游发展宣传滞后

当今社会是一个信息爆炸的时代，"酒香不怕巷子深"的老传统已经不适应当前的发展形势，再香的酒也要依靠包装和宣传，只有不断提高知名度，产品美、好、优，才会为人所熟知。首先，迪庆乡村旅游的发展存在的一大短板就是宣传滞后，很多优秀的资源依旧是"养在深闺人未识"。如维西县维登乡的富川村，是个具有浓厚文化底蕴和优美自然风光的传统村落，是当年茶马古道上的一个重要中转驿站，村落建筑和布局极具特色，也是拉玛人聚居的村

落，具有浓厚的拉玛文化底蕴。但因受交通、宣传等条件的制约，即使是迪庆本地人也大部分不知情，这对下一步富川村的乡村旅游发展是一个极大的阻碍。其次，广大乡村群众使用新媒体的知识较为欠缺。乡村群众虽然对手机、微信、QQ等的使用比较普遍，但利用网络、新媒体发展农村电商、宣传乡村旅游等的意识较弱。特别是对自己村落的优秀民族文化、传统节日、自然风光、乡村旅游发展现状等内容的宣传极少，这些都不利于提高本地区特色乡村旅游的知名度。

第六章　迪庆发展乡村旅游的思考

在前文中，课题组对迪庆发展乡村旅游存在的问题进行了梳理，本章针对存在问题，对进一步发展乡村旅游提出几点思考，以供参考。

一、制定和完善迪庆乡村旅游发展的总体规划

只有全面、完善的规划，才能改变迪庆乡村旅游无序开发的现状。一是要制定统一的规划和管理制度。统一规划有利于避免内容重复、雷同的乡村旅游开发；制定管理制度有利于加强对乡村旅游从业者的行为规范。二是提高资源利用率。统一规划有利于资源的开发、使用，提高资源的利用率，而且有利于乡村旅游的进一步发展。三是加大规模化经营的力度。把发展迪庆全域旅游和乡村旅游相结合，变小、散的经营模式为规模化、统一化的旅游经营模式。加大各乡镇、村落、从业者之间的合作经营模式，成立乡村旅游发展合作社或交由第三方经营，变单打独斗为抱团经营，充分发挥参与者的积极性，协同发展。四是依法整治市场乱象经营的现状。改变过去单打独斗、散乱经营的现状，对拒不整改的从业者依法进行管理和追究责任，营造清明的经营环境。

二、发展多样化乡村旅游

当前全国的乡村旅游发展呈现出多元、多样的趋势，迪庆乡村旅游要长期发展，需要在多样化上下功夫。一是丰富乡村旅游的内容。可以根据不同区域的特点，在迪庆全域旅游中打造既各具特色又能相互补充的内容丰富的乡村旅游。如相邻的村落，一个开展以垂钓、烧烤为主要内容的乡村旅游，则另一村落就要以采摘、体验为主，以不同的着眼点和内容吸引游客的进入。二是多渠道发展客源。可以与旅行社、酒店、经营集团等合作，扩大游客的范围；或与周边相邻的丽江、大理、怒江等进行区域间的旅游合作，体验不同风情的旅游内容。三是多渠道吸引投资。改变过去的零星投入和分散经营，扩大招商引资的范围，吸纳更多的资金参与迪庆乡村旅游的投资开发。如塔城镇其宗村拉姆

的四鸣精舍就采用了与云南沃达集团合作开发的模式，解决了资金不足的困难。目前迪庆乡村旅游可以借鉴与高端的集团、旅行社等合作开发的模式进行发展，在严格保持本地优质资源和特色的基础上，引入高端的经营理念，解决迪庆乡村旅游发展单一化的弊端。

三、大力发展具有迪庆特色的乡村旅游

迪庆资源丰富，是大自然赋予迪庆人民的一笔宝贵财富。我们要根据迪庆各区域不同的特色，发展具有迪庆特色的乡村旅游。一是充分挖掘迪庆优秀的民族文化。文化是旅游的灵魂，只有把迪庆独具魅力的文化融入秀丽的自然资源中，旅游才具备可持续发展的基础。迪庆 26 个民族在饮食、建筑、服饰、歌舞、宗教、风俗等方面具有自己独特的优势，当前全国的文化游日益火热。迪庆乡村旅游发展需借助文化的支撑，反过来文化的保护和传承需要借助乡村旅游的平台，因此，文化的挖掘保护和乡村旅游的发展是一个双赢的长效发展机制。二是打造与其他藏区有一定区别的迪庆特色乡村旅游。重点打造迪庆多民族、多宗教、多元文化和谐相处的民族团结示范区，以生态游、宗教文化游、民族团结游、多样化民族文化体验等方式，打造独一无二的迪庆特色乡村旅游。三是准确定位不同区域的特色。根据不同区域的不同特点和优势，各有侧重点地区分打造不同内容的特色区域乡村旅游。如使金江镇成为集养老、养生为一体的康养小镇；使上江乡成为以稻田养鱼、稻田养虾为主的水产养殖观光基地；使尼汝成为以徒步、科研、文化体验为主的生态旅游区……总之，要精准定位，合理规划，科学发展。四是乡村旅游开发要注重保持乡村自然和人文环境的原真性。目前迪庆的乡村旅游发展要更加注重保持乡村原真性的景物、景观，以丰富的文化内涵和传统的原真性为吸引游客的重要内容，在保护乡村自然风貌、人文环境的基础上着力打造原始、古朴、传统的特色乡村旅游。如德钦县奔子栏镇玉杰村的发展模式就是以传统建筑、自然景观、传统民族文化等为内容，在最大限度保持乡村原真性的基础上，不断完善基础设施建设，以最自然、最生态、最原始的旅游资源吸引游客。

四、加大迪庆旅游基础设施的建设

随着迪庆经济的不断发展，近年来，迪庆的基础设施建设发展速度较快，丽香铁路、高速公路等正在建设；机场已开通 9 条航线，覆盖广州、上海、成都、西安等各大城市，基本解决游客难以进入迪庆的窘况，但还需加强乡村基础设施建设。一是加大公厕建设的力度。在各村落、公路休息站、观景台等地

多建公厕，完善公共基础设施的管理制度，确保建好、用好、管好，满足游客的需求。二是改善乡村交通状况。完善路牌、标识、指示牌、提示牌、警示牌等的树立；对弯多狭窄的乡村公路尽量加宽、维护、修缮，创造一个有利于迪庆乡村旅游发展的良好交通环境。三是依托四美创建、美丽乡村建设等活动，大力开展环境卫生整治。对各种农药残留物、死亡牲畜等进行处理，做好消毒防疫；引导村民对日常垃圾进行分类，集中焚烧或填埋，坚决杜绝随意倾倒到河流、江边的行为，以免造成二次污染。四是集中精力展开对农家乐、山庄、民宿、客栈等的整治。对部分手续不全，擅自进行经营活动的限期整改，完成经营登记；对限期未能按照要求整改的从业者，依法责令长期整改或取缔经营。通过完善规章制度，加大对乡村旅游从业人员的监管，提升迪庆乡村旅游的服务质量，使之成为吸引广大游客的基础。

五、加大对乡村旅游衍生品的开发力度

开发、生产和销售旅游商品，既可以带动区域内其他产业的发展，增加居民的收入，更可以保护、发展、传承和弘扬该区域内的民族手工业。如尼西黑陶以其美观大方的造型、精美的工艺技巧和不可替代的实用性，获得了广大百姓和消费者的青睐。目前尼西汤堆村从事土陶制作工艺的有60余农户，年制陶4万多件，制陶收入占家庭总收入的40%，随着市场需求的增大，尼西土陶在制作工艺和新产品研究以及经营模式等方面都有了新的突破，改变了尼西黑陶生产零星、市场占有率低的状况。尼西黑陶的制作工艺不断创新、完善，在保持传统风格的同时，外观更加细腻精致，深得游客和商家的青睐。迪庆民族手工艺品种类繁多，制作精美，在保护和发展的过程中，应该借鉴尼西黑陶的生产模式，把手工艺品转化为旅游产品。在传承中创新，挖掘中发展，立足迪庆深厚的民族文化积淀，设计开发一系列具有地方特色的旅游商品，搭建乡村旅游销售渠道，为民族手工业的发展创造畅通的平台。

对迪庆农特产品进行再加工、包装、销售，满足不同的游客对旅游产品的需求。迪庆的火腿、腊肉、土鸡蛋、核桃油等农特产品颇受游客青睐，如能对其进行易于运输的包装，必将会成为农户增收的又一个渠道，同时也是迪庆发展乡村旅游的有力抓手。

六、多渠道加大宣传力度

迪庆大力发展乡村旅游，离不开行之有效的宣传、营销手段。一是设计一些突出特色的路牌、广告牌、宣传册等进行宣传，不断扩大宣传范围，要让每

一个看到、听到的人记忆深刻，产生一探究竟的欲望；摄制大量不同内容的乡村宣传片，在电视、网络、手机 APP 等平台滚动播放，使迪庆的乡村旅游宣传深入人心。二是促进乡村使用新媒体进行宣传。当今世界是一个网络世界，我们要有针对性地举办各种培训班，提高乡村使用网络、发展电商、进行网络宣传等的能力，把迪庆乡村的美好自然风光和丰富人文风情宣传好，打造无死角的正面宣传氛围。三是借助大型的民族传统节日打造乡村旅游。迪庆各民族大大小小的节日有 100 余个，可以借助节庆活动开发乡村旅游。如尼汝的传统节日"祭山跑马节"是集宗教、歌舞、民风、民俗、服饰、建筑、传统体育等文化于一体的传统节日，可以加大宣传力度，提升知名度，扩大范围，借机发展尼汝乡村旅游。四是培养乡村旅游专业从业人才。迪庆乡村资源丰富，开发项目独具特色，拥有优渥的发展条件。要在致富带头人、党员、妇女、传承人、退休干部等群体中，着重培养懂当地文化、有远见、高素质的乡村旅游从业人员，把最好的乡村展示在游客面前。

新西兰的旅游人类学家科林·比姆有一句广为流传的话："一个地方的独特之处就是这个地方的主要财富，你们的首要任务就是保护好这些财富。如果你们有山有河，那么让它们永远干干净净，绿油油的；如果你们有独特的建筑，那么就让它们永远保持古雅的模样；如果你们有独特的音乐、歌谣或舞蹈，那么就保护它们，并熏陶他人。"所以，在发展乡村旅游的进程中，不能以牺牲环境效益和社会效益为代价，要加强保持乡村原真性的开发趋势，以自身的优势和特色吸引游客。

下编　实践探索

第一章　依托古村镇发展乡村旅游

——独克宗古城

　　20 世纪 80 年代我国就开始发展以古城镇为单位和核心的乡村旅游，周庄、乌镇、平遥古城、丽江古城、和顺古镇等一批批列入历史文化名城的古城镇也逐渐成为古城镇游的目的地。相对于这些古城镇，独克宗古城属于起步较晚的，它是香格里拉乃至整个迪庆的旅游集散地，在迪庆发展全域旅游中起到了先锋的作用。

一、独克宗古城的历史沿革

　　独克宗藏语意为"日月之城"或"白色石头的城堡"，是现存最完整、规模最大的藏族民居群落。唐贞观八年（634 年），松赞干布到康区一带推广其宗教和文化，对当时的部落实行蕃化政策，并以青海玉树贝嘉德十二部作为主力组成中勇部，向南一直攻打到南诏，占领了藏区东南部的迪庆境内的土地。《朗氏家族史》载："朗·古容僧格在杰地（即杰砀，今中甸地区——原注）爆发汉藏战乱时向汉地进军，攻陷汉地的水城扬烈（指维西其宗），作为勇士的标志，带回汉地的赔款。"唐高宗麟德至仪凤年间（664—679 年），吐蕃攻占了滇西北大部分地区。唐咸亨元年（670 年），吐蕃将驻滇大军屯集在独克宗和腊普宗（维西县塔城镇），并在塔城的其宗设神川都督府，并派"论"（吐蕃高级官员）一级的大官随军监督管制，即是当时的神川都督。唐仪凤元年（676 年），"西洱河诸蛮皆降吐蕃"。唐高宗调露二年（680 年），吐蕃在现香格里拉市上江乡木高村与丽江市玉龙县塔城乡塔城村之间的金沙江上架设铁桥，史称"神川铁桥"或"吐蕃铁桥"，并在独克宗与腊普宗建立以桥为轴的两座城池。自此，迪庆成为当时吐蕃屯兵、屯粮及节制滇西北地区与唐朝抗衡的军事要地，同时也成为滇藏经济、贸易、文化的必经之路。

　　元朝元世祖至元六年（1269 年）在小旦当（今小中甸镇）设立驿站，站户 500 户，忽必烈派兀都蛮率蒙古军驻守旦当（今香格里拉市）。元至元三十年（1293 年）六月，元世祖忽必烈下诏将云南旦当划为宣政院的管辖之地，由朵甘思管辖。元至顺二年（1331年）二月，平定云南后，豫王阿剌忒纳失里至香格里拉安抚人民。元至正二十二年（1362年）二月二十三日，皇帝下诏，委任云丹坚赞为招讨使，监督管理朵甘思宣慰司所辖地的差发、站户、军户地税、商税的征收等所有事宜。从此，迪庆与西藏一起归入中央王朝的版图，独克宗也在战争中逐渐有了雏形。

明弘治五年（1492年）木氏土司统治期间称独克宗为大当香各寨，明弘治十二年（1499年）木氏土司再次得胜于中甸，并委派木瓜、呗色统领中甸藏区，捐资修建独克宗百鸡寺。独克宗属于大中甸神翁管辖，名雪巴舒卡。

清康熙二十六年（1687年）独克宗共有116户600余人。清雍正二年（1724年），总督云贵部院中协副总兵孙宏本奉命驻守中甸并派兵驻扎，还在百鸡寺东面半山腰建造土城（明代时曾环绕大龟山垒石为城的城池毁于清康熙战乱年间），周长360丈（1200米），高1丈2尺（4米），厚4尺2寸（1.4米），设立四门城楼，在城内建十多所兵房。土城没有垛口、炮台，墙外也没有壕沟。清乾隆二十四年（1759年），同知海米纳对独克宗进行重修。清咸丰三年（1853年），丽江军民府兼中甸抚府同知辛氏重修四门城楼。清同治八年（1869年），被都司张润的官兵烧毁。

因当时没有很好地重修城门，民国七至十年（1918至1921年），城门被乡城土匪所破，除此之外，由于城市老旧，街道规模小、缺水，古城几次遭劫。民国十年（1921年），县长虞铖将省府下拨恤金4000两用以工代赈的方式动员百姓重新构筑新城。新城在旧城以东，和旧城相连，全长600多丈（2000米），高1丈2尺（4米），厚6尺（2米），扩大了旧城的面积。城墙盖上木头并压上草饼用来遮风避雨。和旧城一样，城外依旧没有壕沟。大小共设5个门，8座城堡。大龟山山顶的大佛寺就是当时建筑的，由于山角的泉眼水源充沛，被开发为水井，一直沿用至今。百姓的民房围绕大龟山而建，用石块铺筑巷道的路。民国二十年（1931年），大中甸境土千总何荣光为了将私家麦场围进城中，强行把城墙从角角碉到大东门向外扩宽了20多丈（约70米），还新筑城墙80多丈（约270米），进一步扩大了古城范围。城中还分为金龙、仓房、北门3个街道，中心有1亩多的空地被称为四方街，是当时集市交易的场所。

1954年12月，迪庆藏族自治州筹备委员会决定将迪庆藏族自治州人民政府机关大院建在城北吉拉山脚，于1957年9月13日迪庆藏族自治州成立前建成。1958年，迪庆州、中甸县两级人民委员会合署办公，从此，州、县机关建设沿老城区至州人委的中德公路两侧铺开，城区北移。

二、独克宗古城旅游发展现状

（一）独克宗旅游概况

1. 社会经济条件

独克宗古城下辖 3 个社区：金龙、北门、仓房。2018 年年底，金龙社区居委会，辖 3 个村民小组、3 个居民小组，农业人口 242 户 720 人。全年粮食总产 12000 千克，大小牲畜存栏 340 头（只）。农村经济总收入 1304.43 万元，人均收入 18117 元。北门社区居委会，辖 3 个村民小组、3 个居民小组，农业人口 165 户 435 人。全年粮食总产 18000 千克，大小牲畜存栏 134 头（只）。农村经济总收入 771.15 万元，人均收入 17728 元。仓房社区居委会，辖 3 个村民小组、13 个居民小组，农业人口 168 户 368 人。全年粮食总产 6000 千克，大小牲畜存栏 189 头（只）。农村经济总收入 635.33 万元，人均收入 17264 元。

从古至今独克宗主要以农业和畜牧业为主，经济作物以青稞为主，畜牧则以牛、羊为主，并饲养猪和少部分家禽。

2. 区位条件

独克宗古城交通便利，位于香格里拉市南段，是进入整个迪庆的必经之路，距香格里拉机场 10 分钟车程，距汽车客运站 15 分钟车程，距即将通车的高速路口仅隔 2 千米，距即将通车的火车客运站仅 10 分钟车程，区位优势明显。

在旅游区范围内，独克宗古城是迪庆境内最大的游客集散地，数据显示，进入迪庆的游客 100% 都在独克宗古城停留至少一两个小时，独克宗古城是迪庆全域旅游活跃因子最浓郁的，也是迪庆全域旅游的重要依托。

3. 资源条件

独克宗古城旅游资源以古建筑、历史文化古迹、民族风情、饮食、文化艺术、风俗等内容为主。

（1）古城空间格局

独克宗古城建设以大龟山为轴，向四周呈散射状分布，是一座富有强烈藏传佛教特点及藏民族特色的高原古镇。历史上古城几次扩建后最终形成了紧紧围绕大龟山向外延散开的整体布局，古城内巷道分布也根据民房及区位形成 3 条街 33 个巷道和 1 个中心集贸市场（四方街），整体看上去和《时轮经》中提到的香巴拉王国的八瓣莲花描述相一致。独克宗的布局不仅有浓厚的宗教色彩，对于处于高海拔、高寒山区的古镇而言，团团包围的布置方式使它在寒冷的冬季能免受寒风的侵袭。

在空间的布局上，独克宗还存有浓浓的历史痕迹。独克宗是滇、藏茶马互市中规模较大、历史悠久的中转站，来自昆明、普洱、大理、丽江等地的马帮和商队进藏都必须经过独克宗，加之当时交通和信息的滞后，独克宗成为整个滇藏茶马互市中必要的驿站，也正因此使独克宗在历史的长河中成为云南进藏的重要休憩地，在贸易交流过程中逐渐形成以大龟山、四方街为中心的集镇，街巷也随之发展起来，形成以茶马古道为主线的空间格局，自南向北延伸至香格里拉新城区的长征路，成为城市经济、文化发展的主轴线。

（2）古城民居

古城民居也是独克宗的一大亮点，不仅在整体上是现存保存最完整、规模最大的藏族民居群落，在民居的架构上也是独具特色的。独克宗的藏式房为密肋梁柱排架结构的土掌房，是藏式碉楼与纳西干栏式木板屋结合的产物，是地道的高寒坝区藏族民居，整体造型丰富，被称为"硬质化了的帐篷"。古城民居一般为三层，土木结构，多数为人字木板顶还有少部分是土掌平顶，在组合上一般为独立式或混合式；形式多样，以单院、双院、上下院为主，房屋平面为正方形或近似方形，房深面阔，一般正房进深六米至十三米，有的甚至达到十六米。建房时一般先建整个房体的木质框架，再用黏土或石头垒砌出整个房屋及院子的围墙，房屋越高墙体越厚，整个墙体呈梯形状，墙体最厚的地方可达一米多，整个墙体只在二楼侧边各开两窗，所以藏房内的光线一般比较暗，房内整体都用木料进行装修，房内中柱的粗细是一个家庭实力的象征，家族越大中柱越粗。整个藏房外部用白灰浆或石灰浆涂抹，能防虫蛀，整体外观给人以朴素大方之感。藏房一般分为三层，一层一般用于圈养牲畜和放置草料杂物；二层一般用于生活，伙房、厨房、客厅、卧室、仓库均安排在二楼，进门处还设有水缸，一家生活用的所有饮用水都储存在水缸内，整个二楼是家庭活动的主要区域；三层通风好，一般是粮食堆放区，有条件的家庭则将经堂设在该层。独克宗的藏房很注重装修，从正大门开始就雕梁画栋、门窗也用象征吉祥的纹饰进行装饰，中堂的墙面是整个藏房最精美的部分，墙的一侧是依墙而建的柜体，称为神龛，有佛位、祖先位和国家领导人的画像；另一侧的墙面一般绘有藏八宝等吉祥图案。整个中堂庄严、华丽、温馨，充满了家的味道。

宽宏、厚朴、稳重的古城民居是藏族为主体的多种民族工艺结合的建筑群体，不仅具有较好的私密性、防御性、抗震性和保温隔热性，而且能就地取材，经济实惠，同时又是藏民族宗教文化的沉淀物，深受地处严寒、人口稀少的高原藏民所喜爱，具有较高的保护研究价值。

2005 年 9 月 18 日，建塘镇在参加中央电视台《魅力名镇》节目推出的全国数百个名镇大比拼中脱颖而出，荣获"中国最具民族风情名镇"桂冠。

（3）大佛寺

大佛寺位于古城中心大龟山山顶，整个建筑分为三层，是典型的汉式楼亭工艺。香格里拉和平解放的第一面五星红旗就在该寺升起。

清康熙六年（1667年）蒙古和硕特部派兵占领香格里拉，五世达赖阿旺罗桑嘉措先派一名僧官管理香格里拉，后改派宗官，第一任宗官小顿主在大龟山顶建大佛寺，内供释迦牟尼佛金身（如来佛）。清同治八年（1869年），清军都司张润夹击香格里拉，为报复藏民对义军的支持，纵兵对县城烧杀抢掠，大佛寺被焚，释迦牟尼金身佛被张润掳去。民国二十二年（1933年）在地方绅士倡导下，侨商马铸材对大佛寺捐资，并仿照拉萨小昭寺进行重建。寺内塑造了释迦牟尼及八大弟子的雕塑，还捐赠了一部金汁珍本《甘珠尔》，全集108函，一盏纯金灯，并更名为"朝阳宫"。在半山腰建龙王庙，在庙内供奉老子、孔子和龙王。"文化大革命"期间（1966年）朝阳宫被毁，文物损失殆尽，龙王庙留下了龙王的雕像。1985年，由中心镇个体协会牵头，镇政府资助，延请能工巧匠，根据历史资料重建朝阳宫并更名"朝阳楼"，同时还新造了一座大门，翻修了半山腰的龙王庙，在龙王庙两侧新建两间厢房，从山脚筑石台阶直至大佛寺，当时还成了古镇老年人活动中心。2005年，社会各界捐资重建大佛寺（用回原名），并于2007年5月19日举行隆重的开光大典。大龟山大佛寺与噶丹松赞林寺在一条轴线上南北对峙，遥遥相望，构成日月之城中两大历史文化景观。

（4）吉祥胜利幢（转经筒）

大龟山转经筒建于2002年，底座直径为10米，高21米，重60吨，需三四人合力才能将其转动。筒内藏有经咒、124万条六字真言和各种佛宝16吨。转经筒表面镀铜，工艺以浮雕为主，最底下为莲花座，往上依次为吉祥八宝、五十六个民族大团结、三代伟人名言、十大神山、度母像、佛祖释迦牟尼和六世班禅的香巴拉赞。

（5）龟山古井

龟山古井位于大龟山东麓山脚下，两眼泉水滚突而出，冬暖夏凉，清洌甘甜，史称"日月双泉"，是古城百姓赖以生存的甘露。古城还没有通自来水前，每天清晨，都有背水的藏家少女成群结队地到古井背水，形成一道晨曦中的靓丽风景，难怪有"建塘人无论走到天涯海角都怀念龟山古井"的说法。1985年，古城恢复重建大佛寺时对古井进行了翻修，使古井泉水更加清澈纯净，甘甜醉人。1998年，根据古城保护规划方案，重新投资改造了龟山古井，在经堂与龟山轴线的交点修建日泉，在日泉东侧修建了弧形下沉的月泉，象征古城龟山泉水长流不息，如日月轮回不止。

（6）红军长征纪念馆——藏公堂

红军长征纪念馆坐落于大龟山东麓龟井北侧，原名"本赛经堂"，藏名"独肯瑞巴西康"，建于清雍正二年（1724年），后称藏公堂或中心镇公堂，是全城百姓集会、议事、佛事活动的场所，清咸丰三年（1853年）重新装修，清同治八年（1869年）被毁于兵患。清光绪八年（1882年）百姓捐资重建。形成总高三层汉藏结合的楼宇。最上层为汉式造型，四周为圆窗环廊，屋面用瓦覆盖；屋顶由吻兽、宝瓶装饰；房檐下有斗拱；殿顶为汉式木构架歇山顶。三层内部的四壁均用藏式彩绘壁画进行装饰。第一、二层为藏式结构，大殿成正方形。长宽各14米，38根方柱纵横对称排列，其中2根直达三层。四壁筑厚墙，彩绘壁画；门前为明廊，墙上绘有四大护法天王像，墙外和围廊相通，以木栏护廊。东西两房为汉式布局，藏式结构。公堂室内墙上还保留了清代藏族艺人所绘的壁画，线条流畅，色彩艳丽，壁画以藏式宗教画为主体，还有汉、白、纳西族等绘画特点。它是其他藏区所罕见的文化交融典范，目前是我国藏区唯一保存的清代公堂式建筑。

1936年，贺龙、任弼时、萧克、关向应等同志率中国工农红军红二、六军团长征经过香格里拉，在公堂的厢房设指挥部，在此召开了重要的中甸会议。"文化大革命"期间，公堂受到严重破坏，正殿下层壁画被毁，1984年，省、州、县三级人民政府拨款修复，改名为"红军长征纪念馆"。1986年10月，班禅额尔德尼·确吉坚赞题予藏文"中甸红军长征纪念馆"。萧克将军为纪念馆题词"民族团结过去是红军长征胜利的因素，现在是社会主义建设的重要条件"，同时中国人民解放军上将张爱萍题写了"中国红军长征纪念馆"。1987年，藏公堂被列为省级文物保护单位，1996年11月又被列为国家级文物保护单位。2007年政府拨款重建红军长征纪念馆，建筑总面积为3107平方米，整个展厅面积2329平方米，分为序厅和展厅。展厅有雪山草地的铭记、红旗卷起农奴戟、今日长征路、迪庆高原新面貌等展出。陈列内容以红二方面军长征为主线，全方位展示了红军三大主力克服千难万险胜利完成长征的伟大壮举，突出展示了红军爬雪山过草地经过藏区时，模范执行党的民族宗教政策、红军在藏区播下革命火种、迪庆人民发扬红军长征精神建设美好家园等内容。如今，藏公堂已成为迪庆爱国主义教育基地和红色旅游景点。

（7）迪庆州博物馆

迪庆州博物馆位于大龟山的另一侧，与藏公堂遥遥相望。于2006年筹建，2007年9月开馆。占地面积3239平方米，建筑面积5420平方米，展厅面积3576.84平方米，库房面积289.8平方米，办公用房面积436.32平方米，多媒体室面积 107.1 平方米，序厅面积 765.45 平方米。

（8）古城墙

明代，独克宗古城墙曾环绕大龟山而建但在清康熙年间的战乱中被毁，清雍正二年（1724 年）、乾隆二十四年（1759 年）、咸丰三年（1853 年）、民国十年（1921 年）均进行重修，民国二十年（1931 年）独克宗进行了扩建，城墙也在原来的基础上得到扩建。"文化大革命"期间遭到一定的破坏，随着岁月的流逝，今天独克宗古城南面，尚遗留着一些古城墙的残垣断壁，是整个独克宗古城历史的见证。

（9）百鸡寺

百鸡寺位于独克宗古城西面的山顶上，藏名"拉克"意为"神垒"，即供护法神的堡垒，是典型的藏式楼板屋面建筑。据传初建于元代，为朗氏年建。原供奉有佛教世间天神，清康熙年间改宗格鲁派，佛堂内塑宗喀巴大师佛像，改称"勺丹拉康"。光绪年间的《新修香格里拉志书稿本》上载有："百鸡寺在西门城后之山顶上……惟高阁倚大，危楼拔地，上敬黄教祖师，旁列护法诸神，土人有病患疾，许愿祈祷，敬送家鸡一只放生寺院，习为风气，鸡声成群，因得名'百鸡寺'。""百鸡寺"三次被毁重建，"文化大革命"又遭拆毁。1988 年集资重建，恢复旧貌。

百鸡寺山前的场坝边沿，并排屹立着数株古柏，历经数百年而正茂，不休不眠地守护着古城独克宗，是香格里拉境内获得盛名的百年古树。

（10）五凤山赛马场

五凤山在香格里拉县城的东南方向，距城两千多米，是组成古城的一部分。五凤山上林木葱郁，云杉、冷杉、云南松高大挺拔，每年六月的杜鹃婀娜多姿，生态保护完整。整座山的形状如凤，因此得名"五凤山"。自古以来，五凤山被藏民奉为神山。山坳中有一座神庙，建于清代年间，供奉了那主都丹骑马飞奔的雕像。① 用于祈求四季风调雨顺，地方吉祥安定。也正因那主都丹的传说，五凤山下碧绿的草甸上时有骑兵进行演练阅兵，附近百姓蜂拥而至踏

----

① 相传很久以前，藏王每年都要在拉萨举行一次赛马会，建塘（中甸）骑手却几次落第而被藏王讥讽，并宣布建塘选手如再次落第就要加倍缴纳王粮。当时建塘有位叫那主都丹的青年，立志要为家乡争气。于是在舞凤山下搭起帐篷，日夜进行驯马操练，几经寒暑，终于练就一身本领，后来在拉萨赛马会上获得第一名。藏王问那主都丹要什么，他说只要藏王免去建塘缴纳繁重的王粮。藏王答应了他的要求。建塘人为纪念那主都丹之功，在五凤山上修建了一座亭子，塑了那主都丹骑马飞奔的像，并商定每年农历五月初五在五凤山下举行赛马会。

青郊游观看骑射，这块草甸也因此得名"玛拉"（演武声）。到清代，驻防绿营兵，在玛拉设小箭道，每逢五月端午就举行跑马射箭的活动，久而久之五凤山农历五月端午节赛马成为迪庆传统的盛大节日。如今，这里已修建了赛马场，每年端午节如期举行三天香格里拉赛马节，届时中外游客慕名而至，全州各族人民纷至沓来，万人云集。赛马节要举行大型民族歌舞表演和各种经贸活动。赛马项目有速度、飞马拾哈达等马术比赛。

随着经济社会的发展，五凤山赛马场除了开展端午节各项活动外，还在场馆内开展州级各类大型活动，如康巴艺术节、民运会、州庆、金秋赛马节等等，在迪庆已成为举办传统节日庆典的重要场地，也成为各地经济交流、商贸推介、旅游推介的助手。

（11）欢乐香巴拉

"欢乐香巴拉"是迪庆迎新春的民俗文化活动。活动一般为两天，在独克宗古城的月光广场举行开幕式，以团拜、锅庄、龙狮表演、农耕文化表演等为活动的主要内容，向中外游客展示了迪庆独特的民族文化和各民族间和睦相处的美好景象。近几年，"欢乐香巴拉"已成为迪庆冬季旅游的一项重要旅游节庆项目。

（12）藏民家访

独克宗藏民家访是对香格里拉传统藏族家庭、宗教文化、传统习俗、藏房建筑、藏族歌舞等认识的缩影，能在近两个小时内通过实景表演了解香格里拉的民族文化，也是游客在旅游目的地的一项重要旅游项目。

（13）独克宗花巷

花巷位于独克宗古城西北角，由雪松文旅集团打造，以传承和创新迪庆藏文化为核心。"世界海拔最高的歌舞剧表演"——《遇见·香格里拉》、300间独具藏式风格的第5颗陨石系列酒店、藏文化风情街、各类非遗体验中心、街道互动演艺、各类特色美食等都是游客慕名而来的原因。

（二）独克宗旅游开发现状

1. 发展模式

政府统一规划古镇建设，通过企业、民营进行商业化运作。独克宗古城的开发属于政府在大规划中把方向、将小投资引进来，以"促成为主投资为辅"的模式，通过政府引导、企业投资、百姓投工投劳的方式进行分散式开发。

（1）政府搭台，统一规划独克宗古城建设。各级政府根据独克宗古城的旅游资源在保证古城建设留有旧风旧貌的基础上对基础设施进行了完善和新建。完善古城内的水、电、路、管线埋设、消防设施、排水系统、绿化、灯光工程等附属设施；建成四方街广场、月光广场和香巴拉广场（停车场）。还根据原有资源建成红军长征纪念馆和迪庆州博物馆，让更多的文化元素融入独克宗古城，增强古城的文化多元性。

2005 年，独克宗古城参加了中央电视台举办的中国魅力名镇评比活动，获得了全国最佳民族风情魅力名镇称号；2008 年获得了云南省旅游名小镇称号，2017 年 12 月，建塘镇被纳入"中国十大魅力名镇"。独克宗古城的知名度在全国范围内进一步得到提升，各级政府为独克宗古城发展旅游提供了平台。同年还出台了迪庆州第一个单行条例——《迪庆藏族自治州独克宗古城保护条例》，为传承和保护古城民居原有风貌提供了法律保障。

（2）企业投资是独克宗发展旅游的一个重要模式。通过文旅、城投等企业的投资对独克宗部分地域进行统一规划、开发，使独克宗古城在发挥内生动力的同时借助外力发展旅游。2017 年独克宗特色小镇完成投资 4 亿元，香巴拉月光城建设项目完成投资 8000 万元，建塘旅游中心商业街项目完成投资 5900 万元。

（3）保护性开发原生态的民风民俗，传承民族文化。独克宗古镇近年来高度重视挖掘民族文化，开发旅游产品。独克宗千人锅庄、马术、手工唐卡、手工偶人、藏族传统饮食都在传承过程中不断发扬光大，成为独克宗古城旅游的必要项目，也提高了独克宗古城的文化品位。

（4）大规模发展民宿，留住乡愁。独克宗古城内近百家民宿是近几年不断发展起来的，民宿各具特色、价位各异，能满足大部分游客的需要，也能使游客在独克宗体会最淳朴的民风，这里汇聚的不仅仅是当地百姓的智慧，还有更多的是怀有乡愁的投资者在独克宗的一份念想。

（5）以独克宗为辐射中心，发展"大香格里拉"旅游。由于历史、地理位置、政治等原因，独克宗是现阶段迪庆最大的旅游集散地，是以前茶马古道的重镇，更是现下由滇入藏的必经之路。独克宗古城和相邻景区实现客源共享、优势互补，在旅游发展中起到了中枢的作用。

2. 存在问题

（1）多头管理

独克宗古城的旅游发展在迪庆旅游发展规划中应起到中枢的作用，"中枢"顾名思义就是指在一件事情中起到主导作用的部分，所以在迪庆全域旅游规划的进程中应将独克宗古城旅游的规划作为整个规划的起点和重点，并将之定位为香格里拉旅游集散地进行策划。在调研走访过程中了解到对于独克宗旅游还仅有大规划没有细计划，独克宗管理局、镇政府、州市旅游发展改革委员会对独克宗旅游的管理都没有开展方向性的工作，没有具体的部门对独克宗古城旅游进行具体的管理和引导，所以对独克宗古城旅游的规划和管理就成为空白，这对迪庆旅游发展不能起到积极的引导作用。

（2）旅游收益不平衡

在实地走访调研过程中，可以深刻感受到村民对发展乡村旅游的积极性和参与意识，都希望独克宗古城旅游发展越来越好同时能给原住居民带来经济效益。自1996年香格里拉全面对外开放以来的旅游开发，乡村旅游的兴起和发展，促进了当地的社会经济的发展，基础设施得到了较大的改善，社区居民的生活环境进一步得到提升。但是，从目前独克宗古城来看，整块区域旅游开发和投资还存在不平衡的问题，当前开发的主要是沿三号路呈带状分布及以四方街为中心分散式的地区，开发以古建筑群和部分景点为主，还有较大部分历史景观没有进行开发和利用，独克宗的历史韵味还不被世人所知晓。同时，利益不均的问题在独克宗也是存在的，根据当地居民反映，独克宗古城发展旅游业以来，他们在旅游中的获益程度和开发旅游后对个人的生产生活造成的影响并不成正比，言谈中有部分居民甚至表达出了对旅游业开发现状的不满；开办民宿、藏餐厅、超市、房屋出租等的家庭收入明显多于未参与旅游业开发的家庭，部分居民产生了独克宗古城开发旅游只是部分参与旅游业的人受益的想法，导致有小部分居民心理失衡的状况，对发展旅游抱有消极、抵触的态度。

独克宗古城开发旅游已有十多个年头，当地很多居民也在旅游业中享受到发展的红利，在市场经济推动下传统伦理关系和生产、生活模式开始向经济和利益关系转型。随着独克宗古城旅游业的持续发展，社区居民已开始利用独克宗的旅游资源优势，改善自身的生活条件。独克宗古城居民的经济意识也日渐增强，经济价值观已经不断渗入当地居民头脑中。与此同时部分百姓的经济观念也因市场经济冲击出现与古城民风格格不入的情况。当地百姓大兴土木建造民宿、藏餐厅，但由于管理不善，造成资源的浪费，有些百姓的投资在旅游不景气的这几年造成很大的亏损。独克宗居民参与古城旅游发展主要有以下几个方式：首先，通过对现有固定资产的出租和转让来完成参与的过程，据调研了解到20世纪80年代以来古城内有近三分之一的原住民已将个人的固定资产主要是房屋以出售的方式转让给外来人口，还有两百多户将个人房屋进行出租参与到旅游发展中。其次，通过直接参与的方式来享受旅游发展的红利，主要以开办民宿、超市、藏餐厅、导游、旅游管家等方式为主。最后，就是以入股的方式来参与旅游发展，古城内很多居民有固定的收入也无暇管理个人闲置的固定资产，大部分人就通过固定资产入股的方式来参与到古城旅游开发和旅游服务中。独克宗古城大部分居民传统畜牧和农耕的生产生活方式已经彻底转变为旅游相关行业，一旦旅游不景气就会影响居民收入，对生活构成威胁。

（3）发展和环境之间矛盾日益凸显

近几年独克宗的游客不断增多，游客承载能力也在州委州政府支持下先后进行了几次扩容，但由于参与旅游的从业者和部分游客在出行期间已出现一些对生态环境不同程度的破坏现象，如不可降解的垃圾增多，破坏公共设施的情况时有发生，古城内乱停车现象不断，个别私营企业新建房违背了古城整体规划要求、很多居民用房的外观已经改变、各巷道中的建筑物现代感很强，破坏了古镇应有的原貌。

（4）宣传投入不到位

旅游开发是一项综合性较强的系统性工程，既离不开原始资源的积累，更离不开对现有资源的打造包装和推介宣传。独克宗古城由于其开发模式的特点在旅游推介和宣传上和普达措、梅里雪山、巴拉格宗的推介宣传相比有一定的差距，在推介过程中没有进行专项的策划和部署，对独克宗古城的宣传仅限于附属在"迪庆"和"香格里拉"旅游的宣传中，以"旅游休闲栖息地"为独克宗的定位。

三、对独克宗古城旅游发展规划的建议

（1）古城管委会牵头制定古城旅游规划。独克宗古城"1·11"火灾后，根据市委、市政府安排，独克宗古城管委会从2014年4月10日开始根据《香格里拉独克宗古城火灾恢复重建控制性详细规划》及《民居恢复与改造建设规划》要求，对独克宗古城恢复重建的基础设施作出巨大的人力、资金投入，古城道路、消防井、室外地下式防冻自泄型消防栓、消防水池、公厕、停车场、路灯、亮化工程、绿化、监控等基础设施建设都已完成。同时，根据"建新如旧、以旧代旧、新中仿古"的原则对受灾民房进行重建，2018年对古城绿化、治安等都进行了重新部署，古城面貌焕然一新，恢复重建工作也已经处于巩固期，所以古城管委会应对古城的旅游发展做出新的思考和部署，通过增加相关科室编制来完成古城旅游规划的系统和细节性工作，把古城旅游发展的责任明确到具体部门，杜绝出现多头管理却无人实际管理的局面。

（2）平衡旅游发展区域，积极带动古城居民参与旅游发展。在旅游发展过程中应将古城旅游发展区域规划好，充分利用现有资源平衡各个社区的发展，让每个社区都能利用本身的历史、文化、自然等资源发展好片区旅游，解决区域发展不平衡的问题。另外，旅游村寨、社区在发展过程中全民参与是必不可少的，只有把古城居民纳入整个旅游发展的过程，才能让本土的文化传承下来，才能让古城在经济发展的浪潮中不迷失、不盲从；也只有让当地的居民参与旅游发展，才能在旅游开发过程中有主导权，让规划上马，规避一些不必

要的纠纷和矛盾。通过企业投资反哺居民的方式提高古城旅游质量，在旅游发展过程中打好"品牌"这张牌，通过居民参与的方式保护好独克宗古城旅游发展的大环境。

（3）强化社会各界保护环境的意识。在现有基础上加强古城环境监管力度，通过微信公众号、微博、监控等方式监督旅游环境中乱丢垃圾、破坏公共设施、乱停车等不良行为，并对提供线索的人员进行多种方式的奖励，从而提高群众监督力度。对出现的不文明现象线索经过核实后在相应的媒体上进行曝光，或对行为者处罚，提高公民文明旅游、文明出行的意识。独克宗古城属于现存最大的藏族民居古建筑群，管委会、规划局要加强对建筑物报建及装修的审批，确保新建建筑和原有村貌的和谐性；同时要对已建违章建筑加强监管，责令进行整改。

（4）加大专项宣传和推介。随着动车、高铁即将开通，独克宗古城也要抓住这个机遇做好对它的宣传和推介。一是加大独克宗古城宣传推介的经费投入。除了地方政府增加宣传推介专项经费外，还应拓宽资金来源渠道，建立符合当下独克宗古城发展规律的宣传经费来源体系。积极争取政策，通过各类党报党刊及相关刊物、网站、公众号加大对独克宗古城的宣传推介。二是加大宣传独克宗古城现有旅游资源的独特性和唯一性。旅游资源要在旅游市场中站稳脚跟并脱颖而出，就必须要有独特性、唯一性作为切入点，把独克宗古城的"亮点"展现给世人。独克宗古城是集自然、历史、人文为一体的集群性综合景点，将独克宗古城独有的红色文化、茶马古道上的历史重镇、充满宗教和民族色彩的古城文化进行包装推介是必要的。

第二章 多主体参与乡村旅游发展模式

——小中甸镇奶思村

一、奶思村概况

奶思村民小组位于香格里拉市小中甸镇联合村民委员会，地处北纬27°20′—27°43′，海拔约3207米，东连虎跳峡镇、三坝乡，南接金江镇，西邻上江、五境乡，北靠建塘镇，是一个少数民族聚居的传统村落。截至2017年年底，奶思村共有农户35户192人，境内全民皆为藏族。

奶思村属北温带高原季风型半湿润气候，由于受西南季风和南支西风急流的交错控制，干湿季分明。6—10月，阴雨天气多，形成湿季，11—5月，晴天多，光照足，蒸发量大，形成干季。全年最高气温26.5℃，最低气温零下19.4℃，年平均气温5.8℃左右；雨量较为充沛，年平均降水量为849.8毫米，无霜期120天。

奶思村地形北高南低，属半牧半农的高寒坝区，具有典型的"一年无四季，一天有四季""长冬无夏春秋短"的高原气候特点。主要以农业和畜牧业为主，农作物一年一熟，主要种植青稞、马铃薯、蔓菁、油菜、荞麦、车厘子、蓝莓、燕麦、小麦、中草药等农作物和经济作物。奶思村草场资源丰富，牲畜品种较多，拥有得天独厚的自然条件，可利用的草场面积较多。2017年，奶思村大牲畜存栏125头，小牲畜存栏338头，出栏122头。[①]

奶思村交通便利，距丽江市区150多千米，与香格里拉市区相距约25千米，与国道214线相距1千米。所属地小中甸镇是全国藏区"南大门"，是香格里拉的门厅、"前花园"，滇藏公路和国道214线贯穿全境，是香格里拉精品旅游黄金线之一。林区公路、乡村公路遍布于全镇3个行政村的78个自然村。

奶思村乡村旅游以"吃藏家饭、住藏家屋，做一回藏家人"为特色。藏

---

① 数据来源：《小中甸镇2017年年鉴》。

族传统建筑文化、服饰文化、饮食文化、婚俗文化、歌舞文化、农耕文化等是该村民小组发展乡村旅游的一大亮点。奶思村自然资源丰富，环境优美，风景秀丽，藏民族传统文化浓郁。村庄古色古香，四周峰峦叠嶂，群山苍翠，依山傍水；这里历史悠久，文化积淀厚重，民风纯朴，乡村遗迹与建筑、乡村人文活动与民俗文化资源富集，"吃藏家风味，住藏家帐篷，欣赏高原风光，感受藏家文化，了解当地历史便形成了奶思村民小组独特的乡村休闲旅游格局"。①吸引了络绎不绝的本地市民和外来游客。

奶思村在鼐思·碧水蓝天乡村旅游景区开发以前，村民收入主要源于传统种养殖业，人均收入较低，但近年来，奶思村由政府搭台、企业合作，鼓励农民参与乡村旅游建设和发展。发展乡村旅游以来，政府党委有关部门和香格里拉市阿佳拉旅游资源有限责任公司投入了大量财力、物力、人力，使奶思村基础设施得到改善，乡村旅游建设初显成效，乡村旅游元素不断完善，已经初步形成了吃、住、行、游、购、娱六要素对游客的全方位吸引，人民生产生活水平显著提高，乡村旅游发展已成为村民新的、主要的经济增长点。

二、奶思村发展乡村旅游的条件

（一）乡村旅游资源得天独厚

奶思村乡村旅游资源总量丰富、类型多样，独特的自然地理环境、人文环境和民族文化为奶思村乡村旅游发展创造了良好的条件。奶思村发展乡村旅游所具有的市场核心竞争力体现在：独特的高原自然风光，宜人秀丽的田园景观，原始淳朴的农耕文化，和谐闲适的乡村生活感受，历史悠久的木天王遗址，源远流长的宗教文化，淳朴的民俗风情，多姿多彩的民族节庆活动，特色十足的饮食文化，有保存较为完好的古村落以及传统藏式建筑。旅游资源集雪山、湖泊、草甸、花海、森林、遗址、历史传说、宗教、民族风情等为一体，类型丰富，形态多样，是"风景在路上""处处皆风景""人人展风情"最典型的体现，资源得天独厚，具有开发乡村旅游的明显优势。详见表2-1。

---

① 香格里拉市阿佳拉旅游资源有限责任公司。

表 2 - 1　奶思村乡村旅游资源略表①

主类	亚类	单体乡村旅游资源
乡村自然资源	地文水文资源	亚高山草甸、湿地；天宝雪山（东北方）、玉龙雪山和哈巴雪山（东南方）；硕都岗河；水库库区、河滩；玉措湖；高原水乡景色等
	生物景观	黑颈鹤、斑头雁、黄鸭等鸟类；格桑花海；"五花草甸"；小中甸杜鹃花海；"狼毒醉斑鸠"的奇特景观；"云南八大名花"之锡金报春、偏花报春；腋花杜鹃、灰背杜鹃、高原毛茛、甘西鼠尾、圆穗蓼、银莲花、火绒草、西南委陵菜、缘毛紫菀、痢止蒿、长管马先蒿、海仙花、西南鸢尾和椭圆叶花锚、柳兰、角蒿、云南丁香花，百花盛开，争奇斗艳。华山松、云南松、高山松、大果红杉林、桦杨柳树林；国家级珍稀保护植物和横断山特有的油麦吊云杉、丽江云杉、长苞冷杉和大果红杉；森林"胡子"长松萝；青稞、马铃薯、蔓菁、油菜、荞麦、重楼、车厘子、蓝莓等农作物和经济作物；藏香猪、牦牛、藏獒等特色养殖
乡村人文资源	遗址遗迹	木天王遗址
	饮食文化	酥油茶、青稞酒、酸奶、糌粑；观景帐篷餐厅；五妙欲马帮菜等
	宗教文化	藏传佛教文化、宗教与祭祀场所；唐卡艺术；婚丧祭祀；"天人合一"的生态伦理观；神山、神水、神树、玛尼堆；风马旗（经幡）、佛塔；祈愿台等
	民族节庆、体育、艺术等民族文化	赛马、摔跤；藏历新年、传诏大法会、格东节（跳神节）、迎佛节、转山节、朝水节、三相会节、法轮节、朝圣节、燃灯节、格冬节、五月赛马会、遛马会、正月骑射歌舞会等；锅庄、尼西情舞等；香巴拉吐蕃文化庄园；牦牛拔河比赛；抓猪；争当劁猪匠；情卦、帐篷露营等
	农牧文化	游牧文化；茶马古道和马文化；火塘文化；薅青稞场面；打牛奶等

———————

①　资料来源：作者调研整理。

续 表

主类	亚类	单体乡村旅游资源
乡村人文旅游资源	历史传承与乡村故事	"格桑"与"格桑活佛"的传说;"奶思"的赐名;《甘珠尔》藏文大藏经108卷的历史;藏族关于牙齿、头发、生瘊子、生痣、梦等的民间传说;藏族民间谚语;被误解的青稞架;香巴拉栈道;未嫁新娘的故事;桃花道;五妙欲马帮菜
	建筑文化	藏族古村落和传统民居;经幡、火塘;藏族壁画:八瑞吉祥图(亦称八宝图)、七政宝;水坛、"天窗"等
	旅游商品	手工艺品、地方特产,包括:中草药材及制品:松茸、虫草、玛卡等;农林畜产品和制品:松茸、羊肚菌、雪茶、牦牛肉、酥油等
	民族服饰	勒规(劳动服饰)、赘规(礼服)、扎规(武士服),妇女服身;藏族首饰,"那龙"(耳环)、项链、颈饰、嘎乌(护身符)、恰玛(银腰带)、手镯等
	藏医藏药	松萝用来治疗外伤、咳嗽痰多、乳腺炎和风湿性关节痛等
	婚俗、丧葬文化	提亲、定亲、送亲、婚礼歌等,婚仪及嫁妆;一夫一妻制,一妻多夫制等;天葬、水葬、火葬、土葬、塔葬等

在全域旅游、大众旅游时代下,随着自驾游、短途游的快速发展,奶思村充满田园气息、独具特色的自然风光必定是人们放松身心、休闲度假的较佳旅游目的地。奶思村硕都岗河风景优美,水库库区天水一色;放眼玉措湖,碧波荡漾、清澈见底,格桑花海美丽壮观;这里狼毒花遍布草原,亚高山草甸布满了寒温性原始针叶林,一望无际的高山草甸布满了连片的多色杜鹃和栎叶杜鹃;这里高原草甸、藏族村庄、耕地、河滩互相融合,村庄依山傍水,景色绮丽,植被丰富,生态环境良好;村容村貌整洁,农业特色突出;"五花草甸"百花盛开,争奇斗艳;高山湖泊千姿百态,奇妙诱人;天宝雪山、玉龙雪山和哈巴雪山高耸入云。奶思村优良的生态资源,不仅可以满足游客"采菊东篱下,悠然见南山"的世外桃源的精神体验,欣赏和研究自然景观、野生生物及相关特征,还可以增强游客与自然的亲近感,深化游客对生活的理解,进行环境教育。这些优越的生态环境利于发展乡村旅游。

文化是乡村旅游可持续发展的核心。奶思村农耕文化历史悠久,民俗文化绚丽多彩，遗迹、史料和传说丰富多彩。奶思村保留了最完整的藏族传统建筑文化、服饰文化、饮食文化、婚俗文化、歌舞文化、农耕文化、工艺美术、节庆活动、游牧文化、宗教文化、体育运动等文化，其发展乡村旅游得天独厚、独占优势。

（二）区位交通优越

奶思村区位优越，交通通畅程度高，旅游可进入性强。奶思村是迪庆最佳城乡文化结合部、都市居民休憩的"后花园"之一。奶思村属旅游胜地香格里拉市辖区小中甸镇，位于滇藏线的必经之路上，香格里拉品牌的市场必定辐射到小中甸镇奶思村。奶思村东连虎跳峡镇、三坝乡，南接金江镇，西邻上江、五境乡，北靠建塘镇，外引内联，区位优势明显。香格里拉机场，是滇西北地区最大的机场之一，现已开通香格里拉至昆明、成都、重庆、拉萨、杭州等多个航班。奶思村所属的小中甸镇滇藏公路、建设中的丽香高速以及铁路贯穿全境，林区公路、乡村公路遍布于全镇的 78 个自然村，形成了奶思村发展乡村旅游便利的交通网络，便于市民的乡村休闲游和农产品的运输。

优越的区位条件和便捷的交通网络，为奶思村发展乡村旅游，对接消费市场，农产品物流和游客集散创造了良好的"硬环境"。

（三）和谐的利益共同体

乡村旅游作为一个利益综合体，涉及多个利益相关者，若处理不好，易引发多个利益矛盾。奶思村"地方政府＋公司＋旅行社＋农户＋精准扶贫挂包单位"的多主体参与的乡村旅游发展模式，地方政府依法行政、企业依法经营、村民依法参与乡村旅游，通过互补共生，形成了和谐的乡村旅游利益共同体，实现了村民与企业共同发展、共同富裕，产生了良好的经济效益、生态效益和社会效益。

首先，奶思村乡村旅游建立了合理的共享机制、协调机制和一体化机制，公司、旅行社、村民通过合作，达成利益共享，共享基本旅游资源、环境、交通设施、旅游基础设施等，最终实现互惠多赢。其次，在共享机制的基础之上，通过协议、就业、入股等方式来保证资源的利用效率与合作的顺利进行。最后，实现一体化，系统开发、制度统一、资源共享、统筹规划。

村民利益的保障是乡村旅游发展的核心问题，没有当地村民参与的乡村旅游则不是真正的乡村旅游，离开了当地群众来谈乡村旅游开发与发展必然是无源之水、空中楼阁。奶思村村民在长期生产、生活实践中创造的精神文化和物质文化是乡村旅游资源最主要的构成部分，其中包括乡村民居建筑、乡村民俗活动、乡村居民生产生活场景以及乡村优良的环境等。奶思村民作为公司的股东兼员工，他们既是最主要的利益相关者，也是乡村旅游最重要的文化资源的载体。因此，奶思村村民通过参与乡村旅游利益分配和乡村旅游的管理决策，一方面，村民通过为旅游者提供初级旅游消费品、各种原材料，实现提高收入和增加就业的目的；另一方面，通过入股分红方式参与公司旅游管理、决策与监督，影响乡村旅游的发展。具体来说，奶思村乡村旅游鼐思·碧水蓝天公司让奶思村村民分享到了乡村旅游发展带来的诸多利益，比如提供尽可能多的就业机会给村民，优先雇佣本地村民；乡村旅游商品尽量选用本地原材料等，村民持有公司40%的股份等。通过这些保障社区居民参与旅游利益分配，进而调动社区居民参与旅游发展的能动性和积极性。在此模式中，旅游企业鼐思·碧水蓝天公司负责资金投入、参与规划、市场开拓、生产乡村旅游产品等来满足旅游市场需要，从中营利。

乡村旅游的经营和发展，需要政府的扶持、引导、协调和规范。香格里拉市、小中甸镇政府在奶思村乡村旅游发展中在政策的制定、资金扶持、基础设施的建设和管理、利益协调管理等方面发挥重要作用。在乡村旅游发展过程中，政府既是搭桥者，同时又是管理者、企业的监督者、生态环境保护的倡导者、奶思村精准扶贫帮扶者等。

（四）政策持续向好

1. 进入新时代，乡村旅游迎来了新机遇。党的十九大报告强调："中国特色社会主义进入新时代，我国社会主要矛盾已经转化为人民日益增长的美好生活需要和不平衡不充分的发展之间的矛盾。"新时代，人们对美好生活提出了更高要求，人们对旅游也提出了更高要求，旅游从单一的观光向康体运动、生态游憩、亲子教育、养生养老、文化体验等多元化、个性化需求转变，乡村有着中国最传统、最原汁原味的文化根基及优美秀丽的自然风光，参与性、互动性、体验性和个性化强的乡村旅游越来越受到旅游者的青睐。另外，当今社会"大城市病"日益凸显，老龄化社会即将到来，中国国民又普遍有传统文化中的"乡土情结"，轻松、舒适，"看得见山，望得见水，记得住乡愁，留得住乡情"的乡村旅游则成为人们出行的必然选择。

2. 假日制度的调整与实施，为乡村旅游发展带来了新契机。相关法定节假日以及相关带薪休假制度，催热自驾游、家庭游，为乡村旅游发展带来了良好的发展契机及强大动力。《国务院关于修改〈全国年节及纪念日放假办法〉的决定》及《职工带薪年休假条例》的调整与实施，改变了人们原有的假日休息时间、行程安排。该制度的出台恰逢时机，在制度保障和休假观念深入人心这两方面的促动下，鼓励、刺激了全域旅游、全民旅游、短途旅游，对乡村旅游无不是良好的发展契机。

据统计显示，2015 年，国内乡村游客数量达 12 亿人次，占国内全部游客人数的 1/3；乡村旅游收入达到 3200 亿元，占国内旅游总收入的 10%；乡村旅游实际完成投资 2612 亿元，同比增长 60%。[①] 据国家旅游局统计，目前全国城市居民周末休闲和节假日出游，70% 以上选择在周边的乡村旅游点，全国主要城市周边乡村旅游接待人数年增长率均高于 20%。

3. 国家宏观政策的倾向和支持，极大地推动了乡村旅游的发展。在当前弘扬优秀传统文化、推进精准扶贫、美丽乡村建设、供给侧结构性改革和实施乡村振兴战略这样一个大背景下，在全域旅游、大众旅游快速发展的时代下，香格里拉奶思村发展乡村旅游政策持续向好，乡村旅游发展迎来全面转型升级的绝佳机遇。

在中发〔2011〕10 号文件《中国农村扶贫开发纲要（2011—2020 年）》中，旅游扶贫以强劲的造血功能首次作为扶贫方式写进纲要。现今，乡村旅游扶贫工作已被国家列为扶贫开发十项重点工作之一。2014 年，国务院发布（国发〔2014〕31 号）文件《关于促进旅游业改革发展的若干意见》明确提出"加强乡村旅游精准扶贫，扎实推进乡村旅游富民工程，带动贫困地区脱贫致富"。同年 11 月，国家旅游局等七部门联合下发《关于实施美丽乡村旅游富民工程推进旅游扶贫工作的通知》，提出到 2020 年扶持约 6000 个贫困村开展乡村旅游。根据国家旅游局和国务院扶贫办的规划，2015 年 7 月，又提出："到 2020 年要在全国形成 15 万个乡村旅游特色村，300 万家乡村旅游经营户，乡村旅游年接待游客超过 20 亿人次，收入将超过 1 万亿元，受益农民 5000 万人，通过引导和支持贫困地区发展乡村旅游带动全国 17% 贫困人口（约 1200 万）脱贫。"2015 年 8 月 11 日，国务院发布的国办发〔2015〕62 号文件《关于进一步促进旅游投资和消费的若干意见》中指出："加大对乡村旅游扶贫重点村的规划指导、专业培训、宣传推广力度，组织开展乡村旅游规划扶贫公益活动，对建档立卡贫困村实施整村扶持，2015 年抓好 560 个建档立卡贫困村乡村旅游扶贫试点工作。"要"突出乡村特色，充分发挥农业的多功能性，开发一批形式多样、特色鲜明的乡村旅游产品"。2016 年 5 月，首届世界旅游发展大会召开，大会特别强调了"旅游促进扶贫"的主题。同年，汪洋同志在国家第五个旅游日工作会议上明确指出："乡村旅游建设要实现全面化、多元化，让广大普通社会公众积极参与进来，乡村旅游产业建设是解决社会贫困性问题的基础方法。"[②]

---

① 数据来源：《2015 年乡村旅游市场调研报告》。

② 甘长宏：《关于现代乡村休闲生态旅游研究》，《中国乡镇企业》，2014 年第 3 期。

习近平同志在中央扶贫开发工作会议上提出实施"五个一批"工程，强调要立足当地资源，充分挖掘、盘活贫困地区的各类资源，真正做到因地制宜，实现"宜工则工、宜农则农、宜商则商、宜游则游"的针对性产业开发。可见，乡村旅游在满足城乡居民休闲度假等需求的同时，也在促增收、调结构，推动农村地区经济发展以及缩小城乡差距、统筹城乡等方面发挥了重要作用。

大力发展乡村旅游是生态文明建设、"五位一体"总体布局以及"美丽中国"建设的需要。2012 年，党的十八大将生态文明建设纳入"五位一体"现代化理论体系中，提出努力建设"美丽中国"，十九大提出明确中国特色社会主义事业总体布局是"五位一体"、战略布局是"四个全面"，明确坚持和发展中国特色社会主义，总任务是实现社会主义现代化和中华民族伟大复兴，在全面建成小康社会的基础上分两步走，在 21 世纪中叶建成富强民主文明和谐美丽的社会主义现代化强国；强调应当树立尊重和保护自然的生态文明理念。"美丽中国"最美在乡村，乡村旅游是生态旅游、农业旅游、文化旅游等相结合的产物，不仅对发展农村经济具有重要作用，更重要的是在保护生态环境上有更深层的实践价值。发展乡村旅游正是符合"美丽"这一诉求，必将为乡村旅游大踏步前进创造出前景更加广阔的发展空间。可以预见，国家势必对乡村旅游发展给予更大的重视力度、更多的资金投入、更好的政策扶持。

国家持续高度重视藏区发展与稳定，迪庆州作为云南省唯一的一个藏区，发展恰逢其时，乡村旅游大有作为。2015 年 8 月，在第六次西藏工作座谈会上，习近平同志指出"今后一个时期，要在西藏和四省藏区继续实施特殊的财政、税收、投资、金融等政策"；李克强同志也强调"要突出抓好特色产业、基础设施、生态环保三项重点，提升藏区自我发展能力"，为加快藏区全面建成小康社会步伐，中央将进一步加大对藏区发展的支持力度。

我国"十三五"规划强调："拓展农业多种功能，推进农业与旅游休闲、教育文化、健康养生等深度融合，发展观光农业、体验农业、创意农业等新业态。""加快发展都市现代农业。激活农村要素资源，增加农民财产性收入。加快教育培训、健康养老、文化娱乐、体育健身等领域发展。大力发展旅游业，深入实施旅游业提质增效工程，加快海南国际旅游岛建设，支持发展生态旅游、文化旅游、休闲旅游、山地旅游……大力发展绿色农产品加工、文化旅游等特色优势产业。""十三五"规划纲要中有 19 次提到了"旅游"，意味着旅游产业在中国经济发展方式转型和供给侧改革中的地位越来越突出。而在国家层面对旅游业的重视则会有力促进各级政府积极发展旅游业，并在旅游发展政策上给予强力的支持。

2018 年中共中央 1 号文件《国务院关于实施乡村振兴战略的意见》指出：
"实施休闲农业和乡村旅游精品工程，建设一批设施完备、功能多样的休闲观光园区、森林人家、康养基地、乡村民宿、特色小镇。"中共中央、国务院印发了《乡村振兴战略规划（2018—2022 年)》，并发出通知，"实施休闲农业和乡村旅游精品工程，发展乡村共享经济等新业态，推动科技、人文等元素融入农业……尊重原住居民生活形态和传统习惯，加快改善村庄基础设施和公共环境，合理利用村庄特色资源，发展乡村旅游和特色产业，形成特色资源保护与村庄发展的良性互促机制"。并要求各地区各部门结合实际认真贯彻落实。

4. 省、州、市系列利好政策的出台，是奶思村乡村旅游发展的重要保障。2013 年，《中共云南省委云南省人民政府关于建设旅游强省的意见》明确提出云南省建设旅游强省的目标是："把云南建设成为国内一流、国际著名的旅游目的地和中国面向西南开放的区域性国际旅游集散地。"为更快、更高效地推进旅游强省建设，云南省于 2014 年制定并出台了《云南发展大旅游产业的实施方案》，对旅游产业、民族文化产业、乡村旅游业等发展的任务和重点需要开展的工作做出了计划与安排。2016 年《云南省旅游产业转型升级三年行动计划（2016—2018 年)》把旅游强县富民工程作为重点任务，提出要大力发展乡村旅游，发挥旅游业在城乡统筹、脱贫攻坚和带动就业方面的积极作用，推动旅游与城乡建设融合发展，实现以城带乡、城乡一体化发展格局。

为认真贯彻落实党的十九大战略部署和《中共中央、国务院关于实施乡村振兴战略的意见》精神，促进乡村全面振兴，结合云南实际，2018 年 5 月，《中共云南省委云南省人民政府关于贯彻乡村振兴战略的实施意见》明确提出："实施休闲农业和乡村旅游提质升级行动，建设一批特色旅游示范村镇和精品线路，打造乡村健康生活目的地，到 2020 年全省乡村旅游总收入达 2500 亿元以上。推进农村产业融合发展示范县建设。开展田园综合体试点示范。发展乡村共享经济、创意农业、特色文化产业。"

迪庆州高度重视旅游业发展，将其作为支柱产业来抓牢、抓实。全州各县确定了发展全域旅游的思路并制定了全域旅游规划和乡村旅游发展规划，加之美丽乡村建设行动的助力，必将迎来乡村旅游发展的黄金时代。

顾琨、齐建新同志在州委八届四次全会上的讲话指出："要实施乡村振兴战略……实施乡村旅游富民工程。"《迪庆藏区脱贫攻坚三年行动计划（2016—2018)》总体部署，规划将 I 期作为迪庆州乡村旅游扶贫项目的重点建设期，将迪庆州乡村旅游的发展作为全州"旅游扶贫""旅游富民"工作的重要突破口，通过优先建设一批发展潜力大、示范带动好的旅游扶贫项目，初步形成重点突出、以点带面，逐步辐射全州的旅游产品体系，使迪庆州建设成为全国藏区旅游扶贫发展的示范区。"以迪庆州优美的自然景观资源、丰富的民族文化资源以及高原特色农业种植资源为依托，整合利用民族文化、特色村寨、景点景区、高原特色农业等旅游资源，充分借力'三江并流'与'香格里拉'两大世界顶级品牌形象，通过不断完善迪庆州旅游基础设施和服务设施，以'农旅融合''乡旅融合''文旅融合''生旅融合'为发展路径，以塑造精品、打造亮点、铸造品牌为目标，将迪庆州打造成为集民族文化体验、乡村休闲、生态观光、生态科普等功能于一体的全国藏区最美全域乡村旅游目的地。"①

《迪庆州藏区乡村旅游扶贫专项规划》提出的"一核、两轴、多点"总体布局，其中"多点"（旅游扶贫示范点）重点遴选 20 个特色村作为示范带动项目进行开发建设，其中包括奶思村所属的联合村民委员会。根据迪庆州内部旅游项目空间布局以及道路交通现状和规划情况，规划重点构建"一条迪庆州乡村旅游大环线、三大精品旅游线路、五大主题特色旅游线路"三大线路旅游产品，三大线路中，奶思村所属的小中甸镇、联合村都是规划的重要组成部分。（迪庆州乡村旅游大环线：建塘镇—小中甸镇—洛吉乡—三坝乡—虎跳峡镇—金江镇—上江乡—五境乡—塔城镇—攀天阁乡—永春乡—维登乡—白济汛乡—康普乡—叶枝镇—巴迪乡—燕门乡—云岭乡—佛山乡—奔子栏镇—尼西乡—建塘镇；三大精品旅游线路中的第一条"东部秘色香格里拉风景观光之旅"：红坡村—尼汝村—白地村—哈巴村—长胜村—永胜村—桥头村—东坡村—宝山村—红旗村—和平村—团结村—联合村—红坡村。②）

作为云南省唯一的藏族自治州，迪庆坚持"生态立州、文化兴州、产业强州、和谐安州"发展思路，中共迪庆州委 2016 年制定了《关于制定国民经济和社会发展第十三个五年规划的建议》，建议指出："深入实施精准扶贫精准脱贫，按照省委、省政府'挂包帮、转走访'的部署，以及发展生产脱贫一批、易地搬迁脱贫一批、生态补偿脱贫一批、发展教育脱贫一批、水电工程移民脱贫一批、乡村旅游发展脱贫一批、社会保障兜底一批即'七个一批'的要求，对扶贫对象实施规范化管理，建立扶贫信息网络，推动产业扶持、能力素质提升、扶贫生态移民及安居工程、基础设施建设、基本公共服务社会保障、金融扶持到村到户，如期实现现行标准下贫困人口全部脱贫。"乡村旅游是"七个一批"脱贫攻坚的主要工程。

为了推进香格里拉市小中甸镇乡村旅游产业发展，带动该区域内农村脱贫

---

① 《迪庆州藏区乡村旅游扶贫专项规划（2016—2025）》。
② 《迪庆州藏区乡村旅游扶贫专项规划（2016—2025）》。

致富，确保民族团结和社会稳定，香格里拉市旅游局牵头制定了小中甸镇乡村旅游规划及相应的实施方案。规划为提升奶思村乡村旅游品质，挖掘文化内涵，塑造品牌形象，实现乡村旅游产业的新跨越创造了良好条件。

奶思村积极开展"环境综合整治"，进一步改善人居环境，为发展乡村旅游创造美好环境。小中甸镇、奶思村根据市委市政府相关要求，对国道214沿线廊道风貌进行规范整治，严格控制红线内的新建民房建筑及商铺按照香格里拉市214沿线廊道风貌控制线的规定程序审批，并确保了建筑特色符合藏民族廊道风貌特色；同时对214沿线乱堆乱放、沿线重点工程渣土运输及运输车辆搭盖篷布、进场路水泥硬化、修建过水池进行整改，确保214国道环境整洁干净；完成"百万造林"计划，对农村环境卫生常抓不懈，将环境卫生改善纳入村规民约；实现垃圾焚烧池、卫生厕所设施完备，切实改善农村人居环境；全面落实河长制，构建镇、村两级河长制体系，实现水域水质的有效保护；推进河道及采沙规范管理，严格控制污染排放，确保实现河畅、水清、岸绿目标。①

可以预见，在奶思村今后的乡村旅游发展中，国家、省、州、市势必会给予更大的重视力度、更多的资金投入、更好的政策扶持。上述一系列政策为奶思村发展乡村旅游提供了良好的契机。在这些良好政策叠加之下，奶思村发展乡村旅游可谓恰逢其时。

（五）市场广阔

马斯洛理论把人的需求分成生理需求、安全需求、社交需求、尊重需求和自我实现需求五类，五种需求像阶梯一样从低到高，逐级递升。马斯洛认为，一个国家多数人的需求层次结构，是与这个国家的经济发展水平、文化和人民受教育的程度等直接相关的。比如：在发展中或发展滞后的国家，人们生理和安全需求的人数比例较大，而社交、尊重和自我实现需求的人数比例较小，而在发达国家，反之。在我国，随着人们需求层次的上升，乡村旅游市场广阔。

首先，随着经济的持续快速发展，人们收入水平不断提高，消费水平也随之提高。人们在满足了物质需求之后开始考虑满足心理需求，对于外出旅游寻找新奇的渴望也随着增加，有利于开发乡村旅游产品满足人们的休闲度假等需求。相关研究成果表明，当一个国家或地区人均GDP超过5000美元时，就会形成休闲度假的消费需求，休闲消费能力显著增强。2015年我国人均GDP就已超过8000美元。近年来，迪庆州经济整体上稳中有进，区域经济持续增长。

---

① 《小中甸镇"十三五"规划草案》。

2017年，迪庆州共接待国内外游客2676.89万人次，比上年增长35.49%。全年旅游业总收入2988590.36万元，同比增长59.16%。全州城镇常住居民人均可支配收入31853元，比上年增加2414元，增长8.2%。城乡居民人均储蓄存款27490元，增长12.93%。[①] 2017年，小中甸镇农村常住人口人均可支配收入达10672元，年均增长12%。[②] 未来几年，随着迪庆州经济社会的全面发展，全州城乡居民人均收入定会不断增长。

其次，从旅游消费的角度看，近距离城市居民（香格里拉、维西、德钦、丽江等）和香格里拉市阿佳拉旅游资源有限责任公司旗下的旅行社的游客成为了奶思村乡村旅游中的主要客源。奶思村乡村旅游市场为中短途游，物力、财力花费少，参与奶思乡村旅游开发的鼎思·碧水蓝天乡村旅游景区不收取门票，食宿费用也较低。游客购买的许多旅游商品主要是以当地藏族百姓自产自销的农副产品为主，物美价廉。因此，近距离城市居民和来自全国各地的游客，其收入水平完全有能力选择来奶思村进行乡村旅游消费。

再次，奶思村所在的小中甸镇是香格里拉市辖区，而"香格里拉"有着深厚的客源市场，定能辐射到区位优越的奶思村。如今，香格里拉旅游产业已形成了较为完善的吃、住、行、游、购、娱等旅游产业体系。小中甸镇附近的独克宗古城被评为"中国最佳民族风情名镇"、虎跳峡被评为中国最美的大峡谷之一；香格里拉先后荣获"一佳四美""中国最值得外国人去的50个地方""中国旅游行业十大影响力品牌""中国特色生态文化旅游胜地""2010年中国青年喜爱的旅游目的地""2010年最值得向世界推荐的民族文化旅游胜地""2010年国际最佳民族风情旅游目的地"等殊荣和大奖。

最后，近年来，都市"大城市病"的日益凸显，人们更渴望追求返璞归真、回归大自然，乡村旅游以"望得见山、看得见水、记得住乡愁"而受到都市人的关注和青睐。奶思村拥有旖旎的乡村旅游自然风光，淳朴的藏族风情，浓郁的乡土文化气息，悠久的历史遗迹，是游客身心愉悦、寻找精神家园的必然选择。另外，迪庆乃至云南各地州的地域文化对休闲有着特别的偏好。乡村旅游的实惠、自然、自由与随意对迪庆人或云南人来说，是大众普遍认同的一种休闲生活方式。因此，奶思村发展乡村旅游有香格里拉市阿佳拉旅游资源有限责任公司旗下的各个旅行社稳定的客源和周边都市广阔的市场，有很大的市场发展潜力。

---

① 《迪庆藏族自治州2017年国民经济和社会发展统计公报》。
② 《小中甸镇政府工作报告（2017年）》。

三、奶思村乡村旅游发展模式及发展现状

（一）发展模式

"地方政府＋公司＋旅行社＋农户＋精准扶贫挂包单位"的乡村旅游发展模式，即地方政府主导，公司、旅行社经营和管理，农户参与，挂包单位帮扶的五位一体的全新发展模式。该模式将每个利益相关者（旅行社、公司、地方政府、挂包单位和农户）各类资源聚集到一起，充分发挥乡村旅游产业链中各主体的优势，通过合理分享利益，既避免了乡村旅游的过度商业化，又保护了本土文化，减少了地方政府对旅游开发的投入和管理难度，使当地村民真正得到了实惠，产生了良好的经济效益、生态效益和社会效益。

奶思村这一模式的显著特点是：各主体合理分工和利益共享，有利于激发各自潜能，形成"乡村是我家，发展靠大家"和乡村旅游开发"一盘棋"的思想。具体来讲，在奶思村乡村旅游整个开发环节中，基础设施及规划、环境建设等由地方政府主导落实；管理、经营、客源及商业包装等由公司和旅行社落实；具体文化体现渠道的打造、工艺品等文化产品的制作等由农户落实；各方矛盾的处理、协调由地方政府、公司、旅行社、农户共同商议决定。

首先，地方政府起扶持作用，政府部门建立涉农资金整合投入机制、精准扶贫结对帮扶机制、对口支援机制，整合涉农资金和帮扶资金用于乡村旅游基础设施建设，优化发展环境，加强维护村庄社会治安和环境卫生，禁止村民乱搭乱建，制止经营服务乱抬价、乱收费等行为；同时，对参与乡村旅游开发的农户进行引导和帮扶，解决贫困乡村旅游业发展资金不足问题。其次，引入、指导、监管旅游开发公司，公司和旅行社负责村庄的旅游经营管理、市场运作、宣传营销等，维护农户的利益。最后，旅游公司聘请当地村民到公司就业，直接参与景区的经营管理等各项活动，农户充当乡村旅游产品生产者的角色，按照公司的标准为游客提供餐饮、住宿、表演、导游、工艺品的制作、维护和修缮各自的传统民居等产品和服务。利润由村民、公司（旅行社）按一定比例分成。当地村民有了公司员工、股东与村民的三重身份。在这种关系下，当政府、公司在乡村旅游开发、经营、管理过程中与当地村民发生矛盾时，三重身份的村民会主动承担协调者的角色，减少了村民与地方政府、公司之间的矛盾与隔阂。奶思村多主体参与乡村旅游的发展模式，可以发挥公司在经营和管理方面的优势，旅行社在市场开拓方面的优势，村民原生态的文化优势。另外，也有政府进行的有效的规制，从而维护和保障了村民的利益，为旅游可持续发展奠定基础。

奶思村多主体参与乡村旅游发展的模式具体做法，例如：鼐思·碧水蓝天是迪庆州首家地方政府为农民改善基础设施，搭建发展平台，在地方政府主导下，公司与农民合作共同开发乡村旅游从而达到脱贫致富精准扶贫的目的的乡村旅游景区。奶思村于 2017 年在有关部门同意并批准后，引入香格里拉市阿佳拉旅游资源有限责任公司，① 开始开发建设鼐思·碧水蓝天乡村旅游景区。

鼐思·碧水蓝天乡村旅游景区的开发是在地方政府的主导下，让当地老百姓利用当地丰富的自然人文资源与旅游开发企业以股份制的形式共同开发乡村旅游的项目。在党委政府的牵线搭桥下，公司与奶思村村民小组达成了合作协议，由阿佳拉旅游资源开发有限责任公司持 60% 的股份，奶思村村民小组持 40% 的股份，村民除了可以在公司收益中分配收入外，富余劳动力还可就地就业，给老百姓带来了很好的社会效益和经济效益。2016 年，镇党委政府向上级有关部门积极争取，取得迪昆扶贫项目资金支持，对奶思村的乡村旅游开发进行了系统规划。奶思乡村旅游项目共计投资 600 万元，其中，昆明帮扶 550万元，50 万元通过自筹方式进行解决。

2017 年 5 月 20 日，为发展小中甸镇联合村村集体经济，壮大联合村股份合作经济产业，切实解决农村基层党组织无钱办事的现状，经村党总支和香格里拉市阿佳拉旅游资源有限责任公司协商后，联合村总支决定用 50 万元的村集体经济，以现金入股的方式作为产业扶贫资金来帮助阿佳拉旅游资源开发有限责任公司发展乡村旅游。这部分扶持资金按第一年收回总资金的 20% 、第二年收回总资金的 30% 、第三年收回总资金的 50% 的形式进行回收。每年阿佳拉旅游资源开发有限责任公司将向联合村总支固定支付投入资金的 4% 作为农村基层党组织入股红利。阿佳拉鼐思·碧水蓝天乡村旅游景区在景区设置景区讲解员、服务员、保洁员、保安等岗位，农户可以就地就业，安置奶思村民小组和联合行政村的农村富余劳动力，农户还可把自家的农副产品以市场价销售给景区，增加了收入，为奶思村精准脱贫、经济社会发展做出巨大贡献。②

---

① 香格里拉市阿佳拉旅游资源有限责任公司：2011 年 7 月注册成立，有 300 多个员工，下设香格里拉市阿佳拉旅游经营管理中心，有迪庆扎西旅行社有限责任公司、迪庆绿松石旅行社有限责任公司、香格里拉市蓝月山谷旅行社、鼐思·碧水蓝天旅游开发有限责任公司、香格里拉市藏人缘帐篷部落有限公司、藏草堂土特产店、压箱货翡翠店、阿佳拉（北京）文化传媒有限公司八个分公司，是香格里拉到目前为止唯一一家旅游六大要素的服务产业链俱全的旅游经营集团公司。

② 数据来源：鼐思·碧水蓝天乡村旅游景区。

（二）发展现状

奶思村具有发展乡村旅游的独特的资源、区位、市场和环境等优势，近年来，香格里拉市高度重视发展乡村旅游，把发展乡村旅游作为建设生态文明、促进农民增收、精准扶贫、维护地区稳定、推动农业产业转型升级的重要抓手，积极打造"生态美、百姓富"的乡村旅游新形象。经过几年的培育和发展，奶思村乡村旅游各利益主体组合效应好，市场需求增加，基础设施不断完善，社会效益增长，其发展已粗具规模，旅游市场的竞争力和吸引力不断提升，乡村旅游已逐渐成为奶思村最具增长潜力的新型业态之一，经济的贡献和作用明显增强。

由于经济社会发展相对于发达地区较为滞后，奶思村乡村旅游起步时间晚，发展时间较短，2017 年年初，香格里拉市阿挂拉旅游资源有限责任公司经过小中甸镇政府引进获得了小中甸镇联合村奶思组的乡村旅游开发权。目前，奶思村乡村旅游产品主要由香巴拉吐蕃文化庄园博物馆、香巴拉栈道、祈福台、经幡塔、情歌廊、玉措湖、木天王遗址、藏乡田园风光、未嫁新娘、观景帐篷餐厅、帐篷营地、格桑花海、狼毒花海、藏族民居、自驾房车营地等组成。

目前，奶思村乡村旅游初见成效，逐步完善了"吃、住、行、游、购、娱"六大要素，完成了《奶思乡村旅游开发总体规划》，加强旅游资源管理，不断加快自然资源优势转化为经济优势步伐。据不完全统计，经过近一年的经营，截至 2017 年 12 月底，霭思·碧水蓝天乡村旅游景区共计接待游客 10 万人次，游客数逐年增加，实现营业收入 400 多万元，按景区所在地奶思村民小组 36 户 193 人计算，每人平均年收入达到 8290 多元。实现农村劳动力转移300 多人次，农民平均务工收入达 1000 多元。阿佳拉公司还自筹资金投入 200多万元，改善该景区基础设施建设。其中农民应按股份比例投入的 80 多万元全部由阿佳拉公司单方承担，这相当于奶思村民每人直接受益 4100 多元。[①] 村内参与（直接或间接参与）乡村旅游的农户占 100%，农户以农副产品供应（种植、养殖）、景区务工、入股方式参与，参与比例很高，乡村旅游联动作用较强。奶思村每年游客量虽大，景区内部却有条不紊，开发主体之间的利益纠纷较少，乡村旅游发展呈现出接待增长较稳健和吸引力增强的特征，充分解决了就业问题，维护社会稳定，最大限度地实现社会效益、经济效益与环保效益的统一，相对来说，其开发模式是迪庆州乡村旅游发展的典范。

---

① 数据来源：霭思·碧水蓝天乡村旅游景区。

四、奶思村发展乡村旅游存在的问题和建议

(一) 存在的问题

1. 从业人员职业素养不高,服务水平有待提升

乡村旅游工作是服务型工作,从业人员的素质决定着服务的质量。目前,在鬞思·碧水蓝天乡村旅游景区范围内,由于季节性和经营成本等原因,奶思村当地百姓成了乡村旅游的主要劳动力和从业人员。他们服务热情、态度好,但他们受教育程度不高,缺乏旅游专业知识以及相关的管理、营销技能,并且基本没有受过太多的专业技能培训,有的甚至都没有接受过教育,乡村旅游服务质量很难满足游客的需求。如:缺乏相关智慧服务的培训和管理,许多乡村陋习携带到旅游服务中,一些固有的饮食卫生习惯难以改变,旅游服务意识普遍不强,影响了服务水平。因此,奶思村村民职业素养、服务水平与接待能力都需进一步提高。

乡村旅游的发展离不开既懂旅游开发和营销,又懂乡村生活和生产情况的管理人才的支撑。但在奶思村专业的乡村旅游经营管理人员较少,公司对优秀人才引进,尤其是对管理型、技术型人才及同时有着农业情怀、乡村旅游情怀、家乡情怀的人才引进问题重视程度还不够,后期培训提升不足,规章制度及考评体系不够完善和健全,人才断层现象凸显,制约了乡村旅游的快速、长远发展。

2. 资源综合利用水平较低,产品开发体验性不足且项目单一

乡村旅游显著特征之一就是游客在旅游活动中有很高程度的参与性、趣味性和体验性。文化是旅游的灵魂,若缺乏对乡村旅游产品文化内涵的挖掘,很难对游客产生持久的吸引力。原真性是乡村旅游的主要特征,原生态的民间文化风俗,是乡村旅游的魅力所在。乡村旅游不是传统的、单一的"走马观花",而应是集观光娱乐、休闲度假、民俗活动、科考学习、保健疗养等为一体的多功能复合型的旅游活动。

奶思村有着悠久的历史和丰富的文化内涵,各种民俗文化、藏族传统民居、音乐舞蹈、婚俗禁忌、趣事传说、民族谚语等都被赋予了很深的文化底蕴。这种民间文化具有的淳朴性、神秘性,对于乡村旅游游客来说具有极大的诱惑力。目前,奶思乡村旅游主要是以生态观光、"农家乐"等方式存在,旅游活动内容以高原水乡景色、吃藏家饭、烧烤和休闲娱乐为主,与本地的民族、宗教、农耕等文化结合不够,在对乡土文化、民风民俗的发掘上欠火候;产品内容单一,资源综合利用水平较低,旅游项目体验度和参与度不高,生

态、农业、文化相互间缺乏互动，协同效应不明显，没有形成完善的乡村旅游产业体系。乡村文化元素挖掘不够深入，乡土文化产品缺乏，品位不高，是导致游客停留时间短、消费水平低、重游率低、赢利点较少的最主要的原因。产品服务方面，旅游产品开发水平较低，产品结构单一且开发数量、类型都较少，旅游要素构成较为简单，以行、游、食为主，旅游设施接待能力有限，民宿目前正在规划中；旅游产品开发滞后，奶思丰富的乡村旅游资源还没有得到充分的开发与利用。主要表现在：乡村旅游产品开发与当地的乡村文化内涵联系不紧密，乡村自然资源（地文、水文资源及生物景观等）、乡土文化（历史传承与乡村故事、农耕文化等）、乡村民俗（服饰文化、饮食文化、婚丧文化、歌舞文化、宗教文化、木天王遗址）等的挖掘、提炼与展现不足，产品形式单一，与州内其他地方的乡村旅游相比特色不突出，不明显，很难满足旅游者观光、休闲、体验、健身、娱乐、购物、度假等多层次、多样化的休闲旅游需求。

3. 产品营销乏力，知名度较低

奶思村乡村旅游发展过程中，霭思·碧水蓝天乡村旅游景区通过一定的市场运作、宣传推广、资源整合和香格里拉市阿佳拉旅游资源有限责任公司旗下旅行社的作用发挥，有了一定的客源，但范围仅限于周边区域（主要是迪庆州）及其旅行社的旅行团游客，市场推广与周边景区联动不深，难以形成二级市场分流，知名度不高。

奶思村产品营销乏力，知名度较低，问题主要在于：第一，奶思村村民、旅游公司等主体，营销理念较为落后，在一定程度上还延续着"酒香不怕巷子深"的传统的、被动的营销观念；营销策略单一，营销方式大多为力度不大的当地广告、口碑流传、旅行社推荐和一些"驴友"网站；客源多依靠公司旗下的旅行社团队、迪庆周边熟人介绍，等客上门特征明显，主动宣传不足，不能有效地利用新媒体进行营销；总体上看，奶思村乡村旅游市场营销体系不健全，营销人才少，推广力度不够，营销合力弱。第二，霭斯·碧水蓝天景区成立时间不长，市场口碑和信誉度影响力较小，缺少"回头客"，知名度较低，没有形成强有力的自主品牌，无法为奶思村发展乡村旅游提供有力支撑。第三，"单打独斗"特征明显。奶思村乡村旅游整体联动不足，与外部区域联动弱。周边各县、乡（镇）、村联系合作较少，缺乏有效整合。

4. 信息化短板突出，智慧化旅游服务薄弱

随着信息时代的到来，网络成为乡村旅游信息获取的主渠道。乡村旅游公共服务涉及旅游信息、旅游安全、旅游管理、旅游交通、旅游环境等各个方面，奶思村乡村旅游公共服务信息化水平不高，智慧化乡村旅游公共营销体系

尚未形成。

奶思村乡村旅游游客信息获取渠道，还是以亲朋好友的口口相传和旅行社推荐为主，从大众传媒、网络信息等渠道获取信息者较少，微博营销、网络营销、微信营销利用率很低，产品推广、主客交流、网上预订方面几乎处于空白。奶思村乡村旅游发展在信息传媒技术利用和智慧化旅游服务方面的迟缓，以致管理水平较落后，发展缺乏后劲，制约了乡村旅游的快速发展。比如，还没有设置乡村旅游餐饮、住宿等网上预订和支付服务，游客在线服务功能还是空白，还没有建立自己的网站（网页）或微博、微信等。

5. 乡村旅游基础设施不够完善

"吃、住、行、游、购、娱"是旅游的六大基本要素，但奶思村乡村旅游现有的配套基础设施不完备，不能满足游客的需求，这在很大程度上影响了乡村旅游的经营收入。

从宏观而言，奶思村交通便利，通信设施、电力设施、医疗卫生等建设水平较高。但是，目前奶思村的住宿、餐饮和休闲娱乐设施不尽完善。游客到乡村旅游的主要动机之一就是休闲娱乐，奶思村休闲娱乐设施并不完善。加上民宿发展还在起步阶段，不具备接待能力，餐饮接待能力有限，特别到五一、国庆等重大节庆期间，奶思村的基本旅游接待设施将成为未来旅游业持续快速增长的一个重要制约因素。这也是近几年奶思村游客停留时间短、旅游消费少的主要原因。因为大多数旅游者在做出决定前往某一目的地旅游时，都不会只考虑某一产品，而是将目的地多项旅游服务或产品综合权衡，必然会考虑到该地的住宿、餐饮等一系列的供给和服务情况。当然，其中任何一方面的供给不利或满足不了需求，都会影响到旅游者对该地的选择。因此，增强住宿、餐饮的游客接待能力，改善休闲娱乐条件是奶思村迫在眉睫的任务之一。

（二）发展建议

1. 强化培训，提升从业素质

人才是发展动力的关键因素，是乡村旅游创新和发展的基础与保障。强化培训，提升从业素质是提升奶思村乡村旅游服务质量和水平的重要途径。

奶思村许多乡村旅游的从业人员，尤其是农户，对计算机网络并不熟悉，对微信使用、电商购物、手机 APP 等基本功能也不熟悉，对奶思村的风俗习惯、宗教文化、建筑文化、神话传说、民间谚语、地理环境、生物水文、农事农耕等知识如数家珍，但与游客沟通交流存在障碍。因此，奶思村要加强人员岗前培训、在岗培训、专业技术培训，培训包括乡村旅游管理、计算机网络、旅游基本知识、环保知识、接待礼仪、藏族民俗风情和宗教文化、旅游资源概况、安全、卫生、法律、农业科技、职业道德、普通话或英语等多方面内容。

通过"走出去、请进来"的培训模式，组织公司、旅行社相关负责人、农户等到乡村旅游做得比较成功的乡村（如江西婺源、北京蟹岛绿色生态度假村、成都五朵金花休闲观光农业区、广东省梅县雁南飞茶田度假村、昆山星期九休闲生态农庄、深圳青青世界等）或相关大专院校进行学习、交流，或聘请一些专家、学者、老师到奶思村举办培训班等方式，提高村民参与旅游管理、决策、经营、服务的水平，提高村民对本土文化的认识和自豪感以及宣传讲解能力，提高奶思村乡村旅游文化品位。为节约成本，可以利用电视、广播或远程媒体手段来对其进行培训。奶思村及萧思·碧水蓝天景区还应该充分利用职业技能培训机构，对奶思村厨师、服务员、售货员、保洁员、导游等从业人员进行指导和培训，提高乡村旅游服务质量和产品质量。

要注重人才机制的制定、中高层人才计划培养、后备干部储备并加大人才引进力度；需要制定优惠政策、激励政策，多渠道、大力度引进人才、培养人才、储备人才，优化人员结构，提升管理水平。重视奶思村乡土工匠、乡间艺人、非遗传承人、回乡创业人员和返乡大学生，种养殖大户及人才，退休职工干部及有着农业、家乡情怀等人员的作用。相对而言，他们眼界开阔，综合素质高，他们的力量的注入势必会极大提高公司及奶思村乡村旅游发展的威望、可信度及影响力，推动乡村旅游快速发展；完善萧思·碧水蓝天景区乡村旅游从业人员绩效、考评制度，建立岗位竞争制，工资多元制，实行职位、工资奖金与业绩挂钩模式，激发员工积极性。同时建立科学、公平的考评机制，推动公司和乡村旅游的可持续发展。

2. 加快乡村旅游产品开发，增强参与性、趣味性和体验性

游客选择乡村旅游的目的，不仅是要"看"得身心舒畅，更是希望在"体验"和"参与"中有更多的获得感。通过奶思村多方面相关的分析，发现了奶思村面临的机遇、优势，也看到了存在的问题与挑战。综合来看，奶思村要运用好独具特色的"生态、民族、宗教"这三大法宝，持续丰富乡村旅游内容，不断提升乡村旅游的吸引力；要将生态和文化结合起来，从丰富的传统文化、民族文化等文化中汲取养分；加强乡村旅游与乡村其他产业的融合，如乡村旅游与农林业、户外运动、养生养老等行业的结合，推进乡村民族风情、乡村养生度假、乡村康体运动、乡村摄影写生、乡村美食购物、乡村科普教育等乡村产品系列设计与开发建设，因地制宜，扬长避短，推出游客喜闻乐见的乡村旅游产品，讲好"奶思乡村故事"，做好"下里巴人"，增强参与性、趣味性和体验性。

（1）开发观光型乡村旅游产品。①自然观光：将奶思村的自然风光以及周边自然生态旅游资源作为打造对象，形成乡村旅游资源的吸引力之一，丰富

乡村旅游产品类型。以小中甸杜鹃花海、格桑花海、水库库区、玉措湖、高原水乡景色、"五花草甸"等为重点，串点、连线、成片式发展，打造系列生态体验产品。②传统村落观光：依托奶思藏族古村落和传统民居，通过经幡、火塘、藏族壁画、藏房水坛、"天窗"等的建筑风格和元素，打造传统村落观光旅游产品。③田园观光：依托奶思村田园景观资源，通过开辟步行道、自行车道，打造以田园游乐、观光体验为主的休闲农业项目。让旅游者在"万亩"青稞、马铃薯、蔓菁、油菜、荞麦、重楼、车厘子、蓝莓等农作物和经济作物之处、田间地头，观赏农作物四季的成长与变化，记住浓郁的田园乡愁，寻求返璞归真的农村感受。

（2）开发休闲度假、养生乡村旅游产品。①乡村民宿：依托奶思传统村落藏族民居，以"特色化、主题化、精品化、个性化"为发展方向，注入藏族民族、宗教文化特色，通过对其内部进行精品化改造，包括色彩、物件的摆放、图案、家具、工作人员的服饰等要体现当地文化，保持住宿环境的干净卫生，将其打造成为具有藏族民族特色和韵味的民宿接待旅游产品。②养生养老：以奶思传统村寨和优越的生态环境为支撑，培育健康养生主题，融入藏族养生文化，打造集民俗、生态体验、美丽乡村为一体的，以养生养老为主题的休闲度假主题村。③创意民俗乡土文化：通过创意来打造多元化的游客休闲游憩空间，发展文化民宿、民族手工艺坊、民族手工艺文创产业园、艺术家工作室、禅茶书院、书吧、咖啡厅等这样一些现代化业态，做到新旧融合，用个性化、时尚化、多元化来展示。围绕传承藏文化，展示云南藏区农耕文明和社会发展，如农家院、石磨、碾子、农业耕作工具、生活用具、宗教器物等老物件，对传统的乡土文化进行再塑造、再发展，使旅客"来得了，留得住"，还能够切身体验到乡土民风民俗文化，感知到乡村记忆，记得住乡愁。

（3）开发体验型乡村旅游产品。体验型乡村旅游产品可极大地丰富奶思村乡村旅游的文化内涵，激活旅游市场和相关产业，让游客"看"得身心舒畅，既沉醉于优美的山水风光，在"体验"和"参与"中有更多的获得感，更沉醉于浓郁淳朴的民族风情，流连忘返。

①农事劳作体验。乡村旅游与农业全方位、深层次的融合，能够实现产业的优化升级，形成新的产品和业态，实现产业价值增值。奶思村应重点发展以乡村农耕、畜牧放养等农事体验为主题，构建出具有乡村特色的体验型旅游产品，使旅游者能够真实感受乡村的农事文化。

奶思村应尽可能安排一些丰富多彩的游客可参与、体验的农事活动，让游客既能参与一些简单的力所能及的农活，如耕作、养殖、放牧（如打造"当一回高原藏家牧人"等）、捡鸡蛋、拾菌子、新鲜蔬果采摘等，也能参与一些同日常生活有关的劳动，如推磨、农作物、浇水、休闲垂钓、农家菜制作（比如农家酥油茶的制作、煎粑粑、打牛奶）等；游客可以租地自行种养殖或委托农民种养殖蔬果和家畜，并由委托人按期收成邮寄售出；对农业初级体验产品进行初深加工并贴上自己的姓名与时间加以出售，游客还可学习一些民间手工艺和民间娱乐艺术。这样，旅客在出游过程中，既参与了劳动体验，并从中获得乐趣，增强了体质，增强了对劳动技能及劳动艰辛的认识，学到了知识并起到很好的教育作用。农事劳作体验旅游产品的发展，奶思村乡村旅游能够进一步提升产品的体验性、休闲性、参与性和娱乐性等，提高产品附加值，延长游客停留时间。

②民俗文化体验。奶思村有着深厚的藏族文化底蕴，应尽可能挖掘具有典型性、乡土性的民族文化内涵，开发出原汁原味的民俗文化体验旅游产品，凸现文化特色，提升文化品位，增强吸引力。

在未来的发展中，奶思村应以鼎思·碧水蓝天公司打造的香巴拉吐蕃文化庄园为基础，大力挖掘藏族的服饰和首饰文化，婚俗和丧葬文化，建筑文化，迎客礼仪文化，藏医藏药文化，藏传佛教文化、农耕文化、游牧文化、火塘文化、土陶文化、唐卡文化、茶马古道和赛马文化，藏族苯教生态理念和敬畏自然的古老生态观，极乐净土的佛教生态观，藏族民间趣闻传说，藏族户名与人名起名文化，藏族饮酒的礼仪和习俗等文化。努力把乡村旅游做大、做精、做强，做到"人无我有，人有我精，人精我新，人新我强"的发展格局，提高市场竞争力。

在乡村旅游的开发中，奶思村要尽可能地发展乡村演艺和民间工艺品制作，加强对民间手工艺用品（藏房内饰雕刻、手工编织、藏族服饰、藏族首饰、藏刀、木碗、土陶、金银器物）及其加工工艺、技术、内涵等进行归纳整理并展示，组织民族艺术表演（歌舞等），以此吸引游客参观、学习和参与，既激发其购买欲，延长游客的滞留时间，又使保护与开发并重，形成传统文化与乡村旅游的良性互动和和谐发展。

③美食购物体验。奶思村的"食""购"具有原汁原味、绿色生态、无污染的优势，应坚持"尝地道藏餐，购正宗藏土特"的产品理念，打造美食购物体验旅游产品。

奶思村要以品尝、体验、销售云南藏区美食为主要目的，以观景帐篷餐厅、帐篷营地、藏族民居为依托，重点打造集美食品尝、美食佳肴制作与购买于一体的"舌尖上的藏乡美食中心"。特色美食主要包括：酥油茶、青稞酒、酸奶、糌粑、琵琶肉、牦牛肉、五妙欲马帮菜等。美食购物体验要深挖奶思文化，创造性地将饮食与本村的民俗风情等文化元素有效整合。如：酥油茶的制作、功能及其在藏族的饮食结构中的地位；青稞酒制作、藏族敬酒礼仪及三道酒文化；酸奶藏语叫"说"，有助于消化，生津止渴，有助于延年益寿；五妙欲马帮菜的历史与茶马古道文化等。这样使游客既能品味到颇具特色的美味佳肴，又能体验到地道的区域、民族文化。

"购"方面，奶思村除了食材、传统工艺品的销售，"购"的开发种类可以多种多样，如：奶思村可以将宗教用品，手工艺品，地方特产松茸、虫草、玛卡、羊肚菌、雪茶、牦牛肉、酥油及各种农产品等进行包装。在包装盒内装入多种类型的奶思村民风民俗、历史传说等相关纪念品或奶思村宣传册，旅客买到这些商品，不仅带走了当地的特色文化，增加产品附加值，而且对奶思村乡村旅游进行了很好的宣传。

④民族节庆活动体验。奶思村应利用当地的传统节日以及当地举办的各种节会，如藏历新年、传诏大法会、格东节（跳神节）、迎佛节、转山节、五月赛马会等，推出丰富多彩的文化演出活动，充分挖掘和展现藏族的歌舞文化，如锅庄、尼西情舞等，吸引更多的游客。

（4）开发乡村科普求知旅游产品。随着我国经济社会的发展，国民科学文化素质在不断提升，人们对乡村旅游的要求也不断提高。人们都希望自己在工作、学习之余能够找到既能放松心情、愉悦身心，又能增长见识的旅游活动。奶思村在乡村旅游开发过程中，要大力拓展乡村科普求知旅游产品，使游客在乡村旅游过程中，既能收获快乐，也能获得更多的历史、地理、农业、生物、民俗文化、宗教文化知识等，增强乡村旅游的科普以及趣味性，满足游客精神方面的需求。①自然生态科普。充分依托奶思村丰富的地文水文资源、生物景观资源，面向旅游者开展户外自然科学类科普旅游产品。②农业研学科普。系统整理奶思村高原特色种植养殖资源，培育、扶持种养殖大户及种养殖能手，以种养殖研学体验为主，面向大中专院校实习、社会实践，职校种养殖培训市场及中小学学生市场，开发农业研学科普产品。③乡愁历史记忆。奶思村要"讲好乡村故事"，进一步挖掘乡村历史文化，拓展旅游项目，通过博物馆、展览馆等旅游项目的打造，大力开发遗址遗迹、历史文化与乡村故事等产品。这不仅加强了对历史文化及文物的保护与传承，还为游客搭建了回味历史、追忆过去的平台，形成乡愁历史记忆。

奶思村的乡愁历史记忆资源，不仅有始于明洪武十五年（1382年）的木天王遗址,[①] 还有神奇的香巴拉栈道,[②] 浪漫的桃花道,鼎斯赐名的宗教传说;不仅流传着有趣的民间故事,如:关于牙齿、头发、火塘、生瘊子、生痣、梦、猫、扫地等的民间神话故事及神秘预言,未嫁新娘的古老传说,还有藏族编创的脍炙人口而充满人生哲理的藏族民间谚语,如:"金要有含金量,铜要有含铜量""母亲的养育之恩,用金砖垒成灵塔都无法报答""苦如果不付出到大篮子那么大,就不会有针尖大的回报""碎铁积成铁块,碎土积成土饼""一个巴掌是拍不响的,一只独脚不能跳舞。一根手指顶不了天,一根柱子承受不了大梁"等,内容丰富,引人入胜。

(5)开发户外运动旅游产品。依托奶思村地文、水文、生物旅游资源,开发系列户外运动休闲产品。

①生态徒步:依托奶思村优美的自然山体、草甸、湿地、森林景观等资源,面向徒步旅游市场,分主题、分类型开发户外徒步旅游产品。②户外拓展:以山体、森林、高山草甸、水库、硕都岗河、玉措湖等资源为依托,开发山地自行车、骑马、滑草、水上游艇、漂流、帐篷露营、丛林溜索、摄影基地、滨水自助烧烤营地等户外拓展类旅游产品。

3. 拓宽宣传营销渠道,丰富营销手段,开拓客源市场

随着科技进步,信息网络发展日新月异,乡村旅游营销渠道更加多样化。从营销整体来看,奶思村现今尚未形成统一、有特色的对外宣传口号和有效的乡村旅游宣传推广模式。奶思村拓宽宣传营销渠道,丰富营销手段,需要从以下几个方面努力。

要创新营销手段,新旧媒体结合,充分利用报纸、杂志、电视、广播、户外广告、画册、海报等大众媒体进行宣传推介;运用好微电影、微视频、微博、微信、手机报、手机快讯、手机互联网站、APP 客户端、抖音等新兴媒体,做好奶思村乡村旅游资讯发布、旅游信息查询、网络预订、在线购买等业务;在昆明、迪庆、大理、丽江机场和客运站、高速公路出入口及收费站等位置,竖起广告标牌,提高知名度;除了建立完善、全面的奶思村乡村旅游网

---

①　木天王遗址:藏传佛教噶举派高僧雕刻藏文《大藏经》108 卷的地方,2012 年 12 月 12 日,被迪庆藏族自治州人民政府列为州级文物保护单位。

②　香巴拉栈道是根据六世班禅额尔德尼·洛桑巴丹的《香巴拉指南》一文当中描写的通往佛教圣境香巴拉乐土的情境来设计建造的,香巴拉栈道全长为 1333 米,由藏传佛教最吉祥的数字单数 1 和 3 组成。如果把一个"1"和三个"3"相加起来,则是"十全十美"的谐音。这条香格里拉境内唯一的观光栈道是以一个反写阿拉伯数字"3"字形的形式在林间中向前延伸着的。

站，还应通过大型旅游网站、旅游频道、摄影协会等渠道进行网络营销，满足游客的需求。

以城乡间、政府间交流、旅游节事、大型演出、各种会议（旅游交易会、旅游博览会等）为渠道，进行乡村旅游宣传推广。在公关营销中，奶思村乡村旅游营销策略应主要围绕生态牌、民族牌、宗教牌打造升级旅游形象，深入发掘奶思村乡村旅游的"卖点"，培育出乡村旅游的品牌产品。国家重大节假日、节庆、民族节日及民族、宗教重大活动期间，无论是利用传统媒体，还是借助新兴的网络媒体都要进行最有力的推广投入，吸引游客，扩大乡村旅游知名度，赢取市场份额。

为了扩大知名度，要积极为州外、省外、海外游客提供优惠和便利，如香格里拉市阿佳拉旅游资源有限责任公司、州内旅行社推荐而来的游客，可以免费领取一定数量的乡村旅游纪念品或给予其乘车、就餐和住宿优惠等等；重视游客之间、熟人之间的口碑营销，保持良好的乡村旅游形象；转变宣传营销观念和手段，针对不同年龄段、不同职业、不同文化程度和不同收入群体的旅游者，量体裁衣，采取不同的营销宣传手段，增强宣传营销的实效性；积极向党委政府（如县委宣传部、县旅发委等）请示，争取党政部门的大力支持和宣传。

客源市场拓展方面，奶思村可以考虑依托区位、资源、政策等优势，主要通过选择细分市场进入和市场联动形成二级旅游市场来实施拓展战略。明确市场定位，实施细分市场对口营销。一方面，奶思村乡村旅游市场的区域定位主要立足本州（迪庆州），将周边乡镇、县市作为重要的核心市场推广区域，通过媒介加大推广力度并有针对性地进行推广。同时，以香格里拉为依托，拓展周边地州（以滇西片区为重点），争取云南省乃至省外或海外乡村旅游市场份额。

表 2-2 奶思村乡村旅游市场细分

市场级别	地区
一级市场	小中甸镇、建塘镇、虎跳峡镇、三坝乡、金江镇、上江乡、五境乡
二级市场	香格里拉市、维西县、德钦县、香格里拉经济开发区、丽江市
三级市场	滇西片区大理、怒江等，昆明、楚雄等各市、省外、海外

另一方面，奶思村要加强区域协作，重视乡村旅游的联动，实现共建共享。要与其他区域旅游资源和旅游景点的开发结合起来，形成资源共享、多方互送客源、优势互补、互利共赢的格局。如：与碧沽天池、虎跳峡、普达措、

松赞林寺、白水台、丽江等景区和地区的合作联动；主动与云南周边省市或沿海、经济发达省市的旅行社加强业务联系等。

4. 加强乡村智慧旅游建设。推进"互联网＋乡村旅游"建设，建立奶思村乡村旅游景区、住宿、餐饮、购物、娱乐、交通等要素的一体化智慧旅游服务体系，推动奶思村乡村旅游向数字化、网络化、信息化、智能化转型升级。

加强奶思村乡村智慧旅游基础设施建设，积极搭建奶思村乡村旅游电子商务平台，建立奶思村乡村旅游门户网站，为游客吃、住、行、游、购、娱提供高品质的服务。如信息发布、网络预订、网络营销、网络支付、物流配送、在线咨询、数据收集等服务。整合各类旅游网站、社交平台、移动 APP 等网络服务资源，提供奶思村乡村旅游的产、供、销等供应链信息；依托互联网进行推广和营销，探索在淘宝、京东、天猫等平台经营乡村旅游产品；充分运用微信、微博等自媒体，加大对奶思乡村旅游的宣传营销，形成良性互动推广平台；注重村民及公司员工的乡村智慧旅游、电商实用技能培训，解决从业人员缺乏技术的难题，提高乡村旅游电子商务经营能力。

5. 完善基础设施，提高服务水平。奶思村必须在鼐思·碧水蓝天乡村旅游景区规划的指导下，完善基础设施，重点加大对住宿、餐饮、娱乐等基础设施改建的力度，完善乡村旅游发展要素，努力创造优美舒适的乡村旅游环境。在设施建设上，坚持"原汁原味"与舒适、卫生、品位相结合，使奶思村乡村旅游更上新台阶。

第三章 "迪庆小江南"

——金江、上江乡村旅游

金沙江是长江的上游河段，从唐古拉山脉发源，流经青海、四川巴塘后流入滇西北境内，一说因汛期江中黄泥沙呈金黄色而得名；另一说早在宋代因沿河盛产沙金，淘金人往来频繁而得名。金沙江迪庆段全长430千米，由德钦县羊拉乡归吾村流入，支流遍布全境，右岸流经德钦县羊拉乡、奔子栏镇、拖顶乡、维西县塔城镇，左岸流经香格里拉尼西乡、五境乡、上江乡、金江镇、虎跳峡镇、三坝乡、洛吉乡，洛吉乡的三江口是金沙江在迪庆的最后一站。得益于"母亲河"的馈赠，金沙江流域多属于干热河谷地区，沿江乡镇自古以来享有高原难得的宜人的气候条件，适宜发展农耕业，深受农耕文化的影响，沿江历来是人口密度最大的区域。随着迪庆州对于"全域旅游"发展的定位，沿江乡镇也在积极融入"香格里拉"品牌的建设中，但在全域视野下，沿江乡镇综合经济实力普遍不强，让旅游资源遍地开花不能仅仅满足于各个乡镇的设想与规划，那些地域上接壤、同质性较强的区域应当集中优势、统筹规划，因此加大区域旅游资源的整合力度已迫在眉睫。其中，金江镇和上江乡相互接壤，且位于迪庆州的地理中心线上，终年气候温和、物产丰富，素有迪庆"江南水乡"的美誉，是迪庆农耕文化传承中最久远的一支，在文化上也具有高度同质性，加之未来迪庆州旅游西环线的整体布局，金江、上江将成为迪庆冬季旅游短板的一个重要补充。从目前的现状来看，金江、上江已经粗具乡村旅游的雏形，等待着在探索中寻找合适的发展路径。

金江镇位于香格里拉市南部，距市区188千米。东南与虎跳峡镇及迪庆州经济开发区接壤，北连上江乡，西与丽江市玉龙县的巨甸、石鼓等乡镇隔江相望。该镇地形狭长，属低热河谷坝区，人口沿金沙江东岸分布，镇内居住着汉、普米、纳西、傈僳、白、苗、彝、藏、回等民族。全镇自北向南由新建村、兴隆村、安乐村、吾竹村、车轴村、仕达村、兴文村7个行政村构成。金江镇主要气候属北亚热带季风气候，平均海拔1900米，年平均气温14.6℃，年降水量609毫米。因耕地面积和水田分布面积广，素有香格里拉"江南水乡"的美誉，是全市乃至全州的农业大镇，主要种植的作物有烤烟、稻谷、玉米、小麦、青稞、油菜、药材等。金江镇的自然资源及人文景观丰富，既有丰富的物产及诸多具有开发潜力的旅游资源，又有红色革命老区，加之区位优势，都为金江镇下一步的发展创造了有利的条件。

上江乡位于香格里拉市西南部，距市区 138 千米。东与小中甸镇相连，南与金江镇接壤，因此也是隔金沙江与丽江市玉龙县、巨甸镇相望，北邻五境乡，下辖木高、良美、福库、格兰、士旺 5 个行政村。全乡平均海拔 1920 米，属河谷地区，森林覆盖率达 75%。因地理接壤，境内气候、年平均气温、年降雨量与南面的金江镇基本一致。全乡拥有丰富的旅游资源和自然、生物资源，有"药材之乡""鱼米之乡"等美誉，另外，上江乡和金江镇一样也是迪庆红色革命的摇篮。

综合金江镇和上江乡目前经济社会发展现状来看，作为迪庆州主要的农作物产区，两个乡镇的农业人口均占了总人口数的 90% 以上。但从目前现状来看，大部分农民仍依赖于传统农业，生计单一，而且多年来传统农业一直呈现出整体规模过小、产品不能实现大规模供应的问题，使得高原特色农产品的开发不尽如人意，加之交通等基础设施的发展滞后使得两地第二产业、第三产业的动力不足。如果要适应迪庆州经济社会的整体发展节奏，继续单一的生计显然是不合时宜的，要结合现有优势开辟新的发展路径。

经过近 30 多年的探索，旅游业已经成为迪庆州"四大支柱产业"之首。为了顺应全新的旅游发展态势，关于旅游业的新认识和新需求也在受到更多人的关注。综合州内外乃至国内外的情况来看，当下的旅游正在向一种全新的领域延伸，更多游客不再满足于走马观花式的旅游模式，对生态、体验的诉求被放在了高位，人们更重视对于旅游目的地文化的体验和感知，参与型的旅游已成为地方经济发展中正在兴起的朝阳产业，而缺乏体验型、参与型、度假型的旅游新产品新业态已经成为制约香格里拉旅游产业转型升级的重要原因。随着十九大对于"乡村振兴"的战略部署，生态旅游、乡村旅游更是成为"高频词汇"。近年来，迪庆州也在探索"全域旅游"的发展模式，所谓"全域"，强调的是"全"，仅靠几个热门景点支撑的传统旅游已经难以为继，那些以往被忽视的区域逐渐跃入了政策规划的视野当中。在这样一个关键阶段，迪庆州多部门联合在 2016 年年末举办了首届"世界的香格里拉"乡村旅游发展论坛暨"世界乡村在云南"论坛。邀请了 50 余位乡村发展领域的专家、学者、实践者等齐聚香格里拉，通过讲座、论坛互动、案例分享、村落考察等形式，围绕乡村旅游、生态发展等方面，为迪庆乡村旅游的健康发展及全域旅游的统筹规划把脉献策。这标志着迪庆州的乡村旅游发展已经进入了黄金时期。

一、金江、上江乡村旅游资源——无标志性景点的潜力旅游带

一方水土养育一方人，金沙江自古以来就是沿江人民的"母亲河"，虽然流经的金江、上江一带至今没有标志性的旅游景点，但宜居宜游的河谷田园风光牵动着无数江边人魂牵梦萦的故土情结，实属"望得见山、看得见水，记得住乡愁"的家园所在。从当下旅游发展态势来看，金江、上江应当发挥沿江综合区位优势，积极整合区域内的峡谷、河流、山林等自然旅游资源，充分挖掘红色文化、历史文化和民族文化内涵，以徒步旅游和自驾旅游为突破口，打造以自驾旅游、户外运动和养生养老为特色，集文化体验、休闲农业、乡村旅游等于一体的高原河谷文化生态旅游带。

（一）自然景观

金江镇最高海拔 2700 米，最低海拔 1820 米。上江乡境内最高点为与小中甸镇交界处的三碧海，海拔 4248.6 米，最低点为士旺马厂，海拔 1865 米。两地都是相对高差较大的地区，加之位于横断山脉腹地，塑造了鬼斧神工的自然景观。

表 3-1　金江镇、上江乡自然景观及资源

景观	所在地	开发价值
长江第一湾	金江镇兴文村	观光、漂流、垂钓、沙滩、戏水、捡石头、摄影、写生
吾竹龙潭	金江镇吾竹村	观光休闲、户外烧烤、水源地
达林阿萨咪圣地	金江镇仕达村	观光、摄影
金江"千湖山"	金江镇安乐村	徒步、探险、摄影
巴迪高山杜鹃林	金江镇仕达村、安乐村	观光、摄影、写生、徒步
天然溶洞景观	金江镇吾竹村	徒步、探险
格古"佛掌岩"	金江镇吾竹村	观光、徒步
"银口袋"壁画	金江镇安乐村	观光、徒步
老虎房小石林	金江镇车轴村	观光、徒步
鸡公石	上江乡良美村	观光、徒步、祭拜、漂流、摄影
仙人洞	上江乡格兰村	祭拜、徒步、探险
"喜自阿苦"涯洞	上江乡木高村	观光、徒步、探险
摩天石柱下苍巴	上江乡木高村	观光、徒步、探险

以上罗列的自然景观是目前当地乡镇党委、政府为了响应乡村旅游开发的号召经常提及的，除了少部分景观具有一定的知名度外，大部分只是为当地人所熟悉，处于待开发的状态。从开发价值来看，大部分自然景观的观光、徒步价值较高，但目前多是以当地向导带散客徒步的形式为主，还未能给当地社会经济的发展创造明显的价值。所以当前自然景观给两地创造的旅游效益仍然局限于少部分"有远见"的人受惠的模式。大多数村民的心态是羡慕别人通过乡村旅游谋到好的出路，但"小富即安"的思想仍占据主流，用他们自己的话说，一是没本事，二是太辛苦。

（二）人文景观

金沙江是长江的上游段，该区域历史悠久、文化底蕴深厚，自古以来就是文化荟萃的走廊。

1. 多元民族文化

位于香格里拉市西环线旅游带上的金江、上江正处于藏文化与周边多元民族文化交融汇合之地。金江镇有汉、藏、纳西、白、回、苗、彝、蒙古、黎等十余个民族，上江乡境内居住有汉、纳西、傈僳、白、藏、苗、回、普米八个民族，是典型的多民族杂居区域，各民族间交流频繁、和谐共处，形成了独特的多元民族文化。文化是旅游景观的灵魂，只有依托文化才能不断丰富旅游的外延和内涵，富足的人文资源能满足游客对旅游更深层次的需求，因而至关重要。

结合乡村旅游开发，笔者认为：一是应当支持纳西族二月八、金江龙潭庙会、傈僳族阔时节等民族传统节庆开发，着力打造一批区域性文化旅游节庆品牌；二是立足民族文化资源，开发一批创意精品旅游演艺产品。如借助龙潭民族民间文化艺术节等平台，复兴金鸡马鹿舞、江边小调等参与性强的传统民俗文化。正如本土江边文化人洪耀辉在其诗篇《我的金沙江》中描绘的那样：

> 老家就在金沙江的东岸边上
> 古老的肋巴舞经久不衰
> 金鸡马鹿舞腾跃着乡韵古风
> 一曲曲江边小调翻过了山坳人家
> 经年的鼓声催促着春天的播种
> 古驿道上的雄风吹开陈年旧事
> 南流的江水呼唤着铁桥遗梦
> 吐蕃南下的金戈铁马烽火硝烟
> 在一截残墙里隐隐作痛

　　　　潮汐淘净的沙石滩上

　　　　经年的古歌摇曳成素洁的芦花

　　　　独一无二的故乡

　　　　被报晓的雄鸡一遍遍唤醒……

　　诗篇中提及的肋巴舞（金鸡马鹿舞）、江边小调都是金江、上江一带广为流传的民俗项目。"肋巴舞"又称"金鸡马鹿舞"，流传于上江乡一带的傈僳族中。目前，上江乡肋巴舞已整理出八大调、十五首曲调唱腔，三十二段跳法。每段舞蹈都有自己独特的寓意，并有锦鸡、白鹤、马鹿、小马、凤凰、牦牛等各种动物道具，加入纳西族、藏族等民族的唱词、跳法等。随着历史的推移，肋巴舞也在不断丰富当中，于 2005 年 9 月被列为州级非物质文化遗产保护名录。现有代表性传承人 10 人（其中省级传承人 1 人）。每逢重大节庆或逢年过节，村子里都会跳起肋巴，热闹非凡。这一民俗项目是上江乡的一张文化名片，截至目前已举办了三届"肋巴舞传统民俗文化艺术节"。"江边小调"又称金沙江情歌，据民歌专家考证，江边小调是古代民歌的活化石，广泛流传于金沙江沿岸的汉族、纳西族、白族、藏族、傈僳族、彝族人民中，曲子应情应景，见山唱山、见水唱水，语言以金沙江沿岸的汉语方言为主，融入了许多不同民族的土语、俚语、谚语、方言等，生动幽默，极具地域特色。小调以男女对唱为主，既有对自然的赞誉、对爱情的歌颂，还有对生产生活场景的描绘，内容因时因地因人而异，变化无穷。因此，江边小调数不胜数，虽世代相传，但随着时代的巨大变化，如今会唱的人已为数不多，该项目也于 2005 年 9 月被列为州级非遗保护名录。

　　乡村旅游的项目一般比较零散，民族民间的文艺项目需要借助一些大型的节庆活动作为展演平台，以维系传承。从目前迪庆州各个乡镇的情况来看，地方党委、政府对于人文资源的挖掘和开发十分重视，各乡镇都会通过举办一些大型节庆活动来推动地方文化的发展繁荣，除了上江乡的肋巴舞传统民俗文化艺术节，还有金江镇的龙潭民族民间文化艺术节，龙潭周边古树参天、环境清幽、泉水甘甜，自古以来是方圆百里群众祭祀祈祷的圣地。每年农历三月十五日，来自金江各村及毗邻乡镇的群众也会参与到活动中，除了歌舞展演，还有附带的书画作品展、农特产品展销等，热闹异常，同时也能带动周边农家乐、鱼庄等休闲场所。

　　2. 休闲体验游

　　金江、上江所在的流域多为冲积扇较大的河谷平坝，气候宜人、四季分明，属于低海拔河谷气候，气候终年温和，年平均气温 15℃。金沙江沿线冬季温和的气候优势，为开发冬季避寒养老旅游奠定了基础。目前，旅居和旅游式养老、避暑游等已经是乡村旅游中新的经济增长点，若能与这种需求对接，找到合适的客源，两地都有开发养生康体游的优势。

金江、上江的村落大部分临水而建，也有的依山而居，构成了一幅秀美的诗意画卷。这些村落在树木和青山的包围中若隐若现，河谷田园风光美不胜收，充满了乡土气息。村民们在习以为常的乡野生活中悠然自得，江边人都有深厚的故土情结，大部分人的印象里的乡愁依赖于美妙的田园景致，寄托于一方山水，承载于厚重的乡土文化。与高原只有两个季节的情形不同，沿江居住的人们总能很清楚地感受四季的变化，每个季节都有不同的景致及时令果蔬，拐枣、梨、三月桃、五月桃、樱桃、桑葚、罗汉果、无花果、琵琶、枣子、冬桃、柿子等果子会在每年特定的时节如期而至。孩童总能找到游玩的去处，除了山野，还有枯水期时金沙江沿岸的沙滩，戏水、垂钓、捡石等，乐趣无穷。这样的生活体验正是很多城市人所向往的"归园田居"式的生活，然而虽然有基础、有资源，但缺市场却是硬伤，生态观光和休闲度假的发展需要在市场培育上下功夫。

香格里拉市西环线上的上江乡和金江镇素有"药材之乡""鱼米之乡"的美誉，物产丰富。区域内耕地面积较丰富，种植有玉米、小麦、稻谷、马铃薯、青稞、蚕豆、大豆、反季节蔬菜、中药材等农作物。同时还积极发展了江鱼养殖、桑蚕、羊肚菌、蜜蜂等特色养殖，农业资源非常丰富，为休闲体验农业旅游开发提供了基础。目前，金江、上江已有个别乡村旅游的参与者关注到了"夏令营"这一群体的价值，在与沿海城市的学校和培训机构对接后，把金江、上江作为夏令营的一站，让学生在乡间体验农事、区分庄稼、捡菌子、帮厨等，给旅游注入科普、运动、体验的价值，提升乡村旅游品质，这样的尝试已在小范围内实现，而其市场前景也是值得期待的。

综合金江、上江丰富和有特色的农业资源，笔者认为两地适合探索集观光、体验、创意、生态农业等主题为一体的新型业态。一是推进无公害、绿色、生态、有机的蔬果基地的建设，结合上江乡、金江镇的四季农业产业特点，以现代农家乐为重点，开发特色农业观光旅游、休闲农业旅游和精品定制旅游等；二是加快推进蚕桑基地、药材基地、蔬菜基地、核桃种植基地、生态鱼养殖基地、生猪基地、土鸡养殖基地、蜜蜂养殖基地的建设，引进农副产品加工企业进行农副产品的深加工，开发"旅游伴手礼"；三是推进两地农产品包装的设计生产与民间手工艺、绿色环保材质有机结合，探索新颖的农产品包装设计，打造金沙江特色农产品品牌。

3. 红色文化

金江、上江都是迪庆的革命老区，是红军长征进藏区的重要节点，至今仍流传着许多红军长征过迪庆的故事。1936年4月25—28日,四天三夜的时间内,红二六军团18000余人马在丽江巨甸等地船工的帮助下,仅用了七只木船和一些木筏,从沿江的七个渡口顺利渡过金沙江。这段历史在当时红二六军团领导人萧克的《北渡金沙江》一诗中有过详细的记载:"盘江三月燧烽飚,铁马西驰调敌忙。炮火横飞普渡水,红旗直指金沙江。后开鼙鼓诚为虑,前得轻舟喜欲狂。遥望玉龙舒鳞甲,会师康藏北飞缰。"渡江完成后红二六军团来到金江、上江境内短期休整,调查了解藏区的情况和寻找进藏的向导。在向导的带领下从上江乡格兰村翻过雅哈雪山到达中甸境内。

红军的短期停留为金江、上江播下了革命的火种,沿江人民翻身解放的意识觉醒了,翻开了迪庆高原历史上崭新的篇章。1999年,金江镇、上江乡先后被评为云南省38个革命老区乡镇。金江镇也是香格里拉第一个红色政权——金江特区人民政府的诞生地,目前仍保留有旧址。

近年来,在州委、州政府的带动下,金江、上江的党委、政府对红色文化的挖掘十分重视,而金沙江沿线红色革命遗址的认定也取得了明显成效。目前,已被认定的革命遗址大致如下。

表3-2 金江、上江境内代表性红色革命遗址

革命遗址	所在地	历史事件
撒苏碧渡口	金江镇兴文村	红军渡金沙江渡口
松坪子渡口	金江镇兴文村	红军渡金沙江渡口
士林渡口	金江镇仕达村	红军渡金沙江渡口
车轴寒史里渡口	金江镇车轴村	红军渡金沙江渡口
吾竹石乡村渡口	金江镇吾竹村	红军渡金沙江渡口
木斯札渡口	金江镇新建村	红军渡金沙江渡口
士旺渡口	上江乡士旺村	红军渡金沙江渡口
贺龙临时住所旧址	上江乡格兰村	时红二六军团临时指挥部
干岩房战斗遗址	上江乡与小中甸间	红军进藏遭地方武装阻击处
格兰红军纪念碑	上江乡格兰村	红军烈士长眠处
吾竹青年自治联谊会旧址	金江镇吾竹村	地下党开展工作之机构
金江特区人民政府旧址	金江镇兴文村	中甸县第一个人民民主政权
滇西北金江特区工委旧址	金江镇吾竹村	滇西工委分部
滇西北金江特区工委会议旧址	金江镇吾竹村	研究讨论革命行动计划

续 表

革命遗址	所在地	历史事件
上江党总支委员会旧址	上江乡士旺村	统领上江乡革命事宜
夜袭财神殿遗址	金江镇吾竹村	仕达自卫队歼灭反动武装
石观音战斗遗址	吾竹村、车轴村交界处	反动武装报复反扑战斗处
梨板山战斗遗址	金江镇仕达村	自卫队与反动武装战斗处
兴隆村姚家大院临时指挥部	金江镇兴隆村	红二六军团留宿处

以上罗列的金江、上江红色革命遗址，见证了这片土地上的光荣历史。大部分遗址遗迹都得到了较好的保护，如当地党委、政府在红军渡江的七个渡口、红军战士长眠处和多个战斗遗址都修建了纪念碑或小型陈列室。另外，当年红军从上江到小中甸的这段长征路近年来也被更多的人所熟知。沿途保留的四道桥、空心树以及干岩房战斗遗址等能让人切身体会到当年红军克服高海拔和严寒进藏的不易。迪庆州也于 2016 年 10 月正式开通了这条红色旅游线路，但目前仍停留在熟悉路线的当地人和少部分游客在当地向导带领下零星走过的阶段。沿途美景大大增加了这条徒步路线的开发价值，其前景是很好的。也有一些当地老百姓积极参与到这段红色记忆的还原中，如金江兴隆姚家人，不仅很好地保留了当年红军借宿时留下的马灯、刺刀等物件，还热衷于给来寻访历史的人讲祖辈给红军送棉被、红军投桃报李的故事。但也有少部分遗址遗迹未得到较好的保护，如上江乡格兰村贺龙临时住所旧址，当地文保工作者已在木楞房门口挂了遗址的牌匾，但仍被主人家当作杂物间使用。

综上所述，迪庆州金江、上江有开发红色旅游的基础条件，但笔者认为准确的定位至关重要。首先，两地的红色旅游资源分布较散，亟须整合。要把红二六军团在金江、上江的这段历史讲成一个完整的故事。其次，既不能好高骛远，不能和其他红色旅游胜地比较，也不能妄自菲薄，认为这段历史在整个红色革命史中微不足道。应对现有红色旅游资源进行梳理，找准入手点。最后，金江、上江一线的红色旅游开发不宜独辟蹊径，最好能与其他旅游开发相结合，让红色文化成为乡村旅游开发的一个助力因素。

（三）历史遗迹

1. 车轴岩画

金沙江沿线自古以来就是人类频繁活动的区域，这从沿江乡镇发现的大量岩画遗迹来看都能得到验证。考古资料证明，滇西北高原早在旧石器时代就有原始人类活动的痕迹。金沙江岩画的发现始于 20 世纪 80 年代末，目前是全国重点文物保护单位。三十多年来，迪庆、丽江两地和国内外的专家学者先后对金沙江岩画进行了数十次考察，其中于 2000 年 11 月发现在香格里拉金江镇车轴村关门山的岩画为岩画分布圈的最西点。车轴岩画中极具代表性的是一幅较完整的"狩猎图"，具有较高的审美和科研价值。"由于作画条件的限制，加上年代久远，很多岩画经过长期的日晒雨淋，岩浆的浸漫和野生动物以及人类的破坏，目前已有相当一部分图像模糊不清，只有一些绘于背阴避雨、未经岩浆侵蚀、通风干燥、位置较高处的岩画尚能保留较完整清晰的画面。"[①] 岩画内容多为野牛、鹿、野生动物群、人物以及其他图案和线条，是先民生产生活的真实写照，是难得的实物资源。

2. 石棺墓

迪庆地区发掘的石棺墓地大都处在金沙江或澜沧江河谷流域，尤以金沙江河谷流域较为集中。这表明两江河谷既是迪庆原始民族迁徙并与南北古代民族交流的主要通道，也是孕育迪庆各民族及其文化的摇篮。金江、上江沿江一线的良美、新建、兴隆、吾竹、车轴均有石棺墓发现，当地人称为"白衣墓"或"摆夷墓"，最早的埋葬年限可追溯至 4000—3000 多年前。这一带历来有诸多民族频繁往来，成为文化迁徙的走廊，而石棺墓里出土的陶器、青铜器等也是多民族文化交流的实证。石棺墓和金沙江岩画一样，具有较高的考古等科研价值。

3. 吐蕃铁桥遗址

"唐贞观年间，吐蕃开始南下，至唐仪凤、调露年间，在今中甸县与丽江县塔城之间的金沙江上建造了一座铁索桥——吐蕃神川铁索桥，打通了一条通往南诏的大道。神川铁索桥穿过耸立在江中的一块分三岔耸立江中的天然岩石，其中两岔凿有直径一米的圆洞，用以贯穿铁索。

铁索桥建成后的百余年中，这里成了滇藏贸易和往来的重要通道。唐樊绰《云南志·云南管内物产》载：'大羊多从西羌、铁桥接吐蕃界三千二千口将来博易。'可惜的是，唐贞元十年（794 年），南诏异牟寻叛蕃归唐，奇袭吐蕃神川铁桥，铁桥被斩断。更可惜的是，1959 年为了疏浚金沙江航道，民工将江中笔架石炸塌，横卧于江中，枯水季节，尚可见到当年贯穿铁索的石穴。桥址东岸几麻沟沟旁，有一平台岩房，为兵卒守桥住所。平台下方有一道石梯可通江边，为汲水道，石面已被踩踏得十分光溜。神川铁索桥是世界上最早的铁索桥之一。"[②]

---

① 李刚：《金沙江岩画的考察和保护初探》，《中华文化论坛》，2007 年第 1 期。

② 段志诚：《石棺、岩画、铁索桥及其他》，《中国西藏》，1998 年第 4 期。

铁索桥遗址虽不在金江、上江行政区划范围内，但从地理区位上来看，因为直线距离很近，它仍是一个可以辐射到两地的重要历史遗迹。

4. 花马国文化

据《中甸县志》记载："宋王朝挥玉斧划大渡河为界，大理政权'亦莫能有'，结塘在宋代成为一个独立的部落，而沿金沙江一线则为麽些大酋所据，号花马国。"[①] 据《云南志》《新唐书·南诏传》《元史·地理志》等记载，当时铁桥两岸已分布和聚居着古宗藏族、西番普米族、麽些蛮纳西族、傈僳蛮傈僳族、汉裳蛮汉族、雷蛮彝族等诸种民族。[②] 这种民族杂居、复杂的民族关系，以铁桥神川流域为中心逐渐向四周辐射扩散。[③] 时至今日，这种特征仍然十分明显。香格里拉北部是广大藏区所在，南部是纳西、白、汉等族地区。"据《中甸县志》主编段志诚调查，乾隆《丽江府志略·山川略》记载：'花马山，在城西北三百五十里旧巨津州东南界，崖有石如马，其色斑斓，昔麽些诏自名其国为花马国。'史料可知，花马国并非指丽江，而是指今金沙江边的达勒一带。花马国是以纳西人崇拜的风神娘娘所在的花马山而命名的，它是宋朝时候纳西族在金沙江边建立的一个部落国。"[④]

5. 茶马古道文化

香格里拉市西环线旅游带上有着传奇色彩的茶马古道，是先民经过"天做帐篷地做床，霜为枕头雪充被"的艰辛历程所踏出的大动脉，虎跳峡十二栏杆、二十四道拐、金江茶马古道、上江茶马古道、尼西茶马古道记录着沉淀了1300多年的茶马文化历史。滇藏茶马古道的线路从云南普洱经大理、丽江、中甸（今香格里拉）、德钦、察隅、左贡、拉萨图库、亚东、柏林山口，分别到缅甸、印度。沿途经过金沙江、澜沧江、怒江、拉萨河、雅鲁藏布江，还要翻越5座5000米以上的雪山。马帮的一个来回，往往要一年的时间。据《道光云南志钞·边裔志下·西藏载记》记载，在清顺治十八年（1661年），藏、汉、纳西、白等民族就已经在丽江和中甸进行频繁的茶马互市，云南马帮向藏区输出的主要有毡、布、锦绸、沙金、硝、铁、金、银、丽江马和茶叶。从西

① 云南省中甸县地方志编纂委员会：《中甸县志》，云南民族出版社1997年版，第44页。

② 杨若愚：《夷汉杂处——一座边地古城的政治、族群与文化》，厦门大学硕士学位论文，2009年，第19页。

③ 冯智：《云南藏学研究》，云南民族出版社2007年版，第74页。

④ 中共迪庆州委党校编：《迪庆金沙江沿线全域旅游经济带建设问题研究》，云南科技出版社2017年版，第93页。

藏输入的主要有虫草、贝母、鹿茸、麝香、红花、黄连、绿松石等。

宋时，"茶马互市"极盛，经过迪庆境内的茶马古道实际上有两条，其中一条就是从丽江石鼓沿金沙江而上到迪庆维西，再逆澜沧江而上至岩瓦后分两路：一路渡澜沧江翻碧罗雪山至怒江地区后可进入缅甸，途经 20 余个驿站；另一路继续从香格里拉迪庆岩瓦逆澜沧江而上，在德钦燕门谷扎渡江越太子雪山到西藏、印度，全长约 4000 千米。金江、上江都是茶马古道迪庆段途经的重镇。

茶马古道这样的历史记忆和传说具有特殊的魅力。曾有来来往往的马帮行走在这一条条古道上，马蹄声和铃铛声在寂静的古道上一遍遍回响，串联起了华夏边缘的历史和文化。这片土地上从来不缺少马帮的传说，让无数人为之沉迷。而这些遥远的传说往往也能触动很多都市来客内心的向往。历史已经证明，茶马古道原本就是一条人文精神的超越之路。马帮每次踏上征程，就是一次生与死的体验之旅。茶马古道的艰险超乎寻常，然而沿途壮丽的自然景观却可以激发人潜在的勇气、力量和坚忍，使人的灵魂得到升华，从而衬托出人生的真谛。茶马古道上留下的先人足迹和马蹄印，见证着先人崇高的开创精神。这种生生不息的拼搏奋斗精神也是一座精神的丰碑，鼓励后人不忘初心。茶马古道从宋代发展并形成规模开始，直到 20 世纪五六十年代滇藏、川藏公路的修通，历经岁月沧桑一千余年，茶马古道就像一条大走廊，连接着沿途各个民族，发展了当地商品市场，促进了边贸地区生产生活的发展。与此同时，沿途地区的艺术、宗教、民风民俗也得到空前的繁荣和发展。

二、金江、上江乡村旅游发展现状

位于香格里拉市旅游西环线上的金江镇和上江乡，其旅游开发价值近年来受到越来越多人的关注，它们虽然具备丰富的旅游资源和较高的品位，仍受制于整体投资环境"温差"的影响，存在大资源、小旅游现象。目前仅有古驿道的徒步旅游初现雏形，其他高品质的旅游资源仍是养在深闺人未识的状态。同时受交通条件的制约，配套设施缺乏，旅游服务设施不完善，也严重制约了旅游产业的发展。

以上所述的种种问题势必会因当前自上而下的政策实施而有所改变。结合十八大以来国家对西部开发的相关发展战略及云南省跨越发展的思路来看，迪庆州金沙江沿线旅游经济的开发面临良好的发展机遇。自 2016 年年初国家旅游总局把香格里拉列入首批创建"国家全域旅游示范区"名单以来，迪庆州的旅游开发正式向"全域旅游"转向。

（一）政府层面的规划：州级到乡镇的相关发展规划

1. 州级层面的规划

2016年年初召开的迪庆州委七届十次全会上，时任州委书记的闫柏同志在《工作报告》中明确提出推动区域协调发展，重点推进"一核一廊两带三区"的区域布局。"两带"包含了金沙江旅游经济带，并提出了建设"金上江新区"的构想，新区的建设为迪庆旅游产业的转型升级创造了更大的发展空间。

紧接着，2016年8月迪庆州召开了全州旅游产业发展推进会议。州委书记顾琨同志在讲话中提到了迪庆州优势旅游资源开发能力不足的现状。迪庆不缺少美景，但香格里拉旅游始终未能形成大品牌、大景区、大旅游的态势，"香格里拉"这一世界级品牌的内涵亟待丰富。

为加快迪庆旅游产业的转型升级，推动全域旅游的发展，迪庆州旅发委于2016年8月根据省级规划制订了《迪庆州旅游产业转型升级三年（2016—2018）行动计划》，明确提出要以全域旅游为复兴，做优香格里拉、做精德钦、做特维西、做畅环线，还提出了转型升级的十项重点任务。

云南省委省政府对迪庆发展高度重视，陈豪同志于2017年12月份、阮成发同志于2017年6月份深入迪庆调研，明确要求迪庆在加快发展中努力做云南旅游产业转型升级的领头羊。迪庆州大力推进全域旅游，围绕"全境布局、全景规划、全时设计、全民参与、全业联动、全域治理"的方针，按照国际一流标准编制了《迪庆全域旅游总体规划》。

2. 香格里拉市相关规划

随着国家西部大开发战略的全面实施，香格里拉市域内的道路建设逐年改善，现已形成了以市政府所在地建塘镇为中心的道路运输网络，实现了与周边邻县的小时经济圈，包括金江、上江。目前，制约香格里拉旅游发展的因素主要有：第一，香格里拉旅游业突出表现在具有明显的季节性，游客逗留时间短，使相关产业难以形成规模。加之旅游资源开发仍很单一，旅游产业要素不全，缺少其他相关的活动，激不起游客的兴趣。二是香格里拉市旅游资源开发深度不够，层次较低，产品单一，与巨大的资源禀赋不相匹配。要找到弥补这些短板的路径，就需要扩大现有的核心旅游片区。作为全国首批全域旅游示范区，香格里拉市的全域旅游势在必行，深度挖掘西环线旅游带丰富的旅游资源，重点开发冬季旅游产品，可以弥补香格里拉冬季旅游产品匮乏的缺陷，实现与香格里拉核心区错位发展，构建全时旅游格局。

滇川藏三省大香格里拉旅游圈作为"一带一路"和"长江经济带"两大国家战略的叠加区域，区域内各民族多元一体，山水相依，文化相通，资源互补，天然地形成了旅游命运共同体。面对区域旅游一体化这一全球旅游业发展大趋势，2016年首届由云南省、四川省、西藏自治区三省区十一市县组成的大香格里拉区域旅游合作会议在云南省迪庆州香格里拉市开幕，共同签署了《香格里拉区域旅游合作备忘录》。大香格里拉区域十一市县将以联盟正式成立为契机，提出要力争把大香格里拉旅游联盟打造成国际一流的旅游合作组织，把大香格里拉打造成为全国旅游改革发展的先行区、中国西南的旅游中心和世界一流的生态旅游区。香格里拉市作为大香格里拉的核心区，大香格里拉旅游圈的正式建立，将为其提供更为广阔的市场拓展空间和产业发展空间。

沿江经济带蕴藏着巨大潜力，"十三五"期间云南省将重点打造金沙江开放合作经济带建设，香格里拉市西环线旅游带位于金沙江西北发展翼上，这将为西环线旅游产业开发提供发展机遇。2017年，香格里拉市旅游发展委员会围绕省、州级相关要求，编制了《香格里拉市旅游业"十三五"发展规划》，明确提出十三五期间要全力推进金沙江沿江文化生态景观带开发建设，要以金沙江生态游憩带作为支撑、以乡村田园休闲养老带为引擎、以户外运动旅游带为补充。紧接着又编制了《香格里拉市西环线旅游带总体规划》（2017—2030），这些规划的实施，为金沙江沿线的乡镇指明了旅游开发的方向，具有极大的参考价值。

3. 金江、上江各自的乡村旅游发展规划

笔者调查走访发现，金江、上江党委、政府正在积极融入省、州关于全域旅游的发展规划中。《香格里拉市金江镇国民经济和社会发展第十三个五年规划纲要》中提出"大香格里拉生态旅游区建设持续推进，为加快金江镇金沙江河谷红色观光旅游特色产业发展创造更大的发展空间"，针对这一目标提出了一系列发展措施。另外，结合精准扶贫的实施，总结出了金江镇旅游扶贫规划、金江镇贫困村旅游发展思路，并结合各村优势及时总结出了各村的优势旅游资源。《香格里拉市上江乡国民经济和社会发展第十三个五年规划纲要》中提出要大力发展金沙江综合性旅游，围绕金沙江红色文化观光旅游建设，充分发挥上江自然风光、民族文化、红色文化优势，充分整合资源，发展综合性旅游。自上而下的政策及规划的落地，为金江、上江乡村旅游的开发创造了很好的环境。

（二）民间发展现状

乡村旅游的发展中，除了政府层面的政策及规划，民间实践也发挥着至关重要的作用，关系到政策及规划能否落地。金江、上江两地均存在基础设施建设滞后、宣传薄弱、经济实力不强、转型发展难度大的问题。从两地目前乡村旅游实施情况来看，旅游资源的丰富与旅游冷门的现状让人叹息，乡村旅游的参与者亦为数不多，一方面源于香格里拉旅游西环线整体较冷的现状，难形成知名度；另一方面，乡村旅游在两地正处于探索阶段，持观望态度者居多，带头人较少。金江、上江乡村旅游民间发展现状可以从以下几个方面探知一二。

1. 现有基础设施

迪庆金沙江沿线山地、水流众多，使得很多直线距离很近的地方都要绕山绕水方能到达。而金沙江航道更多地保留了自然的形态，尚未能形成航运规模，因此整个交通运输体系主要以公路为主，但公路等级、路面结构及通行能力都相对较差。目前进入金江镇、上江乡的主要道路为金江线和S225线，这与当地发展旅游经济的需求是不匹配的。"十三五"期间，上江乡格兰大桥、金江镇—小中甸道路、沿金沙江高等级公路等的规划建设将进一步提升规划区的可进入性，路桥问题给旅游带来的阻碍将于近几年内解决。

2. 游客来源

综合对近两年来金江、上江游客群体的分析，目前到两地旅游的游客主要分为以下几类：一是当地民宿、农家乐经营者靠私人资源与外省旅行社、培训机构等对接的旅行团队。这类游客主要来自一些大中城市，如重庆、成都、广州、深圳、上海等，主要的旅行目的是体验避暑游、旅居、农村体验游、亲子游、夏令营等。二是当地乡村旅游从业者依靠个人人脉与外地散客对接，带其体验乡村文化。这类游客多是熟人介绍为主，主要目的是体验乡村农家生活、欣赏田园风光、户外徒步等。三是周边片区，如丽江、周边乡镇居民，这部分游客主要集中于周末、节假日等，多数是到两地熟悉的农家乐吃饭、休闲。四是少部分对当地红色文化感兴趣的州内游客，这部分游客一年仅能达到百余人，且时间相对集中，加之因两地红色景点点散面广，这个群体的路线多限于上江—小中甸的长征路徒步，难以带来附属的经济效益，受益的也仅局限于个别农户。另外，目前当地乡村旅游从业者均希望能受惠于一江之隔的丽江老君山景区的带动，但因江桥通达力弱，限制了一部分游客的进入，所以虽然丽江一些旅行社对当地的线路感兴趣，也只能暂时作罢。

3. 接待能力

在调研过程中，有一位民宿经营者说的话让人印象深刻："乡村旅游是水到渠成的事，只要有人来，就会有人愿意参与。"通过对两地政府工作人员的访谈，两地接待水平存量不大，且差别较大。金江镇目前的接待能力在1000人左右，其中以围绕龙潭的片区品级较高，集观光、体验、休闲、康体、科普、会议、运动等多种功能，游客反映普遍较好。上江乡因缺少核心片区的带动等原因，其接待能力相对金江镇较弱，最多能接待300人次左右。从目前仅有的几户民宿、农庄经营者的态度来看，他们的客源基本是平稳的，基本能满足现有接待需求，他们普遍认为因客流有限，暂无必要大规模开发乡村旅游、兴建民宿和客栈等。借一位经营者的话说乡村旅游最理想的状态是游客来与不来都没有多大区别，来了锦上添花，不来也不影响正常生活，有接待能力的发展一下，寻求增收渠道。目前，两地接待能力虽都较弱，但也能满足近年来的客流量。

4. 民众参与：民宿与乡村旅游

从现状来看，目前当地村民参与乡村旅游的形式主要有以下几种：一是自主经营，开民宿、鱼庄、农家乐等，他们多是当地比较有经商头脑的人，是乡村旅游的引领者；二是在各个民宿、鱼庄、农家乐帮工的村民，他们多从事清洁、烹饪、杂工等工作，他们多是寻找额外收入的人，流动性较大。此外，大部分村民是游离于乡村旅游之外的，他们对这些靠乡村旅游增收的人多持羡慕和观望态度，在他们看来，乡村旅游是少部分人受惠的事，也有少部分村民有加入的意愿，希望能有一些领头人带领大家。目前，金江、上江的乡村旅游均处于起步阶段，但也已经有了一些具有代表性的成果，以围绕龙潭边的"经济圈"和"一个人的民宿"等为例。

（1）围绕龙潭边的"经济圈"

"金沙龙苑"位于金江镇吾竹村格古龙潭边，当地盛产玉米、水稻、小麦、油菜等农作物，不同时节有不同的田园景致。它是集田园风光、农作体验、民俗科考、休闲度假、旅游运动、商务洽谈、民宿享受、康体娱乐为一体的养生地。民宿的经营者是金江本地人，之前在香格里拉从事旅游行业，将自己的全部积蓄投入了民宿的建设中，在当地人眼中，他就是那个"领头人"。他向村民买下18亩地，目前10亩已建成并投入使用，另外余下的8亩他正计划用于下一步独栋别墅的建设。民宿在通往大龙潭的必经之路上，青瓦白墙，与山林景致相映成趣，门窗色彩也与乡村传统相符，干净的泳池在院子中显得格外别致。步入院中，满是绿意。主楼有三层，是客房，有37个房间，最多可住70多人，不同楼层配置略有区别，房间装修古朴别致，符合游客对于乡村生活的想象。侧楼有茶室、餐厅、会议室和娱乐区，餐厅可同时容纳80多人就餐，因当地物产丰富，食材种类也较多，多来自于周边的种养殖户，蔬菜供应甚至已经拓展到了上江乡，近两年来不断有老百姓上门推销自家的纯天然蔬菜。这家民宿的经营者计划在餐厅中推出豆腐宴、本地糕点等特色食品，他还计划着聘请一位当地厨师专门做本地菜，如把经改良后的"江边十二大碗"作为招牌菜等。民宿里的参与项目除了游龙潭、周边徒步、游泳、垂钓、烧烤、江边游玩、篝火晚会等之外，下一步还将有康体疗养馆等。对于民宿经营，他有一套清晰的思路，计划着做一些农特产品展示柜，作为游客与种养殖户的中间商，展示当地的鱼、火腿、干果、猪、鸡肉、土鸡蛋、本地蔬菜等。目前，他的民宿吸收了9名本村村民，有时还会请个别当地人做旅游团队的向导，他们对于在民宿里打工满意度较高。

金沙龙苑往后步行50米左右就是当地知名度很高的龙潭鱼香园，老板说自己之前几次投资都不成功，鱼庄亏损相对较小，就开了以餐饮、垂钓为主的鱼庄，主要客源是本地人还有来龙潭游玩的游客。目前有十一桌，生意最好的时候一天三四十桌，生意比较稳定。因为食材原生态，客人都比较喜欢。用他自己的话说龙潭周边的小片区是相互补充、相互促进的，下一步他想根据自己的资金状况尝试搞农家小屋，希望能更多地从乡村旅游中受益，也希望更多人能来到龙潭游玩。

龙潭周边还有个"小龙潭庄园"，是龙潭周边最早尝试民宿的一户。庄园门口的石头上刻着"我的梦是一座花园"让人印象深刻，主人家说他希望自己的家像一座花园。这个庄园目前的经营模式比较前卫，其所有者是"狂热的"国学爱好者，原来他也是自己经营，以鱼庄和住宿为主，后来把庄园全部租给了外省的企业"亚洲铜业协会"，平时雇人打整的费用和房租全部由该企业承担。每年该企业都会组织职工到此几天开年会，或者带家人来体验几天乡村田园生活。庄园内的环境十分雅致，鱼塘四周玫瑰、桂花、紫薇四处生长，房屋装修尽显乡情野趣，但因为在租期使用权归企业，因此并非完全对外开放。

另外，围绕龙潭还有规模和金沙龙苑差不多的福元庄、豪猪养殖场等，它们共同围绕龙潭周边的片区打造了一个乡村旅游的"经济圈"，龙潭作为地方文化的符号具有先天的开发优势，但这样的资源、文化中心毕竟是少数，而乡村旅游又不能满足于"小打小闹"，因此金江镇的乡村旅游发展规划，最重要的是要找到其他的中心，打造更多各具特色的小经济圈，让民宿能"遍地开花"，让更多村民成为乡村旅游的参与者和受益者。

（2）一个人的民宿

上江乡良美村有这么一位旅游从业者，他从事这个行业已经二十余年了，现在在金沙江畔有一幢自己的民宿，据说是找了外地的老板投资的，目前主要是他和老母亲在经营，但因为母亲年迈且身体不太好，很多时候都是他自己一个人在忙碌。平时他既要负责民宿游客的食宿、安排各种体验休闲活动，还要带着他们去周边一线徒步，很多时候还要带客人去走云南及四川等地的热门旅游线路。他计划着下一步也接触学生夏令营这个项目，让自己的经验发挥更大的价值。他热爱户外，喜欢交友，有很好的摄影技术，在一些特色产品交易季节还能为外地的客人朋友提供邮寄服务，都能给客人带来很好的体验。随着客人越来越多，他觉得自己有点忙不过来了，但因暂时找不到能长期帮工的人，所以还是一个人在经营，但他对于这份忙碌却很适应，认为这也是一种适合自己的生活方式。一个人的民宿，看起来是很有前景的，但也难以发挥带动作用。

（3）农民企业家的困惑

任何事业的探索都存在一定的风险，在尝试融入乡村旅游的过程中，能依赖于天时地利的毕竟是少数，也有一部分农民企业家面临一些困境。以上江乡的某生态园为例，经营者原来有工作，后来辞职回家开庄园，有烧烤、休闲、垂钓、农家菜、江边游玩等多种选择的生态园生意平平，主要靠过往车辆的餐饮挣钱，老板觉得自己"势单力薄"，就想寻求出路。2012年与人合作组织发起的"插秧劳动文化艺术节"在当时引起了一些轰动，但活动完后又恢复往常的状态。老板说自己在这次活动中差不多亏损了近30万元，因为当时参加活动的村民共300余套服装都是由他掏腰包的，他认为自己是个有梦想的人，但也希望能有更多的政策倾斜，得到更多乡里和村里的支持。他认为乡村旅游是前景很好的产业，但还是要有走在前列的带头人。在民族文化的打造上，他认为上江乡可以借鉴金江的经验，准确定位、准确打造。

目前，上江乡针对乡村旅游，对仕旺村的滨江大道、稻田养鱼养虾、蔬菜基地、鸡公石等都提出了相应的发展规划，但目前还没有形成清晰的思路，能搭上乡村旅游快车的仍然是少数。

三、金江、上江乡村旅游发展存在的问题

乡村旅游是目前炙手可热的新型业态，是促进农民增收的有效渠道。经过近两年全域旅游的实践，迪庆州的乡村旅游正处在发展的黄金阶段。在地方党委、政府和部分从业者的带头下，乡村旅游已呈遍地开花之势，尤其是在缺乏大景点带动的区域，其价值备受关注，精品旅游、民宿、高端体验在广阔的乡村并不是新鲜事物。但是在调研过程中发现，在成绩背后，也存在一些亟待解决的普遍性问题，以香格里拉旅游西环线最为典型。

（一）地方财政紧张，基础设施相对落后

前文已提及交通滞后给金江、上江两地旅游开发带来的不便，但除此之外乡村旅游对基础设施的要求不止交通通达度一项，它需要资金的投入，尤其是建设上规模、上档次的乡村旅游区，既要有完善的基础设施，又要有足够的对外宣传促销，这些都需要资金保证。然而，金江、上江两地综合经济实力都不强，以农业发展为主，起点低、底子薄、支柱产业单一、自我发展能力弱，贫

困问题尚未完全解决，大幅提高旅游投入势必力不从心。基础设施落后是当前制约两地乡村旅游发展的最大障碍之一。目前两地的给排水系统、电力电信和环卫工程等未能适应旅游产业发展的需求；交通服务、餐饮服务和自驾服务体系供给不足，无法应对未来大规模的自驾旅游；同时，游客服务中心、游客休息站、集散中心、旅游标识、旅游厕所、自驾车营地、大型停车场等公共服务设施较为缺乏，使得金江、上江一线的旅游服务一直处于较低水平。这些问题都需要依赖于上级党委、政府的统一规划及项目、资金整合来解决。

（二）对乡村旅游认识不足，过度悲观或期望过高

在调研中，我们发现，无论是部分基层政府工作人员，还是旅游从业者或普通村民，都存在对乡村旅游认识不足的现象。具体表现为两个方面：一是一些管理者认为乡村风光到处都有，没什么特别的就没有开发价值，未能认识乡村旅游在促进就业、活跃经济方面的作用以及与农业生产的互补性，从而忽视乡村旅游的发展；二是对开发乡村旅游所需的条件缺乏充分判断，对乡村旅游资源认识不够、评价过高，导致对乡村旅游开发期望过高。很多人在谈到乡村旅游时，忽略当地实际，例如在某村调研时，还有人提出在该村应该修建类似"欢乐谷"的游乐场这类不切合地方实际的言论。

（三）开发模式重复，特色不鲜明

目前，金江、上江两地的乡村旅游产品开发面临着较高同质化的问题，在邻近片区开发模式雷同的现象普遍存在。如体验项目的选项雷同，吃农家饭一度成了乡村游的代名词，农家乐不是采摘瓜果蔬菜，就是垂钓、爬山等，容易形成同质化竞争局面。那些借周末从周边地区来的游客到农家乐休闲一两次，便失去了新鲜感。产品及服务模式的同质化，长期下来会导致价格竞争和低水平的比拼。特色不鲜明，模式不创新，已经成为制约当地乡村旅游的重要因素。

（四）旅游资源开发缺深度，旅游吸引力弱

目前，金江、上江两地对气候资源、文化资源、休闲农业资源和乡村资源等优势旅游资源的挖掘有限，还未形成具有一定市场影响力的核心旅游产品，也没有利用生态环境和文化资源开发度假类相关产品，仅仅停留在粗浅利用的层面。另外，旅游产品以生态观光为主，旅游产品开发深度不足。旅游吸引力、凝聚力、竞争力弱，直接导致旅游消费停留时间短、消费少、体验浅，旅游资源存在严重的"大资源、小旅游"现象，与香格里拉市旅游核心区的旅游相较，还有很大的差距。

（五）从业人员素质不高，用工难普遍存在

在调查中发现，目前金江、上江乡村旅游业的从业人员，几乎都是就近的本村村民，文化素质不高，服务意识普遍欠缺，而且大部分经营者反映在乡村不好招工，留不住人，好不容易培养顺手了又得换人。管理人员和从业人员素质参差不齐，使得大部分乡村旅游均处于粗放经营阶段，无法提高服务质量和游客满意度，这直接制约了乡村旅游的发展。

（六）受益群体小，大部分村民被边缘化

目前，金江、上江两地乡村旅游的市场辐射能力都较弱，市场占有率低，一方面原因是旅游企业投入普遍不高且不持续，营销手段单一；另一方面原因是目前参与乡村旅游的经营者多各自为政，资源不能共享，单打独斗，无法形成共同发展的局面。这直接导致了乡村旅游无法形成带动作用，无法让更多村民搭车受益。

在乡村旅游中，农民被边缘化现象较严重。很多经营户对村里资源的利用多限于个别招工及食材采购，大部分当地的农民事实上是被排斥在外的，农民并没有在就业和收入等方面得到好处。从发展实际情况来看，乡村旅游发展中当地村民比较关注的问题是自己能否参与其中，主要体现在就业、经营及收益方面。由于当地的游客量有限，也不可能容纳大部分村民参与旅游经营，参与无门导致许多村民对于乡村旅游发展的热情不高，甚至存在负面情绪。

四、金江、上江乡村旅游发展的对策

从目前的现状来看，乡村旅游被人们逐渐认识和接受，并且能够对当地经济发展，尤其是对农村经济发展产生一定的拉动效应，具有广阔的发展前景。针对上文提出的金江、上江乡村旅游开发中面临的问题，笔者认为应当从以下几个方面入手，着力提升当地乡村旅游的品质。

（一）提升基础设施、改善人居环境

随着乡村振兴战略的实施、脱贫攻坚的深入实施，迪庆州对乡村基础设施的重视程度、投入力度也在大大提升。相关部门应当为当地基础设施提升、人居环境和乡村旅游提质升级提供政策保障，着重进行交通设施、接待服务设施、环卫设施、信息服务设施的建设。具体来说，要在当地政府部门规划的统一指导下充分调动农民投资积极性，重点进行相关村落的基础设施建设和乡村旅游接待户的客房、厨房、厕所的改造。在努力创造优美舒适的条件的同时，也应该注意，在设施建设上，乡村旅游设施的档次不能走高低两极端，既不能一味追求高档次，也不能过分地追求所谓的"原汁原味"。既不能忽视了舒

适，也不能降低卫生的要求，更不能低质量、低品位，否则它就失去了乡村旅游的味道。

（二）相关部门和旅游从业者对发展乡村旅游要有正确的认知

乡村旅游对于经济发展滞后的村镇确实具有吸引力。但相关部门和乡村旅游从业者对于当地发展乡村旅游应有着正确的评估，乡村旅游不是一哄而上的发展规划。金江、上江在探索乡村旅游的过程中，那些适合发展乡村旅游的村落和地域已经有了明确的线索。但目前地方的乡村旅游发展规划中，普遍存在罗列各乡村旅游点的现象。笔者认为，应当集中力量对优势片区和景点进行开发。除了当地政府部门的规划要更有针对性外，从业者及村民都应当理性应对"乡村旅游热"。

（三）乡村旅游开发要突出特色，做出精品

乡村旅游开发的一个关键问题是大范围的同质化不可避免，但小范围内应当避免雷同。目前金江、上江乡村旅游开发模式多限于"农家乐""渔家乐"，真正有特色的项目很少。单一的观光旅游严重地降低了乡村旅游的丰富性，掩盖了乡村旅游所包含的其他类型。在乡村旅游开发中不能片面强调对乡村自然资源的开发，而忽视对乡土文化、乡村民俗等文化内涵的开发和对农村其他资源的开发和利用。经营者应当结合当地的自然资源和历史文化资源，力争培育出一两个特色项目，形成差异化竞争的格局。致力于提高乡村旅游的文化品位和服务水平，提升游客的满意度。总之，要把竞争焦点放在提升服务的附加值方面，避免同行业恶性竞争。

（四）加强从业人员培训，提高从业人员整体素质

相关部门应当对当地村民、乡村旅游从业人员、农家乐充分调查，有计划地组织旅游从业人员进行技能培训。不断强化乡村旅游从业人员对乡村旅游发展的深度认识，切实提高旅游从业人员经营思路、管理水平、服务能力和服务水平。通过培训提高乡村旅游从业人员的技能，提高服务水平和服务质量，促进和提高农村青年发展乡村旅游，办好农家乐的技能水平，增强他们就业的信心和能力，助推乡村旅游的标准化建设。另外，乡村旅游的发展也能进一步减少农村人才的外流现象。

（五）乡村旅游应注重当地村民的社区参与

在发展乡村旅游过程中，应当慎重选择乡村旅游发展模式，在引进外来资本参与乡村开发之时，也应多考虑当地村民的利益，多激发村民参与旅游的积极性，提高村民参与旅游的程度和效果，让广大人民群众全面参与到旅游开发中来，让老百姓共建共享旅游业发展成果，实现稳定就业、持续增收、生活改

善，这是促进乡村旅游持续健康发展的要求，也是发展全域旅游的必然选择。

五、结　语

金江、上江两地多是"江水萦回，峰峦秀润，瓦屋村庄连续不断，颇是江南风景"的景致，具备较好的开发条件。乡村旅游的开发对两地具有极高的综合效益，在科学合理的规划下，不仅能拓宽农民增加收入的渠道、转移农村富余劳动力，还能改善村容村貌；既能提高村民的生活水平，还能传承和保护发展民族文化，有助于打通迪庆州全域旅游的大后方。笔者认为，乡村旅游最大的魅力在于其适合农村环境，而且对农户原有生活的影响也不大，金沙江沿线的广阔地带虽长期处于大众的视野之外，但在未来的发展中，其理应成为"香格里拉"品牌的重要组成部分。

第四章 高海拔田园风光体验

——攀天阁发展乡村旅游的实践

维西县境内有滇金丝猴国家公园、达摩祖师洞、同乐傈僳族山寨、九湖一山等丰富自然及人文旅游资源，境内生活的傈僳族、藏族、纳西族、彝族、普米族等少数民族，拥有独具特色的多彩的民族文化，可以说具有极佳的旅游资源禀赋。迪庆在打造大香格里拉旅游品牌的过程中，维西也是其中不可缺少的一部分。在《维西傈僳族自治县旅游业发展十三五规划》中，维西县域内将打造六大功能片区（县城和塔城生态与宗教文化；三江历史、宗教和民族文化；高海拔田园风光休闲体验；维登生态与度假片区；高原雪山湖泊观光体验区等），而攀天阁乡就是维西将要打造的高海拔田园风光体验区。

一、攀天阁乡基本情况

（一）地理位置及自然环境

维西县攀天阁乡位于县城以北，东、南与保和镇接壤，西及西北端与白济汛乡连接，东北与塔城镇为邻，乡政府驻皆菊村。土地面积 282 平方千米，森林面积 38.8 万亩，耕地面积 2.56 万亩，乡域内最高点海拔 3768 米，最低海拔 1700 米，乡政府驻地海拔 2680 米，是世界高海拔产稻区，依傍白马雪山国家级自然保护区，毗邻塔城萨马阁滇金丝猴国家公园，距县城 31 千米，有着较为优越的地理区位优势。[①]

攀天阁乡境内群山连绵，有安益河、工农河、阿克河、菖蒲底河等支流从高山汇入永春河，河谷互依，高山河谷之间气候垂直差异大，年平均气温10.8℃，年极端最高气温 28.2℃，极端最低气温零下 11℃。由于森林覆盖面较广，攀天阁境内的野生动植物资源较为丰富，滇金丝猴、黑熊等野生动物时

---

① 维西傈僳族自治县人民政府发展研究中心编：《维西傈僳族自治县年鉴·2017》，云南民族出版社 2017 年版，第 94 页。

常出没林间，松茸、羊肚菌、木耳、茯苓、天麻等山货药材较多，同时还有铅、锌、铁、石棉、汞、煤、油页岩等矿藏。

（二）社会经济及民族分布情况

攀天阁乡下辖皆菊村、新乐村、新华村、美洛村、工农村、嘎嘎塘村、岔枝洛村、安一村8个行政村、62个自然村、107个村民小组。[①] 各民族和谐生活，呈现出"大杂居、小聚居"的特点，全乡主体民族是傈僳族，占55%左右，汉族约占21%，纳西族约占15%，藏族占6%，普米族占3%左右。攀天阁乡也是维西县普米族的主要聚居地。各民族之间可以通婚，有的就形成了一个家庭出现多个民族的地方特色。

2016年，攀天阁乡全乡总收入17369.68万元，2017年实现地区生产总值19685万元，同比增长13.33%。[②] 在一、二、三产业收入构成中呈现出以第一产业为主的产业发展形势，其中种植业及其他农业是最主要的经济产业。

近年来，攀天阁乡依托当地独特的地理环境，特有的民风民俗和世界最高海拔产稻区的美誉，在打造"香格里拉—维西"旅游环线、"一日游三江"等旅游线路的有利环境下，大力推进旅游业和文化深度融合，打造"老黑谷"生态观光及普米族文化旅游品牌，挖掘塔城响古箐至工农村的徒步旅游线路，发展乡村旅游，也借此带动群众脱贫摘帽。2016年和2017年，连续两年端午节在美洛村果咱底举办了傈僳族"念慈汁朵"（端午）暨传统歌舞乐"瓦器器"节，进行文艺汇演、傈僳族传统祭祀"上刀山"、射弩比赛和商贸交易等特色民族活动。同时还有迪姑普米族"吾昔节"，在10月举办的黑谷文化旅游节，通过进行民族歌舞展演、摄影展、农特产品展销、文化旅游研讨会、体验普米族长街宴、民族音乐节，山地车、千米跑、环坝徒步赛等活动，使攀天阁乡的乡村旅游业得到进一步的发展。据不完全统计，2017年攀天阁乡接待县内外游客30000多人次，老黑谷、百花蜜等特色产品的销售及价格都有所上升，成为群众增收的有效途径之一。[③]

---

① 维西傈僳族自治县人民政府发展研究中心编：《维西傈僳族自治县年鉴·2017》，云南民族出版社2017年版，第94页。

② 云南省城乡规划设计研究院：《攀天阁乡村旅游规划》，第20页。

③ 《2017年攀天阁乡政府工作报告》。

二、攀天阁乡旅游资源

（一）景观资源

与维西其他几个沿江沿河一线分布的乡镇不同，攀天阁就像是一个群山环绕间遗世而独立的世外桃源。乡政府所在的攀天阁坝子东北宽，西南窄，中间被过麻山隔成两个部分，属于高海拔寒温带高原坝子，四周群山环抱，中间是稻田和耕地，各个村落零星分布在坝子周围。攀天阁坝子周边茂密的森林蕴藏着一线天、杜鹃林、落水洞、出水洞等深具特色的自然景观，同时，作为一个多民族融合聚居的地方，以丰富的民族文化为特色的各式民居、人文建筑及民俗节庆也有着无与伦比的魅力。从整体上来看，攀天阁乡的旅游资源主要是以各民族的传统风俗及特色饮食、特色产品为主的人文景观，而自然景观则建立在其丰富多样的自然环境之上，类型相对丰富，呈现多样化的结构特点。

表 4－1　攀天阁乡景观资源一览表①

大类	中类	景点
自然景观	1. 气象景观	日月星光、虹霞蜃景、云雾缭绕、冰雪霜露
	2. 地文景观	一线天、峡谷风光、高山黑海、湿地
	3. 水文景观	永春河、工农河、落水洞、出水洞
	4. 生物景观	黑米之乡、杜鹃花林、原始森林
人文景观	1. 建筑景观	普米族、藏族、傈僳族、纳西族民居
	2. 名胜古迹	风雨桥、落水洞碑刻
	3. 民俗风物	传统节日、瓦器器（舞蹈）、阿尺木刮、一村一族、一族一俗民族特色、观音移山等神话传说、普米族火塘文化、"长街宴"等 中药材：当归、玛卡、黄草乌、五味子 农产品：蕨菜、羊肚菌、花荞面、松茸、乌骨羊、生态猪、鸡 特色饮食：苦荞粑粑、花荞面、荷包猪、冰葡萄、雪桃、蓝莓、木梨、野生菌、松茸

---

① 云南省城乡规划设计研究院：《攀天阁乡村旅游规划》，第 33 页。

1. 重点旅游村庄打造

（1）皆菊村——高原水乡休闲徒步旅游村

皆菊村是攀天阁乡政府驻地，下辖皆菊、迪姑等 16 个村民小组，民族主要有纳西族、普米族、傈僳族，属于典型的"大杂居、小聚居"的居住形式，充分体现出了攀天阁乡多元民族文化的特色。皆菊村的迪姑自然村是普米族的主要聚居地，也是普米族传统文化保护区所在，普米族人民世代生活于此，民族文化源远流长，至今仍保留着火塘、长街宴等独特的生活风俗习惯，其独特的歌舞和风俗，也成了一道别致的风景线。关马自然村是藏族聚集地，身处在多民族共存的环境中，不仅保留有自身独特的文化特色，也有与其他民族文化的交织共荣，能让游客感受到属于当地的与众不同的藏族风情与藏族文化。而以傈僳族和纳西族为主的糯各洛村，则充分保留和还原了极具民族特色的建筑环境和生活方式，也将成为重要的傈僳族、纳西族文化的体验和传承场所。

皆菊村辖区内有县级文物落水洞石碑，世界最高海拔产稻区，形成了皆菊村以高原水乡田园风光为代表的人文景观和民族风情。依托高原水乡田园风光和独特的普米族民族文化风情，主要发展农家乐、摄影、野营、野餐、垂钓、自行车、徒步、马车、山地度假、乡村度假等旅游活动，致力于打造出"高原水乡小江南"的旅游品牌。

（2）安一村——生态徒步体验旅游村

攀天阁乡是"一日游三江"[①]的最窄地带，受到背包旅游者非常的青睐。安一村位于攀天阁乡西北边，邻近澜沧江支流，处于山地地区，山大林密，景色优美。村内主要以汉族、傈僳族为主，村民能歌善舞，山间小调悠扬动人，舞姿优美，歌舞主要以傈僳族"瓦器器"为主（"瓦器器"俗称"跳脚"，意为踏脚起舞，是一种群众自娱性广场舞蹈）。

安一村的旅游发展将依托塔城滇金丝猴保护区"响鼓箐"至安一村的徒步旅游线路，配套安一村旅游服务设施和公共基础设施，利用原乡原态的傈僳族文化资源，将傈僳族歌舞文化表演、村寨民俗文化、农家乐、民宿客栈等旅游产品，融入游客旅行体验之中，让游客能同时体会到徒步旅行、自然观光和民俗体验，将安一村打造成一个集"徒步运动、生态观光、民俗体验"于一体的旅游特色村。

---

① "一日游三江"是三江并流风景区最具潜力的旅游发展项目，通过旅游路线把金沙江、澜沧江、怒江串联起来。东起维西县塔城镇其宗村，西至福贡县石月亮，跨越三条大江和两座山系（云岭山脉和碧罗雪山山脉）。大部分路线在维西县境内，串联塔城镇、攀天阁乡、白济汛乡，是一条人文、自然景观极佳的旅游路线。

（3）工农村——山地生态文化体验旅游村

工农村位于皆菊村北部，属于山区地带，山势峻峭，林木葱郁，自然风光秀丽，高山杜鹃、原始森林、高山牧场等自然旅游资源丰富，境内有高海拔的水稻种植。全村辖 2 个村民小组，居民以藏族为主，是藏、傈僳族混居地，有着独特的民族文化风情。工农村毗邻旅游发展程度较高的皆菊村，同时处于塔城滇金丝猴保护区"响鼓箐"至安一村的户外徒步旅游线路之上，地理位置及区位环境相对具有一定优势，依托风景秀丽的自然风光，依靠村民独特的多元民族文化及生活体验，积极发展藏族民宿、藏家餐饮等，利用优越地理位置，可打造出集徒步旅行与民俗体验产品为一体的旅游发展模式，通过村民的多角度多层次参与实现其家庭收入的多元化，提高村民收入。

（4）美洛村——民俗体育旅游特色村

美洛村辖 17 个村民小组，纳西族与傈僳族混居，以纳西族传统文化及傈僳族传统文化为主。村民热情淳朴，待人真诚热情，热衷于民族体育活动——射弩，曾多次代表县内参加省民运会，获得过不少奖项。

美洛村的旅游发展主要是以傈僳族、纳西族风土人情、民俗文化为旅游吸引物，以民族文化传承为主题，着重突出傈僳族乡土文化和民俗文化特色，打造傈僳族的主题农家乐，民族客栈，以及手工艺品商铺，进行民间技艺展示、节庆活动、民间歌舞等旅游活动，展示和制作民族手工艺品（如傈僳族传统的彩线编织、"花腊裱"制作）等旅游产品，特别是要鼓励手工艺者进行现场技艺展示，开发如傈僳族文化体验园、傈僳族文化传习馆等体验度高且对傈僳族文化具有传承意义的旅游项目，以此来增加游客在徒步旅游、观光旅游中的文化内涵。

2. 高海拔产稻区与"黑谷之乡"

"攀天阁"为纳西语"撒特阁"的雅化，"撒特"意为火草，"阁"为场，因坝子内生产火草而得名。历史记载的攀天阁原是一个中间有湖泊、四周有大森林和草地的牧场，来自云岭山脉春季消融的冰雪，夏季暴发的山洪汇聚在此，形成了一片湿地泽国。周围群山环绕，风景秀丽，特殊的地质运动在这里形成了一片典型的亚高山盆地，雨水、光照、土壤、气候的优越条件孕育了这块肥沃的土地。1753 年前后，普米族先祖因战乱流离到攀天阁牧场居住，开始在这片土地上生活。到了清光绪年间，彼时任广西通判的冯舜生奉命管辖维西厅，到攀天阁视察期间，带领攀天阁牧场周边群众，引泄湖水，开凿水田，将沼泽变为良田，开始种植水稻，并把收成分成三份，一份用于开办学堂，一份归当地王氏地主，一份归农户。自有了水田后，纳西族群众进入坝子，与普米群众杂居，一百多年来，当地纳西族、普米族人民利用攀天阁优越的自然和地理条件，经过几代人辛勤耕耘，使一般只能在海拔 2000 米以下种植的水稻在这里安家落户，培育出世界上独一无二的"世界最高海拔水稻——黑谷"，最高亩产达到 400 千克，创造出了高海拔水稻高产的奇迹。因此，攀天阁也被称为"世界上离天最近生产水稻的坝子"。1975 年，党中央获悉世界高海拔水稻获得丰收，周恩来总理亲笔题写奖励牌匾，并奖励一台捷克拖拉机。这让攀天阁作为高海拔产稻区的名声越来越响亮。

攀天阁的另一张名片就是老黑谷米，在当地也被称为"黑谷红米"，特点是稻壳呈黑色，米偏红色，米粒油红圆润饱满，煮熟后醇香可口。在 1978 年，日本专家专程到攀天阁考察高海拔水稻，并以一穗 10 元的价格购买了黑谷种回国试种，却因海拔、环境等原因失败。这也证明，老黑谷米只能在特定的环境下才能得以生长，无疑增加了其独特性。从 20 世纪 80 年代中期开始，为解决老黑谷米产量较低的问题，开始对品种进行改良，提高亩产能力。到了 2007 年，乡党委政府开始投资打造"老黑谷"特种稻谷品牌，着手把"老黑谷"向无公害、绿色、有机特种稻米方向推进。2010 年，申报注册"老黑谷"商标成功。在乡党委政府的不懈努力下，"老黑谷"特种粮食品牌的环境基础得到有力保障，整个攀天阁坝子实现了"老黑谷"的全覆盖，谷米单价也有了较大幅度提升。2013 年，攀天阁"老黑谷"米荣获云南绿色有机米、云南六大名米称号，攀天阁成了名副其实的"黑谷之乡"。"老黑谷"种植观光旅游也成为攀天阁发展乡村旅游的一大亮点。

（二）迪姑普米族传统文化体验

1. 普米族历史简述

普米族是一个具有悠久历史和古老文化的民族，云南省怒江州的兰坪县，丽江市的宁蒗县、玉龙县和迪庆州的维西县是其主要聚居地。大分散、小聚居是普米族人口分布的一个特点。"普米"一词是普米语音译，为民族自称，不同地区在自称上有所差异，如"平米""批米""培米""普日米"等等，"米"意为人，而"平""批""培"等都是"白"的意思，因此，普米意为"白人"，与其自古崇尚白色、认为白色象征吉利有关。1960 年，根据本民族的意愿和民族识别结果，经国务院批准，正式定名为普米族。[①]

根据历史文献记载，普米族先民被称为"西番"或"巴苴"（历史上的"西番"包括了几个族源相近、语言也相近的自称单位，普米是"西番"中人数较多的一支），源自古代氐羌族群。作为游牧民族的羌族原居于甘肃省南部

---

① 中央政府门户网站：http：//www. gov. cn/guoqing/2015 - 07/29/content＿ 29048 97. htm。

和青海省东部，以勇猛善战著称，曾是中国西北今甘肃、青海地区最强大的少数民族。公元前 7 世纪中叶，羌族部落在与秦国的斗争中失利，被迫迁徙，其中一部分进入青藏高原的东部地区，并逐渐沿着金沙江、雅砻江南下。由于邛崃山的阻挡，与中原交通不便，南迁诸羌在这些地区逐渐形成了众多的民族部落集团，如白狼、槃木、唐菆、靡莫、滇、筰都、白马等。其中，"白狼"羌在汉文古籍中被称为"筰"，在宋明以后固定称"西番"。"白狼"是部落自称，是普系语"布朗"的变音别译，意为"米蚕蛹者"，即普米先民因养蚕而有名。以"白狼"部落为首的部落联盟，正是普米族形成一个较稳定的族体的基础。

元代是普米族人口迁移和发展的重要阶段，也是云南普米族形成的重要时期。1253 年，元世祖忽必烈兵分两路南征大理，西番所居之地是必经之路。拥有良马、善骑射的西番人被征调随南征蒙古军进入云南，在《维西见闻录》中就说道："巴苴，又名西番，亦无姓氏。不知其为蒙古何部落也。"指的就是中途加入蒙古军队的西番人。元朝灭亡之后，留居在滇西北地区的西番各部，成了今天普米族的主要组成部分。自 13 世纪以来，普米族陆续开始迁入宁蒗、丽江、维西、兰坪一带定居下来。与未迁入云南的四川普米族相比，明清以后，随着藏传佛教影响的扩大，川西的普米族逐渐融于藏族，而云南西北部的普米人则仍较多地保留着古俗，并逐渐发展为有别于四川普米族的单一民族。

普米族迁入云南后，结束了迁徙的游牧生活，主要从事农耕，兼及畜牧、狩猎和手工业生产。在元朝时，属丽江路军民总管府（后罢府置宣抚司）的总管（或宣抚）的统治。明代属于丽江、永宁府土官知府统治。曾有普米族人被委任为土司之职，此后逐渐被纳西族土司取而代之，普米族也转变为纳西族土司的隶属百姓。原属游牧民族的普米族人在定居后开始过上半农半牧的生活，从事山地耕牧经济，定期向土司、地主、官府纳粮。1840 年鸦片战争以后，列强入侵，整个国家社会性质发生转变，包括普米族在内的边疆各族人民同时受到帝国主义、封建主义和官僚资本主义的统治和压迫。

普米语属汉藏语系藏缅语族羌语支，对于云南的普米族来说，虽然居住地分散，但各地方言差别不大，一般都能互相通话，而普米族人在与周围民族和睦相处的交往过程中也掌握了多个民族的语言，普遍兼通汉语、纳西语、藏语、彝语等。普米族没有系统的文字，少数普米族地区有原始的图画文字，但只有"韩规"（即巫师）用以记载宗教仪式等，流传不广。因其始祖叫"丁巴"，所以也称丁巴文。普米族信仰喇嘛教，喇嘛和"韩规"普遍用藏文作为书写工具，而汉字和汉文则很早就在普米族居住区流传，特别是中华人民共和国成立后，各地开办学校让青少年普遍开始学习汉字汉语，到目前为止，汉字汉语是普米族传播文化的主要工具。

2. 普米族传统文化

（1）普米族传统服饰

根据明清史料上的记载，历史上普米族男子编辫子，头戴藏式帽，腰间别佩刀，披毡子，戴耳环，左手穿袖子，赤足；妇女梳细缕发辫，佩戴多种首饰，穿裙子，赤足。一般在13岁以前服饰不分性别，都穿有一件右襟麻布长衫，男不着裤，女不穿裙。女孩发饰前留一辫，上拴红绿料珠，男孩则在头部的前边和左右各留一辫，不佩珠。现在普米族的服饰较之传统服饰各地都有变化。男子的服装大同小异，通常上着麻布短衣，下穿宽大长裤，外披长衫或白羊皮坎肩，腰束羊毛制的绣花腰带，富裕人家穿氆氇长衫和呢质大衣。膝以下用布或毡裹腿，腰间佩刀。各地区妇女的服装则不尽相同，更为丰富多彩。宁蒗、永胜的普米妇女喜留长发，以辫子粗大为美，外包黑布大包头。上衣穿窄袖高领的大襟短衣，下着百褶长裙。春秋穿灯芯绒缝制的夹衣，领和衣边会镶嵌金银边，称为"金边衣服"，也是妇女最华贵的衣装。腰间用宽大而染有红、绿、蓝、黄的羊毛彩带束腰，背披羊皮，胸前佩戴银链，戴手镯、戒指、项链、耳环、玉坠和串珠头饰等。兰坪、维西一带的普米妇女普遍穿麻布或毛线裙子，未婚女子会在发辫中掺入丝线，头饰正面压贴多层绣花边方巾，用发辫自左向右绾住布帕，上戴黑色瓜皮帽。有的头扎两股发辫，婚前用双层刺花的天蓝色布包头，外拴有红头绳，婚后则改用黑色布包头。少数讲究装饰的妇女，将发辫编成12股，缀以红、白料珠12双，耳缀银环，项挂珊瑚、玛瑙串珠，胸前佩戴"三须"或"五须"银链，节日和婚礼穿花鞋或自制猪皮鞋，服饰装扮非常精美。

中华人民共和国成立后，普米族在服饰上受汉族服饰文化的影响越来越大，繁复的服饰趋向简单，随着改革开放的不断深入，西装或牛仔裤等成为普米族年轻一代日常的穿着服饰。现在普米族穿着的民族服饰，女子头饰普遍只用花帕，或者佩戴装饰有毛线发辫的头饰，穿领口、襟边、袖口镶边的大襟长衣，外套红、黑、绿色领褂，腰系彩色镶边的黑色或白色方形围腰，戴一些简单的饰品。各地男子除仪式、节庆外，大部分都着汉族服装。

（2）普米族饮食文化

普米族饮食主要以玉米为主食，辅以大米、小麦、青稞、燕麦、荞子、稗子等。蔬菜种类较少，主要有青菜、萝卜、茄子、瓜类等。传统的饮食方式有石头烤粑粑、羊胃煮肉、木桶煮食等。糌粑面是普米族的一种传统食品，将粮食炒熟后放在手碓或脚碓中舂成面，可用冷水或开水冲食，不仅可在日常作点心食用，在外出劳动、打猎、旅行时都可随身携带。除了糌粑面，各种粮食都可加工成粉，制作成烤粑粑、烤稀面饼、煮面片等传统面食。

普米族喜食肉，主要是猪、羊、牛、鸡肉，以猪肉数量为多。猪肉有新鲜肉、猪膘肉（猪膘肉是普米人及摩梭人加工整猪的一种特殊方式，即将猪宰杀后，去骨及内脏，用盐和花椒作成腌肉，然后把猪皮缝起来，即成猪膘。因形似琵琶，故又名"琵琶肉"）和腊肉，喜煮成坨肉而食。请客时，如果是盛宴，要当着客人的面宰杀猪鸡或牛羊，以示诚心待客。客人离开时，主人要送一块猪膘肉，称为"散份子"。

自明清以来，普米族的饮食习俗随着汉族饮食文化的不断传入有了很大的变迁。中华人民共和国成立后，普米族的饮食文化习俗，已和邻近的白族、纳西族、傈僳族等民族的饮食文化基本一样，大多以汉族的饮食烹制习俗和汉菜为主。

普米人爱喝茶，一日三茶不能少：早茶、中午茶和晚饭茶。有的人在临睡前还要喝一次晚茶。与一般泡茶不同的是，普米人喝茶一般是在一个小巧的茶罐中放入茶叶，加水在火塘边熬煮成浓茶饮用，茶味浓苦。还有酥油茶，在茶桶内放一块酥油或者猪油，加入少量盐和瓜子仁，将开水倒入桶中，用打茶棍在桶内搅拌，直到油水融为一体，倒出后即可饮用。

酒也是普米人喜爱的一种饮料，有烧酒和水酒，兰坪、维西、丽江地区的普米族家家户户都会自酿白酒。水酒类似啤酒，男女老少都爱喝，也是待客的必备之物，当地有"无酒不成话"之说。在婚丧和集会时，使用牛角杯盛水酒，称为牛角酒，主人以将客人灌醉为体面事。

（3）普米族的住房

普米族人的住房，除了少数汉式瓦盖楼房外，大多都是土木结构的楼房或木楞楼房，与傈僳族的"木楞房"有异曲同工之妙。传统的"木楞房"为纯木质结构，四墙用木料重叠垛成，屋顶由木板盖顶，又称"木垒子"。居民住宅围成一个院落，正房正对院门，呈长方形或正方形，四角立柱，中央竖一方形大柱，称为"擎天柱"，普米族人认为这是神灵所在之处。门楼和两侧的厢房均为两层，一般上层住人，下层用来关牲畜或堆放杂物。正房是全家人食宿、议事、待客的活动中心，内设火塘（锅庄），火塘左右设卧铺。正房室内无窗，日间从屋顶挑开两块滑板用以采光和通风。普米人通常会在大门外悬挂牛羊或者野生动物的头骨，以示辟邪和祝愿牲畜兴旺。房内挂猪下骸骨象征财富，挂猪尿泡认为有防火之效。家庭中尚未分居的已婚子女住侧房，房内不设火塘，有小孩后另建居所。

火塘对于普米族来说是最基本、最普遍、最具覆盖性的历史文化特性。火塘设在正房内，位于神龛下，普米族的各种人生礼仪和多种韩规宗教仪式都会在火塘边举行。锅庄原是火塘中架铁锅的三块石头，后大多改用铁三脚架，三脚架是家里的贵重器物，可以世代相传，越大越显得家庭富裕。后来所说的锅庄是指下火塘前一块带有宗教色彩的石头，它既是祖先的象征，又是诸神的牌位，人们一日三餐都要先祭锅庄，客人或亲朋好友送来的礼品也要置于其上，请神灵先享用，以祈求人畜平安、五谷丰登。

（4）普米族长街宴

在攀天阁坝子生活的普米族有一个独特的长街宴，称为"龙通席"。长街宴会搭建青棚门，门前摆放火盆，开席前要由村内承担祭拜的长者烧燃驱邪火盆上的青松毛，进行入席前的驱邪接福祈求平安仪式。入席时，宾客或其他入席人员按照年龄大小和男左女右的顺序排好，依次跨过火盆，进行烟熏驱邪接福祈求平安后，掀开青棚的红色门帘，按照从老到小的顺序依次进入并在宴桌旁坐好。入座后，长者首先举行对祖先、三脚架、天地的祭拜祈福仪式，宾客拿起放在自己面前的三炷香和酒杯，给长者依次进行祭拜祈福，待全部完成后，长者说开席，大家才动筷吃饭。宴席间，能歌善舞、热情好客的普米族人端着酒杯，唱着酒歌给宾客敬酒。普米族长街宴独具特色的民族餐饮，攀天阁坝子落日余晖下美丽的乡村田园美景，都能让游客感受到普米族文化带来的神奇魅力。

三、攀天阁乡旅游发展现状分析

乡村生态旅游是攀天阁乡在推动乡域经济发展中的一个重点内容，通过构建全域乡村旅游格局，利用攀天阁优越的自然、生态、民族、历史等丰富旅游资源，将乡域内的旅游景点、特色村落及周边有知名度的旅游区进行资源整合，打造精品旅游线路；通过多层次、多维度的旅游产品体系开发，挖掘乡村旅游业的发展潜力，推行绿色生产生活方式，一方面改善村民的生产生活环境；另一方面能帮助乡村优化农业产业结构，推动美丽宜居乡村的建设。

（一）旅游产品体系开发

1. 攀天阁乡村旅游结构规划

对于缺少知名旅游景点的地方来说，要突破对以往传统的旅游资源的认识，要将空间上可利用的旅游要素充分利用起来，从对景点打造要求较高的景点旅游模式向全域旅游模式转变。攀天阁在发展全域乡村的规划中提出了"一轴串一心，两翼齐发展"的结构规划。

一轴：乡域内联系香维、德维二级路的一条旅游轴线，串联起攀天阁乡所有的旅游景点和重点旅游村庄，这也是"一日游三江"的重要线路。

一心：以皆菊坝子黑谷文化为主，串联周边村庄形成整个攀天阁乡旅游发展的核心，周边村庄一村一族，一族一俗，民族多样，文化组成多样。

两翼：整个乡域被旅游发展轴分为南北两翼，主要为旅游发展核心提供生态支持，农特产品支持。北翼主要发展农业种植、经济林果及林下产业等，而南翼则主要发展农业种植、经济林果及依托永春河河谷沿德维二级路发展农家乐。

根据"一轴一心两翼"的发展规划，攀天阁乡村旅游的发展将实现乡村旅游资源的联动发展，串联起乡域内各具特色的旅游村庄、旅游景点，打造乡村旅游路线，形成攀天阁乡村旅游构架。

2. 打造攀天阁文化旅游品牌

攀天阁乡作为多民族聚居地，境内各村各民族拥有自身独特的风俗传统和文化，各具魅力，各有风貌。通过整合多元的民族文化，以"一村一族，一族一俗"为特色，提炼出具有代表性的文化元素，不仅可以打造出独具特色的旅游文化产品，还可以对各民族传统文化的传承和发展起到极大的推动作用。同时，在"世界最高海拔水稻——黑谷"这一绿色品牌的引领下，融合乡域内优质的自然资源，重点发展生态农业和生态旅游，打造出具有高影响力和辨识度的生态农产品和生态旅游文化品牌。

（1）开发高品位的旅游文化产品

①攀天阁多民族文化聚集，各具特色，在几个重点打造的旅游村庄都有"一村一族，一族一俗"的特色风情，如皆菊、迪姑自然村的普米族文化体验，关马自然村的藏族风情，美洛村的傈僳族文化体验，为乡域整体乡村旅游的村庄特色化、民族化建设提供了人文基础。通过还原各民族的传统生活，修复具有纪念意义及民族特色的建筑及景观符号，使各个村庄有自身独特的文化特色，创造出具有文化氛围、民族气息的旅游生活环境。

②攀天阁的旅游产业发展除自身具有的旅游资源外，很大程度要依托于农业产业的发展，通过优化农业产业结构，拓展和完善农业生产的产业链条，提高农业生产水平，增加农产品附加值，形成新的旅游产品。在此基础上，整合乡域的农旅资源，将自然和人文景观，生产、消费、住宿、疗养、度假、观赏、体验、休闲、娱乐、学习、劳作等方面充分融入区域旅游发展的框架之中，以农耕文化、优质农产品、优越的休闲养生资源为载体，营造美好的生态环境和田园风光，创造出传统生活、休闲度假、体验式的旅游场所。

③各少数民族在生产生活中创造出独具民族特色的手工艺品，如傈僳族的编织、制弩，普米族的漆器、木雕，纳西族服饰、造纸等等，同时，各民族独

特的传统歌舞也是其民族文化最集中的体现。通过对民族手工艺品的传承恢复和组织生产，对地方文化进行挖掘和包装，与攀天阁旅游紧密结合起来，将民族手工艺制作展示、民族歌舞展演形成新的特色旅游商品，成为村民致富的新手段。

④旅游服务设施与游客旅游感受直接相关，应深入完善与村庄生活和旅游相关的交通、商业及旅游服务配套设施。普通村庄完善道路、市政基础设施建设，改善居民人居生活环境，重点打造的旅游村庄要在普通村庄的基础上增设住宿、商业设施、旅游服务设施，同时根据旅游需求配备相应的景观、娱乐设施（如修建观景台、游客栈道等等），形成多层次、高性能的旅游服务体系。

（2）打造旅游文化品牌

旅游文化品牌的塑造可以极大地提高旅游目的地在市场上的竞争力，通过对攀天阁乡的传统村庄和文化特色进行深度挖掘和整合，对旅游文化产品形象进行包装设计，多渠道开展旅游宣传推广，多维度展现攀天阁的文化风采，以此强化往来游客的记忆和认知度，增加旅游资源附加值。

攀天阁的旅游品牌塑造应根据现有的旅游资源、自然与人文环境打造适宜当地环境的旅游产品，打造有别于其他地方的具有代表性的特色品牌。突出世界高海拔水稻产区、世界高海拔水稻——老黑谷、普米族传统文化保护区、多民族文化聚集荟萃之地，建立"安居桃源，寻梦天堂"的旅游形象，将攀天阁坝子、老黑谷米、普米族文化、"一村一族，一族一俗"等特色旅游文化产品发展成为攀天阁旅游品牌下的子品牌，形成能够被公众接受的统一形象。

（二）旅游客源目标市场与旅游服务设施建设

1. 攀天阁乡村旅游目标市场

近几年来，迪庆州在旅游接待游客数量及旅游总收入方面都不断取得新的突破，已经基本形成与"吃、住、行、游、购、娱"相匹配的旅游产业体系，而维西与邻近县市发展状况相比，尽管在游客接待人数及旅游收入方面逐年有所增长，但总体增幅不大，旅游业发展相对滞后。随着近些年一些以自驾游为主的零散游客不断由周边旅游路线进入维西旅游市场，开始有更多的人逐渐认识维西，而迪庆州旅游蓬勃发展的态势，也为维西旅游的发展提供了良好的客源市场。攀天阁在规划和发展乡村旅游的过程中，也进一步精确规划了旅游目标市场。

（1）国内旅游市场

一级市场：以"世界高海拔稻区——黑谷之乡""普米族传统文化保护区"以及多民族融合的村庄文化为品牌特色，吸引对黑谷、普米族、少数民族文化有兴趣的游客，使攀天阁成为以香格里拉、丽江、大理为目标的游客的另一个旅游体验目的地。

二级市场：将省会城市昆明以及四川、重庆、广州、贵州等紧邻云南、交通较为便利的省市作为二级客源市场开发，突出民族文化、本土乡村文化及自然风情。

机会市场：将上海、北京、陕西、新疆以及东北三省等省市作为机会市场，以攀天阁独一无二的文化品牌来吸引游客，展示独特的民族风情、特色文化和休闲美食。

（2）国际旅游市场

攀天阁"世界高海拔稻区——黑谷之乡"是一个珍贵的、独一无二的品牌，加之攀天阁乡也是香格里拉景区的重要组成部分之一，可以成为世界上具有一定影响力的旅游品牌。

把欧美市场作为核心客源市场，使游客感受攀天阁独特的魅力，而攀天阁山川河谷相依的自然景观，也可以吸引热爱徒步旅游的背包客到来。

日韩等东亚国家作为次核心市场，突出中华文化的博大精深、各民族文化的独特，以此吸引仰慕中华文化并与中华文化有一定渊源的国外游客。

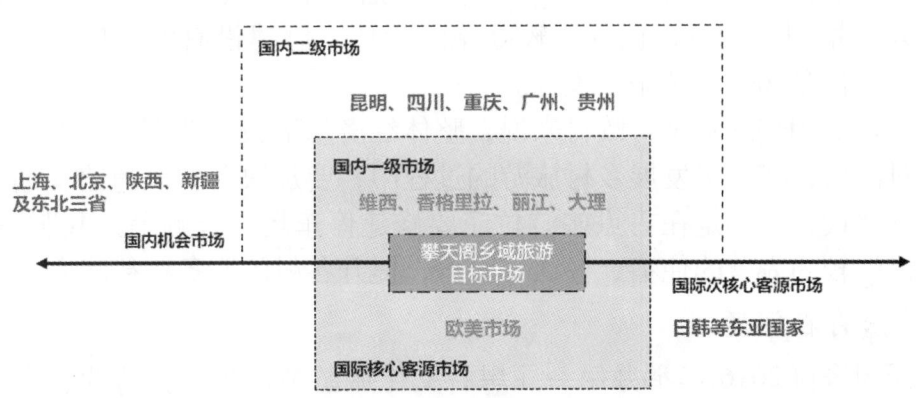

图 4-1　攀天阁乡村旅游目标市场示意图①

目前，攀天阁的游客主要以散客为主，基本没有成规模、成团队的游客，客源还是以周边及省内游客居多。近年来，借着举办黑谷文化旅游的契机，攀天阁在接待游客人数上有所上升，也带动了相关农副产品的销售。同时，与漫道云南分公司、探路者云南分公司等 15 家省内知名旅游公司建立了初步合作，年游客量 20 多批次 3000 多人。要推动乡村旅游发展，需继续在推广上下功夫，通过拓展不同推广渠道，使目标市场游客更多地认识攀天阁，进而产生旅

① 云南省城乡规划设计研究院：《攀天阁乡村旅游规划》，第 38 页。

游的想法，走进攀天阁，感受独属于此的文化。

2. 旅游服务设施建设现状

完善的旅游服务设施对于乡村旅游发展不可或缺。当前在攀天阁区域内，皆菊及美洛两个行政村是境内旅游发展较为迅速、设施较为完善的村落。其中，皆菊行政村作为乡政府驻地举办了黑谷文化节等旅游节庆活动，因此坝区周边的皆菊村、迪姑村、糯各洛村及关马村的旅游服务设施较完善。特别是在迪姑自然村，在乡党委政府的支持下，村民将自家民居改建成民宿旅馆，配备有旅游公厕、餐饮等旅游服务设施，提升了坝子周边的接待能力。皆菊村设置有停车场，作为车辆停放的场所，公路边建有观景台，可以较宽阔的视野观看坝子的风景。为更好地展示和传承民族文化，在皆菊村境内现正在建设一座民族文化陈列馆，其中将展示傈僳族歌舞"瓦器器"相关的内容，同时也将集中对普米族文化进行展示，陈列馆前将建成民族文化广场，成为日后攀天阁乡举行重大节庆活动的重要场所。

美洛村紧邻香维二级公路，交通和区位优势十分明显。境内有民族文化集市，成为攀天阁乡地方农特产品、名特产品销售的主要窗口，每月的赶集活动也会成为美洛村的旅游特色。同时，美洛村境内的湿地、杜鹃花林、射弩场等自然和人文景观、景点，也具有较高旅游价值。已建设有民宿旅馆、旅游公厕、餐饮、停车场等旅游服务设施。

其他村落相较这两个行政村来说，整体经济基础较为薄弱，旅游基础设施建设相对滞后，在未来发展乡村旅游的过程中，要加快各村以道路交通为主的基础设施建设，特别是在重点旅游村庄要修建停车场、公厕等公共服务设施，为游客提供较为完善的住宿、餐饮等服务，提升各村的服务接待能力。

（三）存在问题

攀天阁乡自2016年举办第一届黑谷文化旅游节以来，独特的、丰富多彩的民俗文化得以充分呈现，在旅游方面开始累积经验，逐渐发展成为维西旅游的又一热点区域。攀天阁在乡村旅游的发展中依然面临许多不容忽视的问题。

1. 经济基础薄弱，基础设施及旅游公共服务设施建设滞后

对于维西县整体旅游发展来说，由于县政府财政实力较差，规划区的旅游起步工作举步维艰，对景区、景点的开发和建设、旅游设施建设以及旅游市场营销等都带来了一定的困难。在攀天阁乡，多个村落旅游起步晚，虽有规划但发展缓慢，甚至有的村落未有旅游开发，加之财力匮乏，现有的旅游基础设施建设还是较为落后，规划区内的部分景区、景点的通达条件差，尚有较突出"瓶颈"制约，亟待解决。

（1）基础设施建设

在近些年实施美丽乡村建设的影响下，各村从基础设施到村容村貌都有了较大改观，但要满足旅游需要，仍有较大差距。

①道路交通

进入攀天阁乡及各村的道路基本上已完成硬化，交通的通达上基本满足，但有的村内道路是以水泥直接硬化，没有结合地方实际及景观环境的因素，可能导致有的道路区域难以融入环境，较显突兀，没有充分考虑景观设计的需求。有的村落地形以山地峡谷为主，平地有限，交通等基础设施的修建难度较大，也不利于大型旅游项目布局。

②生活垃圾治理

各村环卫基础设施薄弱，村内都有简易的垃圾收集池，但对于生活垃圾的处理比较单一，垃圾收用方式落后，清运机械和辅助设施不足，基本上还是以垃圾裸堆、露天焚烧、部分填埋等方式为主，对土壤、空气、水体等环境都会造成污染，容易影响村貌，也存在一些安全隐患。同时，因为尚未实现生活垃圾的分类收集，有害垃圾如电池、灯泡、灯管、过期药品、建筑垃圾等没有与生活垃圾分开收集和处理，未能实现垃圾源头的减量工作，给生活垃圾的处理造成困难。河道、山坡、路边等区域的垃圾丢弃问题也有待解决。

③公厕卫生

目前，攀天阁部分村庄已完成厕所改造，使村内的卫生条件得到极大改善，但是在整体乡域范围内，公厕的需求还没有得到满足。特别是部分公厕仍属于传统的旱厕，一无美观可言，二是气味较大，特别在天气炎热时会招来苍蝇和滋生蛆虫，从卫生上来说不达标准，难以达到旅游开发的需求。在重点旅游村庄，公厕等配套的公共卫生设施应得到完善，一般村庄中公厕设施质量的提升也能对人居环境有较大的影响。应考虑在公厕建设中采用更加卫生及便于清理的形式，在广场、景区及徒步线路沿线设置足够满足需要的公共卫生设施，定时维护，及时更新公共卫生系统。在节假日期间也可考虑为游客或居民提供便携的移动式公共厕所，以满足需求。

④绿化景观

攀天阁坝子生态底子较好，周围群山环绕植被茂盛，坝内的种植业也提供了很好的绿色景观，但除了现状保留的树木之外，在道路和民居庭院中的绿化较少，缺少像欧洲乡村中"一街一景，一房一景，一院一景"的景观。

（2）旅游服务设施

①旅游住宿业

目前，攀天阁的旅游住宿主要以村民自建、改建的民宿民居为主，总体来说，设置较为分散，且设施档次较低，多数村民家中的设置接待的房间在平日多为自家使用，待游客到来时再做整理，未做标准间，房间内提供的住宿条件相对简单，不带卫生间，可能会给游客带来一些不便。坝子内已有的酒店大多设施比较陈旧，整体上缺乏高品质的旅游住宿设施，不能满足游客的需求。针对旅游住宿设施的实际情况，攀天阁在旅游发展规划中应以建设度假型、商务型、经济型酒店为重点，打造具有民族特色的民宿客栈、农家乐等作为补充，规范旅游住宿的设施标准和服务标准，为游客提供良好的住宿环境。

皆菊村现成立了以旅游服务为主的合作社，通过土地流转、村民入股的方式打造精品民宿客栈，客栈以普米族文化为主题，充分把普米族建筑特色、火塘文化要素融入建造当中，成为一个很好的范例。

②旅游公共标识

按照国家旅游图形符号标准，在高速公路、旅游专线以及各旅游景点应设旅游公共标识，攀天阁坝子周边公路及坝子观景台等区域已有明确标识，在日后特别是针对户外徒步旅游路线的沿线区域，应尽力改善线路环境和条件，制作沿途路标、线路图等，加强旅游标识系统规划建设，完善引导系统、指示系统等，加大标准执行力度，努力打造出规范、简洁、实用、国际通行的旅游公共标识系统。

③旅游休息站

一般在景区公路沿线或者重要联系道路上通常会设置游客休息站，为游客提供咨询、住宿、餐饮、娱乐、购物、加油等综合性的旅游服务。相较于沿江一线分布的乡镇来说，攀天阁坝子偏安一隅，在香维公路、德维公路沿线以及乡内重要的连接道路上可考虑修建相应的、具备当地民俗文化特色的游客休息站，不是简单、粗放、单一式的，而要具备一定的综合服务性能，提高游客中途休息的方便性和舒适度。同时，在规划区内户外徒步路线的沿线，也应设置一些简易的休息站点为徒步旅行的游客提供休憩场所，配合旅游公共标识，标注路线、地图、紧急救助站等保证游客在户外旅游时的安全。

2. 旅游产品结构不合理，产品体系不完善

当前攀天阁在旅游产品的开发中，仍然存在有旅游产品结构单一的问题，规划中的很多旅游资源还是概念上的规划，众多旅游资源能转化为支撑旅游发展的要素有限，主要还是集中在观光旅游上，参与度和体验度不高，缺乏满足旅游市场和旅游消费层次多样化需求的要件。由于存在旅游产品结构不够完善、旅游产业结构亟待优化、旅游配套服务不健全等问题，特别是对目前比较热门的休闲度假产品、体育产品及游乐产品等缺少整体规划，使区域内的产品内容不够丰富，各产品之间联系度不够，缺乏相互支撑和互动，且众多旅游资

源的文化内涵还有待进一步挖掘和开发，区域内的旅游产业体系还需要不断地完善发展。

究其原因：一是地方乡村旅游基本以自发为主，从经营主体上主要由当地农民或业主自发兴办，政府的相关规划和引导有限，同时游客参与也处于一种自发状态，零散游客居多，旅行社少有进入，乡村旅游还未被作为一种旅游产品来开发。二是对乡村旅游认识不足，乡村旅游作为一项新兴的产业对于乡村的发展和振兴来说具有重要作用，拥有广阔的发展前景，但地方在做乡村旅游的规划时多将其看作是旅游业的补充和点缀，忽略了农业和旅游两者之间的相互关系和影响，没有从更高更远的角度来认识，使两者之间缺乏融合与协调。三是当前的乡村旅游大多还是以"农家乐"的方式存在，以吃农家饭、钓鱼和打牌为主要旅游活动，对本区域内的文化挖掘不够，与之结合较少，缺乏闪光点和特别的吸引力。一些旅游点试图在旅游与文化上寻找结合点，希望以"民族文化""生态环境"融入"农家乐"，但对乡土文化、民风民俗的发掘还有欠缺，仍存在体验度和参与度不高的问题。四是乡村旅游中的一些景点未经统一规划，对就近的资源依赖性较高，存在布局散、小、弱的问题，难以形成相互支撑联动的产品体系。

3. 人才匮乏，旅游服务专业化程度较低

乡村旅游的开发要充分将农业、农民和乡村发展高度结合起来，使旅游业成为乡村发展和振兴的重要产业。在当前区域发展乡村旅游的操作中，规划旅游区内的管理人员大多由村干部兼任，服务人员多由当地农民担当，对于农民来说，收入主要还是以种植业、养殖业为主，从事旅游业人口较少，旅游业收入仅仅是一种收入的补充。乡村旅游的相关管理人员和农民旅游意识不强，与地方想要迅速发展乡村旅游业的期望相比，素质和专业性相对较低的经营管理人员和从业人员也就成为制约发展的一个因素。粗放式的经营管理会让乡村旅游陷入轻管理、低质量、低收入的恶性循环中，从而制约了它的发展。

（四）乡村旅游发展对策建议

攀天阁的乡村旅游要想有长远的、可持续的发展，必须要着手解决当前面临的种种问题和制约因素，做好进一步的整合和规划，才有可能让乡域内的乡村旅游业良性发展。

1. 加强基础设施与服务设施的建设，为游客的旅游体验提供基本保障

乡村旅游的主要客源地多是城市地区，只有在基础设施与服务设施完善的条件下，才能充分发挥乡村旅游的魅力，从而留住游客，最大限度获取经济效益。一是要解决道路通达的问题。要使游客通往各个旅游规划地的道路畅通，根据旅游点的规划最好能形成旅游环线，减少游客花在路途中的时间，为游客

出游提供方便。二要进一步完善公共卫生和水电设施。通过改善垃圾处理方式，配备更加卫生便利的公共卫生设施，不仅能为居民创造更好的人居环境，而且能为游客带来更好的环境感受。同时，饮用水源要清洁、干净，供水设施到位并符合卫生标准，电力供应有保证，为游客生活提供保障。三是要加强食宿品质的建设，提高旅游环境和接待设施的卫生标准，在基本的生活条件与用品上要与城市接轨，特别注意厨房、餐具、卧室、浴室、厕所、水池及公共娱乐场所的卫生状况，定期进行消毒处理。四是要在乡村改造和建设规划的过程中充分与乡村旅游相结合，农村道路规划建设要与整体环境相融合，在保护原有的历史民俗民舍的同时，还要在兴建新民舍时体现乡村特色，给予游客更多的观光场所。

2. 充分挖掘特色旅游元素，在开发中要注重本土特色，注重保护环境

在攀天阁乡村旅游项目的规划开发中，要突出乡村的自然风景和有特色的民俗风情，表现出别具一格的乡土气息，尽量避免受到商业化、城市化的影响，充分利用攀天阁独特的地理环境、多民族融合的文化底蕴，充分挖掘普米族、傈僳族等少数民族的特色文化、民俗艺术，与当地的古迹史话、传说结合起来，形成特色的旅游文化元素，以提升旅游的品位。

对乡村旅游产品的开发要保持本土特色，要做到旅游产品的创新和传统的乡村文化有效融合，创造出既能满足现代旅游者的需求又能把乡村传统文化元素贯穿在产品中，有特色的乡村旅游产品能受到重视和青睐，乡村旅游才能利用旅游产品的发展而发展。比如在酒店或民宿建设中充分融入普米族、傈僳族、藏族等少数民族的建筑特色、民俗文化、民族手工艺品等元素，还可以设计一些游客可参与的歌舞等文艺活动，不仅能使游客在居住环境中感受到民族文化，而且能通过参与和体验加深印象和感受。与此同时，在开发时还要注重对环境的保护，大多数时候乡村在发展中往往比较偏向于对历史文物古迹和景点等附近的环境保护，而对于一些较偏远的村庄在发展乡村旅游时，产生的生活垃圾等的处理被忽视，日积月累之下会对环境产生不良的影响，也应受到重视。

3. 加强培训从事乡村旅游的人员，提升从业人员的服务意识和服务水平

旅游业的发展对服务标准要求很高，作为一个集"食、住、行、游、购、娱"于一体的行业，很多乡村旅游景点缺少正规的管理与规划，从业服务人员岗前缺少培训，服务水平不够端正，没有掌握基本的服务知识。攀天阁乡村旅游的发展，要重视对经营人员和服务人员的培训，提高他们对乡村旅游的认识，同时提高他们的服务接待能力和经营能力，只有拥有一批高素质、高技能的乡村旅游经营人员和服务人员，乡村旅游才能不断发展。一方面，可以让乡

村旅游经营者能够去一些发展乡村旅游比较成熟的地方学习；另一方面，旅游服务人员要掌握基本的旅游接待知识，提升服务接待的水平。同时，还要将乡村旅游发展同当前的扶贫开发工作结合起来。

（1）应更加重视村民在乡村旅游发展中的重要作用，加强对村民的培训和引导。

村民在开发乡村旅游中具有不可忽视的作用，乡村旅游要做活、做大、做好，就得加大乡村社区的参与力度，加强对村民的培训和引导工作。一要让村民参与经营，恢复归属感，自主改善旅游条件，树立主人翁心态；二要帮助村民学习当代价值观，确保当代价值观与传统文化的和谐关系；三要努力开拓乡村旅游的本土特色增强旅游收益，使广大村民真正受益。

（2）应将乡村旅游与扶贫开发工作紧密结合起来，提高贫困群众参与旅游扶贫的意愿。

乡村旅游开发可以从一定程度上解决农村富余劳动力的问题，缓解农村富余劳动力对城市的压力，通过旅游业的发展增加就业机会。乡村旅游带动农村贫困人口脱贫的方式和途径主要有五种：一是农户直接参与经营；二是在当地经营户中参与接待服务；三是通过旅游发展出售自家的农副土特产品；四是通过参加乡村旅游合作社和土地流转获取租金；五是通过资金、人力、土地参与乡村旅游的经营管理获取入股分红。

贫困群众参与旅游扶贫，首先，要提高他们的参与意愿。一要通过教育、宣传、示范等各种途径，让他们充分认识到旅游业发展将会给他们带来各种好处，如就业、直接经济收入等眼前即见的现实利益，还有生产和生活条件改善、能力提高等长远的发展机会，以此激发他们参与旅游扶贫工作的积极性和主动性。二要为贫困人口参与旅游扶贫提供必要的条件，各级政府要主动为贫困群众解决参与过程中的难点问题，降低参与门槛，提高参与能力，并积极采取各种措施降低风险。

其次，要提高贫困群众参与旅游扶贫的能力。旅游扶贫参与能力制约着贫困人口参与受益程度，因此，要将能力建设作为强化贫困人口旅游扶贫参与的重要工具之一。要加大物质和资金的投入力度，给予贫困地区和贫困人口包括财税、信贷等在内相应的政策倾斜；要加强对贫困人口文化知识、科学技术和劳动技能的教育与培训，着力培养一支高素质的乡土旅游实用人才队伍，重点提高旅游从业者在经营服务、食品卫生安全、接待礼仪、餐饮和客房服务、乡土文化讲解等方面的素质和技能，同时还要加强乡村旅游干部在乡村旅游项目开发、管理、促销等专业方面的知识，将素质的提高作为能力建设的重要内容之一。

4. 注重宣传，加强乡村智慧旅游的发展，扩大影响

乡村旅游作为一种新兴旅游产品，要想有大的发展和好的收益就必须重视对外的宣传工作。很多游客到了旅游地不知道有哪些旅游项目，不了解地方特色是什么，因此必须加大宣传力度，使更多的游客们知道当地的乡村旅游项目。借助当前各种新媒体平台，以图片、文字、视频等方式做好当地的旅游攻略，把特色的旅游资源直观地呈现给游客，成为一个旅游的吸引点。从住宿、餐饮的预订，旅游咨询，服务评价等方面，充分利用网络的便捷搭建平台，既方便游客的出行体验，又能够让他们成为自发的宣传者。

发展乡村旅游，要以全域旅游的规划理念结合地方乡村生态旅游特色，将攀天阁的自然资源、村庄资源、民族文化资源及历史文化资源等旅游资源进行梳理，要明确自身在维西县、香格里拉旅游圈的发展定位、发展模式，科学规划旅游发展的空间布局和重点旅游项目、旅游村庄和旅游设施的建设，从设计旅游产品和旅游路线、乡村旅游服务体系、交通设施、村庄风貌、人居环境、产业融合、旅游服务设施、生态环境保护及可持续发展等各个方面形成对乡村旅游的支撑，并对未来的旅游发展进行营销策划、投融资分析，制定出可行的发展方案。通过资源的优化提升，充分挖掘乡村旅游业的发展潜力，拓展区域内的旅游发展空间，建设和发展一批旅游精品项目，找准符合地方实际、具有地方特色的盈利点，营造攀天阁良好的发展环境。最终，通过乡村旅游业的发展，实现乡村农业产业的优化，推行绿色生产生活方式，使村民的生产生活环境得到改善，从而实现美丽宜居乡村的建设目标。

第五章　多元宗教文化和谐共融

——茨中村发展乡村旅游的探索

燕门乡位于德钦县南部，澜沧江东岸。东与白马雪山国家级自然保护区相连，南邻维西县巴迪乡大石头村，西与怒江州贡山县迪麻洛乡、丙中洛乡毗邻，北与云岭乡查理通村山水相连。南北长约45千米，东西宽约38千米，面积582.9平方千米，全乡有2093户8021人。辖拖拉、巴东、茨中、春多乐、谷扎、禹功、石底7个行政村。乡政府驻徐家贡，距县城68千米。地处横断山脉澜沧江深箐陡谷中，三江并流腹心地带。地形呈"V"字形，南北长、东西窄，地势由西北向东南倾斜，形成山区、河谷、高山、水坝区各具特色的地理地貌。境内东西两侧高山河谷对峙，最高海拔5300米，最低海拔1840米，平均海拔2500米。平均气温15℃，年均无霜期达300天。德（钦）维（西）公路过境。

茨中村是燕门乡的一个行政村，地处澜沧江峡谷两岸的一个缓坡地带，东与怒江州贡山县接壤，西靠霞若乡茨卡通村，南与本乡巴东村相连，北与本乡春多乐村衔接，平均海拔1800米。辖有9个村民小组，共有236户1099人，全村总耕地面积955.11亩，人均占有耕地0.86亩，主要农作物有玉米、小麦、水稻。

茨中村是一座普通而又神秘的藏族小村。说它普通，因为它与周边村落毫无二致，传统的藏式民居散落在山坡上，人们的耕地、牧牛生活慵懒且随心所欲；说它神秘，因为村里有一座近百年的教堂，周末的弥撒声是这里的标识，而美味的葡萄酒是村里最著名的特产。若是没有这座教堂，它便不会成为附近教区人们聚会的中心，更不会成为如此知名的旅游景点。因为历史久远，村中长着很多有些年头的老树，枝丫漫天，抬头看去，很有神秘色彩。而茨中教堂，自然成为村中最高也是最醒目的建筑。这座融合了藏、汉、西洋风格的教堂塔楼，便是小村的地标。

村内居住着藏、汉、傈僳、纳西、白、怒、彝7个民族，主要信仰佛教、天主教、基督教。7个民族，三教并存，人与自然和谐相处，享有"小香格里拉"的美誉。该村依靠党的富民政策、艰苦奋斗、努力摆脱贫困，是燕门较为富裕的行政村。

党的十九大报告提出："要坚持农业农村优先发展，按照产业兴旺、生态宜居、乡风文明、治理有效、生活富裕的总要求，建立健全城乡融合发展体制机制和政策体系，加快推进农业农村现代化。"

当前，乡村旅游发展势头强劲，正日益成为新一轮旅游业发展的"主力军"，是实现农业农村现代化的"加速器"。乡村旅游要实现可持续发展，成为经济社会发展的强大引擎，需要充分结合当地特色，丰富文化内涵，聚力品牌建设。对于茨中村来说发展乡村旅游有优势也有瓶颈。

一、茨中村发展乡村旅游的优势

（一）政策优势

《德钦县十三五规划》中对燕门乡十三五期间的发展作出了定位。

1. 德钦县域空间发展布局为"一心、一轴、两副、两带"。"两副"（奔子栏副中心和燕门副中心）。发挥两地连接东西部区域的节点作用，承担产业带动、公共服务、要素聚集等功能，积极为县城核心做基础配套，进一步壮大集镇规模、提高集镇发展水平和质量，使之成为除县城中心以外，承接水电移民的县域城镇副中心、商贸物流副中心。将奔子栏建设成为以发展旅游、交通运输、加工业等为主的交通枢纽型城镇，将燕门建设成为以发展旅游、农副产品加工等为主的旅游型城镇。

"两带"（澜沧江流域经济发展带和金沙江流域经济发展带）。澜沧江流域经济发展带以S233公路（保藏公路）为依托，联动燕门、云岭、佛山等乡镇，加快水电资源开发进程，加大澜沧江上游生态保护和恢复力度，完善路网、能源网等沿江基础设施，打造一批沿江特色集镇和美丽乡村，着力发展清洁能源、生态农业和生态旅游业。金沙江经济带以S225公路及德巴公路为依托，联动羊拉、奔子栏、拖顶、霞若4乡镇，加快白马雪山科学开发进程，重点发展乡村体验旅游和休闲度假旅游，大力发展以中药材、核桃为重点的特色生物产业，积极发展水电能源开发、商贸、物流集散等产业。

2. 推进城乡一体化发展，着力建设特色精品城镇。燕门乡，依托乌弄龙水电站建设，把握库区水电移民和乡政府迁建带来的有利机遇，推进集镇新址、移民安置点基础设施建设，加快燕门撤乡设镇工作进度，建设以发展旅游业为主，特色农产品生产及加工为辅的绿色山水生态旅游小城镇。在规划中提到将燕门建设成为以发展旅游、农副产品加工等为主的旅游型城镇；打造一批沿江特色集镇和美丽乡村，着力发展清洁能源、生态农业和生态旅游业；建设以发展旅游业为主、特色农产品生产及加工为辅的绿色山水生态旅游小城镇。言之凿凿，给茨中村发展乡村旅游提供了良好的"政策环境"。

（二）人文风俗与节日

茨中是多民族、多宗教共居的村落。藏、纳西、傈僳、汉、白、彝、怒7个民族和谐共存。藏族人口最多，一直以来占据全村人口的90%以上，村民日常生活中都用藏语交流，以至于茨中村有这样一种说法：茨中的主体民族是藏族，其他少数民族都被"藏化"了。

茨中每个群体都有自己的节日。从正月初一到初十五，茨中藏族都沉浸在庆祝新年的氛围中。大年初一为拜年的日子，茨中村民喜欢带着礼物去亲友家走访拜年，礼物多为面条、肉、青稞酒、粑粑。初二最主要的活动是上坟，每家每户都要去给逝去的亲人烧香、磕头拜年。初三至初七是村民集体娱乐的时间，在此期间，村里举行运动会，还有舞蹈、唱歌比赛，射箭爬山等娱乐活动。初十是东巴教的集会日，初十五是佛教的集会日，届时会请喇嘛念经，祈祷这一年风调雨顺、六畜兴旺、人丁平安等等。过了初十五，人们陆续开始外出打工或是下地劳动，春节就算正式结束了。

二月八日是纳西族的传统节日，在这一天，村里的男女老少要盛装打扮，按照祖上传下来的习俗烧香磕头，然后大家一起到野外欢聚，吃饭喝酒、赏景畅聊。

圣诞节是天主教最为重大的节日，自从天主教传入茨中以来，每年12月25日茨中及其附近的教友都会集聚教堂，纪念耶稣的诞生。每当节日来临，身穿民族服装的教友在装饰一新的教堂里载歌载舞，热闹非凡。

此外，三八妇女节在茨中村也特别受重视。平日里藏族妇女劳务繁重，为了感激妇女为家庭的辛勤付出，在三八妇女节这天，村里的妇女都可以不用劳动，她们聚在一起玩游戏，有时还会集体外出旅游，享受属于自己的节日。

淳朴的民风民俗给茨中村发展乡村旅游提供了良好的"生态环境"。

（三）独具特色的教堂

茨中天主教堂是在法国天主教与当地藏传佛教、东巴教的激烈冲突环境下建立起来的。时至今日，茨中天主教堂成为滇西北具有悠久历史、融汇中西建筑文化、独具特色的天主教堂。

教堂坐西向东，为法式（哥特式）建筑，整体成十字形，如意踏跺高1.3米，拱形门廊用条石砌成，进深6米，宽3米，门廊之上再砌成兼具观察、放哨、瞭望等功能的瞭望楼，高达20米。楼顶为亭式攒尖顶木结构，用4棵内桩和 12 棵外柱承托脊樟，内外柱间砌有石栏杆。登上钟楼，茨中景色尽收眼底，还可遥览江岸风光。教堂进深 22 米，面宽 12.7 米，由二排六块正方形石承托屋脊，两侧各设 7 个小窗。祭台宽 3.8 米，进深 5.75 米，两侧设有净身、更衣室，屋顶用玻璃瓦覆盖。1987 年 12 月被云南省人民政府发文公布为省级文物保护单位，2006 年被国务院公布为全国重点文物保护单位。

1. 茨中天主教堂宗教的交融性与本土化随处可见。教堂中的圣母玛利亚像手中捧着的是一串挂着十字架的佛珠，信仰天主教的老百姓用传统的哈达来教堂祈福，做弥撒的群众，读的《圣经》是用汉字标注，念颂时是藏语，而使用的调子又是藏传佛教诵经的曲调。在茨中，藏传佛教的节日天主教徒一起过，圣诞节全村人也一起狂欢。

2. 茨中教堂凸显中国风格。其实外国传教士在中国内地盖起的无数座大大小小的教堂绝大多数是模仿西方的样式，偏重西方化风格的教堂建筑会拉大中国底层老百姓与洋人洋教的距离感，于传教不利。茨中教堂外观设计融合了天主教与当地文化的原因是多方面的，大量直接资料研究指向当时天主教与藏传佛教的冲突。教堂的建造时间正是法国天主教进入中国云南阻力颇大的时期，教堂外部采取中西结合的设计正是为缓解与本地宗教矛盾而设。

3. 茨中教堂的建筑融入了本土文化。茨中村，藏传佛教和天主教和谐共存，有着不同信仰的村民享受着和谐安宁的生活，得益于文化传承。茨中天主教堂融汇了当地的文化：教堂里边的壁画用了许多佛教的画，比如莲花特别多，莲花是佛教圣物之一，体现了藏族和佛教风格，当地人看了比较舒服，容易接受。当时传教士急于改善同茨中人民之间的关系，主持建造教堂的西方传教士注意到了种种问题，为了拉近同茨中的关系，照顾茨中人的感情，他们将茨中的文化融入教堂建筑之中。法国传教士把茨中教堂的钟楼设计成中国传统的阁楼式，正是出于同群众打成一片的社会心理：有这种文化，我们才能去发展；没有当地的这种文化，恐怕人们不能够去接受。茨中教堂能够融汇多种文化，它既是中西合璧又是融入了当地少数民族的文化，融合得非常好，所以存留至今，并生生不息。

4. 教堂内部布置彰显中国特色。不仅教堂的外观融入了中国古典建筑的风格，教堂内部的布置也处处彰显中国特色。教堂内部的装饰也采取了"本土化"的手法，最明显的标志便是教堂的壁画艺术。教堂天花图案丰富，天主教、西方元素有十字架，天主教有翼天使、圣心、廊柱形纹饰等；藏传佛教元素有祥云纹、吉祥结、莲花纹等；有汉族龙凤纹、琴棋书画墨绘、纳西植物颜料彩绘、白族墨绘等。题材主要有双鱼、宝瓶和法螺等，把藏传佛教和东巴教对信仰、自然、祖先的图腾崇拜表现得极为明显。在这些形形色色的图案中，最能引起人们关注的是十字架的图案，这个图案醒目的原因有二：一是图案所占的面积比其他的略大一点；二是十字架周围被莲花包围。查阅资料显示天主教与佛教、十字架与莲花纹相互交融的历史可以追溯到泉州唐代景教石碑和内蒙古赤峰市出土的元代景教瓷墓志，十字架与莲花纹的联系充分反映了天主教东传过程中受佛教文化的影响。天主教符号与茨中本土图案融为一体，色彩艳丽却无丝毫杂乱之感，反而给人一种亲切和谐的感觉。这种建筑设计一定程度上反映了法国传教士尊重茨中本地的多元宗教与哲学思想，同时也是积极对待多个民族、多元文化的碰撞与交融过程。

天主教在茨中的本土化给茨中村发展乡村旅游提供了与众不同的宗教元素，是发展乡村旅游吸引眼球的"亮丽名片"。

（四）宗教和谐，民族团结

茨中有南方的水稻，有北方的柿子，有海边的棕榈，有江南的芭蕉，有高原的青稞酥油，也有欧洲的葡萄；有高原、峡谷、大江、雪山。各种文化与信仰展现出有表层可见的变化，也有内里潜在深远的影响。而这一切都是源于连接西藏与云南古老的茶马古道。

几百年前源于西藏的藏传佛教文化借助这条古道传入了云南的藏区后，梅里雪山便成为藏族同胞们终生守望的神山。一百多年前，西藏地区传教受到了挫折，被驱逐出境的西方的传教士们带着圣经和葡萄籽离开西藏后历尽艰辛，沿着古道顺江而下，来到了茨中，两种宗教便在这里不期而遇了，从此，这个村子的藏民们有的开始信仰天主教，有的仍然信仰自己的传统宗教——藏传佛教。

在此后的一百多年至今，这里的村民们虽然信仰不同，但他们都能和睦相处。娶媳妇、嫁女儿、建房盖屋等大事，大家都会尽力去帮忙，将喜事办得圆满。天主教的教友去世了举办丧礼时，信仰藏传佛教的村民就来帮厨操办饭菜，接待客人；而信仰藏传佛教的村民去世，信奉天主教的村民除了去帮忙操办治丧的事情外，还到家里为死者按天主教礼仪念诵圣经，让逝者的灵魂顺利进入天堂……

在生活上藏传佛教信徒可娶、可嫁给天主教信徒，而天主教的信徒也可娶、可嫁给佛教徒，娶进来的媳妇可以一直保持着自己的信仰，也可以改变自己的信仰；而出嫁的女儿也有保持或改变自己信仰的自由。如今，在一个大家庭里信多种教的比比皆是。

现在的教堂在茨中村的中心位置，但周围的人家中只有三户天主教徒，众多教徒的家散落在澜沧江两岸各处，其余都信仰佛教及东巴教。在茨中，一家人可以有不同的信仰，但是一个人不能同时信仰两种宗教。不同信仰的人和谐相处，婚丧嫁娶也不分教派。夫妻有时一块去进行宗教活动，一个转佛塔，一个去教堂做礼拜，完了就一起回家。现今，世界上仍有无数杀戮是因为种族、宗教和意识形态的利益冲突而发生的，茨中，给了我们很多思考，我们无法穷尽它的深意，但很显然它的精髓就在于"和谐"。茨中的多宗教和谐、民族团结一家亲给茨中村发展乡村旅游提供了良好的环境。

二、茨中村发展乡村旅游的瓶颈

（一）基础服务设施滞后

茨中村的旅游交通总体情况较差，目前的交通不能很好地适应旅游淡、旺季客流的变化。道路的缺陷影响了游客对景点的选择性，制约了茨中村乡村旅游的发展。

茨中村现有的宾馆餐厅不能满足旅游市场的发展需求。目前星级宾馆餐厅仅1家，为松赞茨中5星级酒店，该酒店走高端路线，一般游客难以接受；全村民宿、客栈、宾馆有12家，总床位数不过100张；饭店、小吃店有10家，其中正常营业的不过3家，其他的仅仅停留在建房所需而同步建设餐厅，并未真正成为餐厅。而特色小吃也是吸引游客的重要因素，但由于饭店规模小，环境、卫生等影响了游客的消费心理。茨中村的宾馆餐厅不但结构不合理，而且综合配套程度低，游客没有舒适的休息环境和适宜的用餐环境以致景点综合竞争实力下降，影响了景点可持续发展，也阻碍了茨中村乡村旅游的发展。

（二）旅游观念相对滞后，旅游产品开发不成熟

茨中村当地老百姓由于文化程度低，获得信息较少，对旅游业的重要性认识不足。虽然政府把旅游业确定为国民经济的支柱产业加以培育，但由于当地老百姓还没有树立社会化大产业的观念，所以没有意识到旅游业的综合性特点。这也是当前制约乡村旅游发展的最大障碍。

茨中村旅游资源独特，旅游商品开发的潜力大，但有特色的旅游商品太少，大多数游客反映，没有什么可购的东西，有钱也花不出去。具有藏族特色的漆器、酒器和绚丽多彩的藏族服饰、传统的葡萄酒酿制工艺等也因加工设备落后、成本较高、品种单一等原因停滞不前，导致茨中村特色旅游产品单一并且逐渐"失色"。

（三）旅游管理人才缺乏，从业人员素质较低

茨中村受社会性因素及地处偏远山区的影响，旅游从业人员教育水平、工作能力偏低，导致缺乏优秀的经营管理人才。据调查，茨中村酒店的从业人员96%是高中以下学历，甚至还有小学学历。他们绝大多数没有经过专业的培

训，只是靠掌握一些基础的操作技能维持工作，服务质量一般，导致茨中村仅有的几家酒店餐厅形不成市场竞争。有人就经营，没人就"放羊"的经营理念根深蒂固，这种思想在很大程度上制约了茨中村乡村旅游的发展。

（四）葡萄园的毁坏，撕毁了一张名片

茨中葡萄酒和茨中天主教堂是茨中村的两张名片，葡萄酒酿制也成为该地的一个特色和当地居民的经济来源。

100多年前法国传教士来到这片土地，带来了法国葡萄种子和酿酒配方。葡萄的品种叫华夫人（又叫玫瑰蜜），是法国波尔多的品种，已经有500多年的培育历史。据说该品种在现今的法国已经消失，谁也没想到，这个在法国曾拥有几百年历史的波尔多葡萄品种最终却在东方一个遥远的小村落里保存了下来。

茨中村从没有葡萄到一望无际的葡萄园，共种植葡萄400亩，葡萄产业年经济收入达200万元，成为农民增收的支柱产业。村中家家户户都种植葡萄，酿制葡萄酒。每年慕名前来参观教堂和品尝葡萄酒的国内外游客逐年增多。茨中的葡萄酒之所以出名，除了村民自己精心打理葡萄园，制造葡萄酒用的水是用从碧罗雪山上的黑湖流下来的水之外，他们还继续沿用着法国传教士留传下来的酿酒方式来酿取葡萄酒。而今，茨中村是移民安置点和燕门乡政府新址，一栋栋钢筋混凝土建筑代替了昔日的葡萄园，没有了葡萄园，茨中村中就失去了一张名片，这给茨中发展乡村旅游带来了新的考验。

三、促进茨中村发展乡村旅游的思考

当前，乡村旅游发展势头强劲，正日益成为新一轮旅游业发展的"主力军"，是实现农业农村现代化的"加速器"。乡村旅游要实现可持续发展，成为经济社会发展的强大引擎，需要充分结合当地特色，丰富文化内涵，聚力品牌建设。

（一）茨中村发展乡村旅游要助力于"四注重"

1. 要注重生态保护，坚守"绿色"。我国乡村旅游从20世纪80年代的成都"徐家大院"农家乐兴起，到现在的集观光、度假、休闲于一体，特别关注对自然生态环境的保护、培育和优化。绿水青山就是金山银山，保护生态环境就是保护生产力，是实现乡村旅游可持续发展的基础。

2. 要注重文化传承，塑造"灵魂"。人们在乡村旅游中体验感受到的乡土文化，是中华民族传统文化的重要组成部分，是民族情感的真切表达，是现代文明的精神根脉。发展乡村旅游，要深入挖掘乡土文化特色，如乡村民俗、非

遗传承保护等，尝试形式多样的乡土文化展示，实现差异化竞争。

3. 要注重人才培养，保持"活力"。人才短缺是乡村发展旅游业的关键，也是短板。发展乡村旅游，要充分发挥村民主体作用，开展乡村旅游带头人的遴选与培养，建立培训基地，着力培养"领头雁"，坚定当地群众发展乡村旅游的决心和信心，示范带动更多群众就业创业，促进乡村振兴的"提挡增速"。

4. 要注重"互联网＋"，增强"动能"。互联网技术的发展，让乡村旅游实现了智能化升级，如乡村智慧旅游基础服务系统、乡村旅游电子商务采购平台等，为深入乡村旅游的"最后一千米"打开了更广阔的空间。"互联网＋"让线上线下高度融合，富了村民，靓了村庄，也为美丽乡村建设提供了新动能。

（二）茨中村发展乡村旅游要着眼于"四变"

1. 依托旅游促进就业，让村民变员工。乡村旅游发展进程中少不了人员这个因素，一旦乡村旅游步入正轨就需要投入人力资源，通过积极吸纳本地村民，不仅拓宽了村民收益渠道，还解决了村民外出务工难的问题，村民可以就近就业，务工照顾家庭两不误；同时建立了长效的技能培训机制，统一开展村民岗前培训，实现员工"造血""输血"紧密承接。对于从事旅游服务的岗位，尤其注重业务素质的培养，联合县就业部门定期组织岗位培训，让村民变员工无缝衔接。

2. 依托旅游促进创业，让村民变老板。让观光旅游从单纯游玩景区景点，拓展到摘农家果、吃农家饭、住农家院，既丰富了旅游资源，又让村民成了老板，扩大了受益面。鼓励农家乐经营户自发成立乡村旅游合作社，因地制宜发展个性化、特色化、差异化的乡旅形态，努力推动农家乐从零散营生向集约经营转变，从单一服务向多元体验转变，努力形成一村一集群、一村一特色的发展格局，倾力打造绿色健康、规模发展的农家乐品牌。

3. 依托旅游带动副业，让土产变特产。完善的旅游产业链是综合性的经济行业链，通过提供行、游、住、食、购、娱等多种服务，起到"一业带百业"的作用。随着旅游业的深度开发，景区景点的客流量逐年增加，人流带动物流，为当地品种丰富的农副产品打开了便捷的销售渠道。一方面，餐饮行业可与农户建立长效的供销关系，让农户自家种植的蔬菜瓜果和饲养的鸡鸭牛羊等农产品有了稳定的销售市场；另一方面，可借助旅游网站、电商等平台，以品牌营销的方式将土产推广出去，让原本农户自供自给的土特产等成为游客的"抢手货"，变成了赠亲送友的礼品。

4. 依托旅游盘活资产，让民房变客房。加大旅游扶贫产业扶持力度，统一对民居进行房屋立面改造，对发展民宿的给予资金补助和信贷扶持，并将贫困户家庭中的闲置房间改造成民宿，让民房变客房，盘活贫困户的闲置资产，增加农民群众的固定资产收益。

（三）深度开发民族文化旅游

茨中村居住着多个少数民族，历史悠久，文化积淀深厚，其民族文化旅游价值巨大。风格各异的民俗民居，绚丽多彩的民族歌舞，异彩纷呈的民族服饰等更是深受旅游者的青睐。民族文化对旅游业发展的作用和影响将会越来越突出和直接。

1. 注重地方特色，突出藏族风情。从茨中村民族文化旅游资源的开发情况来看，大多停留在浅层次的观光旅游层面上，参与性、体验性产品较少，没有真正开发出让游客深度体验的项目和产品。因此，民族文化旅游必须根据地方特色，挖掘民族文化的内涵，深度开发，打造丰富多彩的民族文化旅游精品。

2. 加强民族文化建设。通过加强民族文化建设，为德钦县旅游业的发展创造良好的环境。要把创建良好的旅游文化环境作为德钦县旅游业发展的重要目标和重要内容，建设"以浓郁藏族特色文化为主，多民族文化并存的民族文化先进县"。要大力发展德钦县民族教育，保护民族传统文化，让民族传统文化与现代文化相结合，把民族传统文化精神与现代主体意识、科学思维和效益观念、冒险精神结合起来，塑造健全的民族文化旅游资源。

3. 发挥节日的文化效应。节庆具有标志性事件的强大功能，节日活动观赏性强、参与性高、吸引力大，是地方民俗的集中展现。茨中村应把"圣诞节锅庄舞会"打造成德钦的民族风情节，要按照规模大、水平高、风情浓、吸引力强、活动新的办节理念，努力搭建集中的展示平台，集舞蹈、火把、选美、服饰、美食、地域等藏族传统文化之大成，使之成为德钦少数民族节庆旅游的知名品牌。

（四）进一步落实"十三五"规划的旅游发展战略

德钦县域空间发展布局，以梅里雪山国家公园建设为核心，融入大香格里拉生态旅游区，共同守护并提升"香格里拉"品牌，推动旅游业与梅里雪山神山文化、红色旅游文化、藏族传统文化及一、二、三产业的深度融合，建设雪域高原创意基地、生命之旅心灵探寻胜地、民族宗教文化风情胜地，将德钦县打造成世界级雪山旅游胜地。

发展特色精品城镇战略是拉动内需、增加就业、促进社会和谐的需要，不仅能赚足金山银山，还能保住绿水青山。旅游产业具有经济和文化的双重属性，是能够同时推动德钦县由经济弱向经济强、从文化资源大向文化产业强跨越的战略支撑产业。

（五）加强建设基础服务设施，促进旅游业与其他产业间的协调发展

德钦县应该加大在基础设施方面的投入，加快旅游交通建设，完善交通网络，加强与周边市场的联系。在景点间的公路上应加强景观、生态和文化建设，缓解游客的乘车疲乏。在景点建设上应突出重点，把有限的资金和资源重点放在建设德钦自然资源集中和民俗传统文化丰富的县城、旅游乡镇方面。同时，加强酒店、饭店等配套建设，以满足游客多元化的需求。

（六）开发茨中村澜沧江江上旅游项目

茨中村位于乌弄龙水电站库区淹没区岸边，离江近，可变淹没区的劣势为开发水上项目的优势，开发澜沧江漂流、江上垂钓、江上农家乐、游船客栈、江上农产品交易市场等以澜沧江为主题的江上旅游项目，打造以梅里雪山三江并流、澜沧江畔钟楼古刹、夜半钟声江风渔火、仁和茨中水上人家为主的德钦"江南"水乡。据相关成熟经验证明现代旅游业的进步可以对很多的产业产生非常明显的促进作用，带动与旅游业相关的餐饮、宾馆、金融、保险、商务、娱乐及农副产品的发展，可以促进水电气、城镇建设、城市绿化及农业的全面发展，从而提升德钦县的整体经济。

乡村旅游是实现精准扶贫和乡村振兴的重要方式之一。习近平同志在参加党的十九大贵州省代表团讨论时强调："既要鼓励发展乡村农家乐，也要对乡村旅游作分析和预测，提前制定措施，确保乡村旅游可持续发展。"农村贫困人口脱贫是全面建成小康社会最艰巨的任务。乡村旅游作为朝阳产业、绿色产业，在扶贫攻坚中大有可为。应积极探索扶贫开发与乡村旅游发展有机融合的新途径、新方式，让贫困村和贫困群众更充分地分享旅游发展"红利"，实现稳定、长效脱贫，乡村持续振兴。随着乡村旅游如火如荼的发展，茨中村应加强对乡村旅游的重视，并加大管理力度，充分发挥其独具特色的资源优势，逐步完善乡村旅游发展的道路，相信茨中村乡村旅游发展道路将越走越顺畅、越走越宽广。

第六章 尼西乡乡村旅游发展模式初探

一、尼西乡基本情况概述

（一）地理位置及自然环境

尼西乡位于香格里拉市区西北部，与四川省得荣县相连，位于滇、川两省交汇处，是香格里拉市的北大门，"茶马古道"要冲。全乡面积845平方千米，辖4个村委会（新阳、幸福、汤满、江东）47个村民小组1306户6847人。乡政府驻地崩书塘，海拔3160米，距市区37千米，是离市区最近的乡（镇）之一。

全乡由干热河谷、半山区、高寒山区三种气候带组成。最高点巴拉格宗雪山海拔5545米，最低点江东村美丁海拔2100米，海拔高差3445米，平均海拔3100米。尼西乡独特的歌舞、风俗、工艺、服饰、建筑、饮食、葬俗、节祭，是民族文化的聚宝盆。这里也是谷歌地图上"桃花盛开的地方"。

（二）经济社会发展状况

2017年地方财政收入达到428.6万元，超额完成5.49%；农作物播种面积1154公顷，粮食总产量达到3504吨，人均有粮511.76千克，蔬菜产量428.3吨，肉类产量479吨，2017年年末，全乡完成基础设施建设项目投资2908.07万元，农村常住人口人均可支配收入达8021元。[①]

二、尼西乡乡村旅游资源优势

（一）政策优势

2017年10月18日，习近平同志在十九大报告中指出要实施乡村振兴战略。2018年1号文件出台了《中共中央国务院关于实施乡村振兴战略的意

---

① 数据来源于2018年1月17日在尼西乡第二届人民代表大会第二次会议上尼西乡人民政府乡长李金华所做的《乡政府工作报告》。

见》，明确指出要促进小农户和现代农业发展有机衔接，扶持小农户发展生态农业、设施农业、体验农业；鼓励乡村经济多元化发展，支持培育家庭工厂、手工作坊、乡村车间，鼓励在乡村地区兴办环境友好型企业，实现乡村经济多元化，提供更多就业岗位；拓展农业生态功能，发展乡村共享经济、创意农业、特色文化产业。

在大香格里拉景区的辐射影响下，由于独特的地理区位因素，尼西乡与周边的核心景区本身存在着千丝万缕的联系，在文脉、地脉以及社会经济等方面具有地域一致性，为乡村旅游发展提供了文化土壤。尼西乡作为离迪庆州州府香格里拉市区最近的乡（镇）之一，依托自身的优势和香格里拉本地市场，在乡村旅游方面具有潜在的资源和发展优势。

（二）区位优势独特

尼西乡是一个以农牧业为主、运输业占重要地位的乡镇。尼西乡位于茶马古道要冲，离城区近，位于梅里雪山及巴拉格宗景区的咽喉要道；新旧国道214线、香维尼塔二级公路、香德公路贯穿全乡境内，交通便捷，通达性好。汤堆片区位于三岔路口，交通要道，具备了乡村旅游必不可少的交通条件。

（三）自然资源丰富

由于地处干热河谷、半山区、高寒山区，尼西乡形成了"一山分四季，十里不同天"的独特气候。独特的地理气候也造就了丰富的自然资源，生物种群、植被类型多，森林覆盖面积大；国家4A级景区巴拉格宗景区位于乡境内；被誉为"尼西七小"的小米辣、小土陶、小毛驴、小土鸡、小鸡蛋、小毛桃、小苹果也独具特色。尼西黑陶、尼西土锅鸡在迪庆市场上具有了一定的知名度，桃花及油葵也成为尼西境内一道亮丽的风景线，吸引了一批批游客自驾拥入尼西乡，带动了214沿线餐饮业及零星旅游业的发展。

（四）文化底蕴浓厚

尼西乡历史上素有茶马古道家园的美称，是一个散发着多元文化气息的地方，从地下石棺墓群到地面上流传甚广的尼西情舞、黑土陶、藏族造纸工艺、精美的木器制品及其绚丽的民族服饰都蕴藏着重要的历史文化参考价值，为乡村旅游开发营造了浓厚的民俗文化氛围。文成公主进藏时在尼西流传的美丽故事及地下石棺墓葬群的发现，鉴证了尼西乡悠久的历史。以藏传佛教为主的宗教文化，以尼西情舞为主的藏族传统文化，以汤堆黑陶和上桥头木制工艺品为主的藏族工艺品文化，以尼西土锅鸡为主的餐饮文化都蕴藏着重要的民俗文化参考价值，为乡村旅游开发营造了浓厚的文化氛围。

（五）特色产业众多

在香格里拉知名度不断提高的情况下，尼西乡汤堆片区的特色产业随着旅游业的发展也得到了前所未有的发展契机，形成了以尼西黑陶制作、尼西鸡养殖、中药材种植、油橄榄种植、冬早马铃薯种植、苹果种植等独具特色的产业结构发展模式，改变了过去零星生产、形不成规模、市场占有率低、知名度低的状况，精湛的尼西黑陶制作工艺、木碗雕刻工艺、"舌尖上的美食"尼西土锅鸡、享有"乡村华尔兹"美誉的尼西情舞广为人知，具有了一定的知名度。同时，尼西油葵凭借其极高的观赏价值，成为尼西境内一道亮丽的风景线，吸引一批批游客自驾拥入尼西乡，欣赏向日葵花海带来的别样风情。

为了提高"尼西品牌"知名度，2018 年尼西乡党委、政府采取特色产业体验带、民族传统文化乡村旅游产业带，尼西鸡养殖、逆时蔬菜种植、经济林种植、黑陶木碗生产、油橄榄种植、中药材种植基地"两带六基地"的产业发展格局，推动乡村旅游业不断发展。2017 年尼西乡与森吉尼达、巴拉格宗两家知名企业联合举办的"尼西一日游"体验活动，为今后打造精品旅游也奠定了一定的基础。

（六）市场优越，客流集聚

依托本地的特产尼西土锅鸡、土陶等及交通优势，尼西乡成为天然的游客集聚地，并在发展中逐渐拥有自己市场的顾客群，为乡村旅游开发提供了市场前提。同时，发展景区依托型乡村旅游，既有乡村自身经济发展的主观需要，也有景区开放化、休闲化的客观需要。笔者在调研过程中了解到，很多到尼西的游客客源与周围的旅游业有着千丝万缕的联系，有的是在酒店（例如松赞集团）一站式管家服务中安排的行程，也有游客到达香格里拉后从网上了解到离城区不远的尼西乡开展的一日游。"当家庭游客或者团队游客来尼西旅游的时候，很多人会选择在这里待上一天，吃个土鸡，玩点泥巴（做土陶），做好以后，我们给他烧制，然后把成品快递到制作人手中，更有的人，走进山里，捡松茸，在三四月份的时候有桃花，不少人都喜欢在这里走走转转看看风景。"藏族黑陶烧制技艺第五批国家级传承人当珍批初的儿子拉茸肖巴告诉笔者。

尼西乡因地处核心景区周边，民众目睹了景区开发发展历程，形成较强的旅游服务意识，为旅游发展提供了相对较好的民众基础。

乡村旅游也是一条行之有效的脱贫致富主渠道，通过开发农家乐、小超市、采摘园等特色旅游扶贫到村到户项目，把生态、人文、扶贫有机结合起来，推动乡村旅游和精准扶贫工作不断向纵深开展。

三、尼西乡乡村旅游发展现状分析

尼西特有的地理环境造就了独特的风光，丰富的森林资源与当地的藏式风格的民居相得益彰，加之具有独特韵律、保存了尼西藏族的古歌古舞神韵的尼西情舞，这些元素的结合促使了尼西乡村旅游的蓬勃发展。近年来，尼西乡把特色农业、特色手工业、特色生态旅游业三大产业融合发展，形成了自己的发展经验，促进农民就业增收和发展。这里仅以观光农业和尼西黑土陶为例。

（一）尼西汤满、新阳观光农业

随着城市发展，现代化的步伐加快，很多人在休闲时开始向往不一样的生活，崇尚旅游、崇尚远方的田园牧歌。对于香格里拉市区的人们来说，周末或节假日跟家人朋友一起到周边的郊区游玩也是不错的一种选择。尼西就是这样一个地方，尤其是汤满、新阳片区。尼西汤满、新阳当前并未有旅游产业，但乡村有小片农户自发种植的桃花和油葵花田，目前乡政府正在计划扩大油葵花田，并形成一定规模，开展油葵花海观光，从而带动周边饮食购物等相关产业的发展。目前已种植的油葵花海景观也深受游客喜欢，每到花开的季节，漫山金黄，便形成一道靓丽的风景线。很多香格里拉市区的居民每逢节假日都会到尼西观光拍照，聚会游玩，也可带动周边经济的发展。在发展过程中，笔者建议保留现阶段不收门票、开放式观光的做法，不至于流失客源，同时可以建设一些旅游配套设施，不断完善其旅游服务设施和公共服务设施，例如修建道路，发展民宿餐饮。具体来说可以利用当地特色食材搞一些创意美食广场、照片墙等公共设施。要改变老百姓的观念、理念，转变"金钱至上、利益至上"的短期利益观念，加大对老百姓的旅游教育和服务培训，树立"观光促进宣传"的理念，转变心态，保持好的服务态度，提升接待服务游客的质量，让游客因亲切质朴的乡土人情而停留。

（二）尼西乡汤满村黑土陶

除了传统的观光型旅游资源，尼西乡还有丰富的藏族文化资源，其中汤满村的黑土陶工艺是传承了两千多年历史的传统民间黑陶制作工艺。近年来，在香格里拉知名度不断提高的情况下，越来越多的游客拥入迪庆，汤满村的原始制陶业随着旅游业的发展也得到了前所未有的发展契机。

随着尼西乡汤满村的黑土陶工艺的知名度不断增加，市场需求不断增大，尼西黑土陶除传统的炊具制作以外，研发了100多种的工艺品，而且工艺越来越精。部分产品还远销到美国、新加坡等地。现在全村共有100余户发展土陶制作产业，每户的年平均收入在8000元左右。

　　黑土陶作为汤满村汤堆片区特有产业，尼西乡党委政府和汤满村三委从保护和传承特有产业的角度出发，结合自身资源优势，将汤满村汤堆片区推广黑土陶制作工艺作为该片区贫困户"脱贫摘帽"的短期产业项目之一。按照因户施策的工作方式，每户补助 3000—5000 元的短期产业补助资金。截至目前，汤满村汤堆片区共有 3 户精准贫困户发展黑土陶产业，其中 1 户以自筹 2.5 万元，乡补助产业资金 3000 元的形式，在 214 国道沿线修缮开设了 1 家土陶成品销售店，其余 2 户贫困户也通过补助，积极更替制作工具，加大制作规模，发展黑土陶产业。

　　目前全乡共有黑陶合作社 12 家，涉及制作户 98 户，每年产出黑陶制品 10 万余件，产值 590 余万元；成立木碗制作公司 3 家，涉及制作户 21 户，每年产出木碗 1 万余件，产值 80 余万元。结合优美自然风貌带动周边居民大力发展特色旅游体验带，积极实施廊道风貌改建工程，投入资金 20.3 万元对 214 国道沿线 29 户民居、饭店、加油站等各类建筑实施房顶统一改造。投入 14.91 万元用于汤满村河道治理及施工便道、植被改造项目。投入上海结对帮扶资金 60 万元用于新阳村、汤满村太阳能路灯亮化建设，有力改善了汤堆汤满片区基础设施条件。加大对非物质文化遗产的传承保护力度，汤满村民郭军华被评为国家级非物质文化遗产继承人。依托"香格里拉"品牌和巴拉格宗景区等有利因素，结合乡内尼西情舞非物质文化遗产以及相关特色产业，年内开展了一次"尼西一日游"体验活动，有力提升了"两带"特色旅游体验。

　　尼西黑土陶制品历史悠久，尼西乡汤堆村特有的土质使其成为生产黑土陶的唯一基地。黑土陶制品规格各式各样，种类繁多，主要生产土锅、土罐、土火盆等高原藏民日常生活用品，而今随着市场需求，新增装饰和旅游产品已达 80 多种，工艺也越来越精。尼西土陶是黑陶，这种纯手工拉坯、抛光、雕刻、烧制的黑陶制品，坚硬光亮，胚质细腻，图案新颖，在不同光线下能呈现出紫、靛、银等色泽，有"黑如漆、光如玉"的美誉。尼西黑陶制品均采用祖辈们传习下来的传统工艺和材料制作，做工精细、外观古朴厚重、粗犷大方、特色浓郁，有"现代古董"之誉。

　　目前，尼西乡汤堆两个居民小组中制作土陶的人家，除了较重要的节日和农忙外都在从事土陶制作，汤堆村成了土陶工艺村，而在制作土陶的众多匠人中最有名的是获得"国家级非物质文化遗产项目陶器烧制技艺（藏族黑陶烧制技艺）代表性传承人"荣誉称号的孙诺七林，课题组到他家进行了调研访谈。据孙诺七林的儿子鲁茸恩主描述，孙诺七林生于 1955 年，12 岁就跟随着爷爷在陶泥和作坊里摸爬滚打了，对制陶着了迷，很年轻时就继承了爷爷的衣钵。在 20 世纪 70 年代初就参加过广州博物馆举办的全国陶艺艺术展览。孙诺七林与土陶打了 40 多年交道，相继收了 60 来个学徒，村子里的制陶师大都是其徒子徒孙，在孙诺七林的熏陶下，1982 年鲁茸恩主开始踏上了子承父业的学艺之路。改革开放后，尼西土陶走出了这块狭小的天地，在藏区广受农牧民的喜爱。1991 年在北京民族文化宫举办的"迪庆文化展"中展出了 24 件陶艺，分别由民族文化宫和民族博物馆收藏，因其造型古朴、工艺独特，吸引了中外参观者的目光，与会者赞不绝口，由此被外界所认识，其价值也从普通老百姓的生活用品迈入了受人瞩目的民族民间艺术品行列。1997 年中央工艺美术学院（现清华大学美术学院）院刊《装饰》第二期对孙诺七林及其陶艺做过专题介绍，从此孙诺七林在陶艺界声名鹊起，海外人士（有美国、加拿大、日本、瑞士、澳大利亚、英国、印度、尼泊尔等）纷纷通过各种途径收藏孙诺七林的陶艺作品。他的很多作品被迪庆州博物馆收藏，并在香格里拉县百货大楼设有精品专卖性质的展示柜台。1999 年孙诺七林被省民委和省文化厅命名为"云南省高级民间美术师"；2009 年 6 月，文化部授予孙诺七林同志为"国家级非物质文化遗产项目陶器烧制技艺（藏族黑陶烧制技艺）代表性传承人"的荣誉称号。孙诺七林大师出名了，跟着出名的当然还有尼西土陶，自此尼西土陶匠人就不必为销售产品发愁了，孙诺七林不仅让家庭致了富，而且带动了全村人共同致富，尼西土陶走出了一条作坊式向产业化发展的道路，既创造了经济效益，又传承了土陶工艺，土陶为全面建成小康社会增添了新的光彩。

2015 年 7 月 20 日，孙诺七林大师因病去世。他去世后，长子鲁茸恩主继承了他的遗志认真制作土陶并开始收徒授艺。由于孙诺七林大师工作坊是云南大学旅游文化学院的挂牌实践教学基地，从 2015 年 9 月开始鲁茸恩主就成为了实践教学基地的教授，开始负责为各大院校学生授课，讲解尼西土陶历史、制作、图案等知识。自 2015 年 9 月起鲁茸恩主共收了 10 名学徒，现已出师的徒弟有 8 人；为云南省内各大艺术类学院学生实践教育授课讲解 28 次，涉及学生 800 多人。鲁茸恩主制作土陶已有 35 年之久，现其已继承了孙诺七林大师的衣钵，其制作的火锅、茶罐、藏八宝系列作品更是达到了供不应求的地步，深受国内外游客的喜爱。近年来随着旅游业的发展，对孙诺七林大师工作坊慕名而来的游客增多，也为尼西土陶村土陶销售带来了广大的消费者，带动整个制陶业经济的发展，现鲁茸恩主通过制陶年收入能达到约八九万元，其他制陶匠人年收入也都能达到五六万元。尼西土陶的制作不仅传承了祖辈的技艺，而且使广大村民脱贫致富走向了小康社会。

土陶在尼西是一个很好的发展点，从经济角度看，土陶产业有利于作坊环境卫生的提升，人畜分离，土陶作坊设备规范、升级，里面有藏文化元素、有卫生间、餐饮店等公共服务设施，今后会更好。从商业角度看，没有走出云南，没有提升质感和工艺是不行的，目前尼西土陶在质量方面还不够完善，可以在陶艺方面进行提升改造，请中国工艺设计院来设计，由香格里拉市旅行社董事长彭建生对接中国设计院。必须提升土陶的艺术质感，才能走得更远，藏区很多地方有土陶，要让尼西土陶能代表藏区土陶首先走出去。重视游客参与、体验的质量和产品质量的提升。游客参与、体验的质量和产品的质量直接关系到一次旅游的质量，地方原产地、原生态的经济价值只有通过游客的亲身体验和参与才能得到认可，因此在发展乡村旅游过程中，要打破传统思路，勇于创新，在质量上下功夫。例如，实施乡村旅游的产品要实现品牌包装化，要有品牌依托、品牌故事；要丰富游客参与、体验的内容，可以在每个点设立不同的 DIY 体验馆或手工作坊，并加强售后服务，对游客体验项目进行质量回访或提供一站式服务，让游客体会自己动手带来的快乐。

尼西作为离香格里拉市区最近的乡（镇）之一，又是途经梅里雪山和巴拉格宗的交通要道，得益于独特的区位优势，很多香格里拉市区居民在周末都把到尼西出游作为一个不错的选择。笔者建议现阶段尼西的乡村旅游先明确目标群体，且精力不易过于分散，可以考虑将香格里拉市区居民作为目标群体吸引到尼西来观光旅游，要先把周边的观光旅游做实做小做细，把口碑打出去，再考虑往外延伸。中国有着悠久的农耕文明传统和浓厚乡土情结，大力发展乡村旅游，既能够满足城乡居民的休闲度假需求，又能通过旅游开发建设、旅游消费承接，实现乡村产业振兴、生态宜居、生活富裕等目标。在旅游开发中，要以消费市场为导向，尤其重视顶层规划设计，从食、住、行、游、购、娱等各环节，提升引客、迎客、留客等因素的吸引力。如地域特色民宿群建设、农业产品的文创化设计、古村镇文化的主题性挖掘，利用年轻人喜欢的二次元方式营销，都是不错的尝试。要加强配套基础设施的建设和完善。乡村旅游经济条件良好是非常关键的，要提供精致的服务，首先要有配套的基础设施予以支撑，才能从餐饮、交通、住宿、观景、体验等多方位考虑，提供高效、快捷的一站式服务。

（三）尼西巴拉村

位于尼西乡境内的香格里拉大峡谷巴拉格宗国家级风景名胜区，位于滇、川、藏三省交界处，"三江并流"风景名胜区的红山景区范围内，距香格里拉市城区约 76 千米（214 线国道二级路面改扩建后，香格里拉机场至景区的公路约为 55 千米，缩短了近一小时的车程）。景区西与四川省得荣县太阳谷相接，东与香格里拉大峡谷——碧融峡谷相通，北与德钦县接壤，南部是迪庆州州府所在地香格里拉市。同时也是连接香格里拉各大景区，包括普达措、梅里雪山、虎跳峡、维西滇金丝猴、稻城亚丁等的中心枢纽，在香格里拉旅游中具有气候、海拔和景区景点资源等特有的优势。景区独特的地理环境和藏传佛教神山圣地的藏族民俗风情文化为景区注入了血肉灵魂，是中外游客公认的希尔顿笔下的香格里拉蓝月峡谷。

随着城市发展，现代化的步伐加快，钢筋水泥的城市已不再令人向往，很多人开始向往不一样的生活、崇尚旅游、崇尚远方的田园牧歌。2018 年，在央视一套播出的第二季第十二期以"故乡"为主题的《朗读者》节目上，香格里拉巴拉格宗景区创始人斯那定珠，带着对故乡巴拉格宗村落的感情及十年故事，面向全国的倾听者，深情地念出吉狄马加的诗句："那是因为我目睹，远走他乡的孩子，又回到了母亲身旁。"斯那定珠从此走进了人们的视野，他的传奇故事和神奇的山路吸引了众多游客，不少人就是看了《朗读者》节目慕名前来的。

据景区导游洛桑介绍，从暑假开始到 9 月初，平均每天要接待超过 2000 人的游客量，"上山有 52 个回头弯，我们十几个人平均每人每天都要往返 8 次"。在这里干了将近三年的洛桑是第一次这么忙碌，虽然离家只有 20 千米的路，但已经几个月没有时间回家休息了。"这都开学了，游客人数并没有明显下滑。"

斯那定珠的故乡巴拉村曾因四壁悬崖险峻，致使与世隔绝、鲜为人知。年幼的斯那定珠眼睛不慎被烧红的铁锈烫伤，因路程曲折错过了最佳就医时间而落下眼疾。13 岁时，斯那定珠不顾父亲的反对与劝阻，沿着岗曲河走出了家乡的大山，赚到了"第一桶金"。有了一定经济基础的斯那定珠一想起深居大山深处的乡亲们依然家徒四壁，就下决心，一定要修出一条让巴拉村人走出大山的路。

可要想修通这条长 35 千米，连接周边 4 个藏族村落的"天路"，却是困难重重。不光是他请来勘测的工程队知难而退，当地的老百姓也不理解，甚至冷嘲热讽。可这一切并没有消磨掉斯那定珠的决心。他日日夜夜在峡谷深处，从规划设计、项目招标到工程施工，心血倾注到了修路的每个细节。在 2004 年 9 月，随着一声巨大的爆破声，从国道 214 通往巴拉村的盘山公路正式动工。在历尽了十年的时间后，斯那定珠终于在地图上补上了故乡的坐标，人们才得以看到了这片"人间仙境"。有"香格里拉小江南"之称的巴拉格宗，位于香格里拉西北部，是一块与世隔绝的绝尘净域。景区内景点甚多，以高、深、险惊人，以奇、雄、特闻名，以神、妙、秀催人向往。

游客来到巴拉格宗景区，在天地自然之间探索植物王国博大壮美的绝世峡谷群落、千年沉寂的古朴藏民部落、极地荡漾的圣洁冰蚀湖泊、雪山秘境的幽幽河流清泉、栉风沐雨的千年凤凰菩提、神秘圣洁的巍峨天然佛塔。美景配上悠扬的藏歌，"手机里三千多个微信好友，一大半都是游客"。导游洛桑一脸骄傲。

在康巴艺术节举办之际，多个省份的藏区人民都会带着地方特色的文艺形式在此汇聚，而斯那定珠的故事也早已在藏区流传开来。洛桑自信地说："这肯定还会带来游客井喷，不过我们都有准备了。"

名人效应是旅游景点的一笔巨大财富，尤其在改革开放、市场经济发展的今天，人们越来越意识到它对提高桑梓的知名度，开发旅游资源，振兴地方经济，推动文化建设具有难以估量的作用。

巴拉格宗景区自身如何带动尼西乡经济发展，如何用有限的资金，建立休闲农业与乡村旅游示范区，是旅游投资者和景区管理者应当思考的问题。

景区开发带动了当地群众的就业，促进了脱贫增收，很多村民与景区合作，签了合作协议。根据调研获取的数据，目前在巴拉格宗景区有 217 个员工，包括景区内的餐厅、酒店客房、安保、司机、保洁、导游、演员以及做工程的人，其中本地人占 80% 以上，大多都是尼西、奔子栏、四川得荣等地的人，加上总部的员工，实现就业近 300 人，许多村民在巴拉格宗景区工作，村民把地租给景区有租金收入，每年每户人家收入有 7 万至 8 万元。即使是在景区的管理层中，巴拉人也占 30% 左右。目前 214 线公路的养护也是靠当地村民。据景区负责人介绍，巴拉格宗选择员工的一个标准就是倾向于贫困户，帮助他们脱贫致富。景区发展离不开他们，更不能没有他们，二者之间相互依存。

如今，巴拉村不但家家都建起了藏式石头房，而且微型面包车、冰柜、烤箱、洗衣机、电视机、电脑、电话和手机等昔日他们想都不敢想的东西，全都进入了巴拉村村民家中，村民生活发生了质的飞跃，当年搬走的 14 户人家，现在又回来了。现在，巴拉格宗景区正以更快的速度发生改变：道路已经修到了海拔 4200 米的天然佛塔脚下，壮观的雪山尽收眼底；巴拉村的旅游产品也更加多样化，亲子游、采蘑菇、探险游成为高端游客新宠，村民们手里的传统技能又有了新用处。

目前景区计划把木碗也纳入巴拉村体验，商业化转型为体验式，成为宣传香格里拉的另一张好牌。在访谈过程中，景区一位负责人还表示，在今后将专门划出一部分区域提供给村民售卖水果、特产等，带动村民就业发展，共同促进巴拉格宗的建设与发展。

四、尼西乡乡村旅游发展模式探究

尼西乡乡村旅游的开发，要在深度契合本地特色品牌理念的基础上进行，依据客源市场及本身特点开发深度乡村体验产品，充分调动吃、住、行、游、购、娱六大旅游要素，充分阐释乡村风俗风情。让开放式的乡村体验与封闭的景区观光形成鲜明的对比，借依托景区之势，走自己的特色乡村旅游发展道路。以美丽乡村建设为核心目标，通过乡村民居改造、乡村环境整治工程、田园景观打造工程，将景观风貌乡野化，形成一村一景、一村一业、一村一特色，打造"望得见山、看得见水、记得住乡愁"的特色乡村旅游目的地。

（一）消费群体界定

尼西的乡村旅游主流客源是依托大香格里拉景区的客源，其次才是临近的城市的客源，因此市场分析时要将重点放在对依托景区客源的吸引上，尤其是发展初期乡村旅游产品对周边城镇辐射力不高的情况下，客源就显得更为重要。因此，在开发过程中要以景区客源市场需求为导向，充分考虑核心对边缘的带动作用，再依据乡村的游览特征和初期功能特征，界定旅游发展的主要消费群体。通过扎实的游客数据调研，系统分析客流构成，并且重点进行游客规模预测、游客偏好分析、游客停留时间分析、主要消费需求分析等，为乡村旅游服务设施的类型、规模、档次等的规划与设计提供具体市场依据。要围绕"乡村旅游的价值是什么？乡村旅游游什么？乡村能够提供什么？"这三个问题，深入思考尼西乡发展乡村旅游的价值和意义，要深刻领会"乡村旅游先是一种生活方式，再是一种旅游方式"这个道理。

（二）乡村性格凝练

乡村旅游开发，要将沉淀于乡村内的，能够代表乡村文化性格的元素和资源活化展示，转变成为具有吸引力的旅游产品。第一，要梳理尼西的各种文化资源，包括有形的民居建筑、特色饮食、农业产业、遗址遗迹等，还有无形的故事传说、民间艺术、民俗节庆等。第二，要明确乡村各类资源的开发等级与利用方式，剖析其在区域文化格局中的地位。第三，结合市场需求和本身资源状况，抽离出能代表乡村文化个性的主题关键词，将乡村文化意象凸显出来，形成乡村旅游开发的核心线索。要认清乡村旅游的方式是丰富多样的，不单单局限于看山看水，而是要能够将乡村的文化元素、民风民情、建筑特色、饮食起居习惯、自然风光、特色产品、手工艺品等有机融合，使乡村旅游具有生命力、吸引力。要抓好生态环境。乡村旅游，也是生态旅游，生态环境决定了游客的第一印象，因此要抓好生态环境保护，同时要注重本土植物的栽种。

（三）产业体系构建

产业体系构建中要突出主题化，注重特色产业的重点发展。综合分析市场和资源特点，结合目前的现况及发展前景，制定乡村旅游发展战略。通过主题产品与项目策划、主题设施策划以及主题景观设计三个方面，将乡村特色转化为各种可视的文化符号，最终形成特色突出的旅游产品谱系。针对目标消费群体的消费需求，进行产业业态的筛选，进一步明确重点发展业态、限制发展业态和禁止发展业态，确立主导业态，形成科学合理的业态体系。整合产业之外的其他旅游资源与旅游利用空间，构建包括主题餐饮、主题住宿、休闲娱乐等内容的旅游服务设施体系。适当策划重点休闲项目，联合景区文化特色融入，构建休闲产品体系。要突出亮点，本地方具有的特色区别于市场的价值所在必须充分体现和挖掘出来。现在越来越多的人追求个性化、体验度、情感化的旅游，因此要突出亮点，吸引眼球。汤堆片区从区位优势、文化底蕴、人文风情、自然景观等方面都具有优势，可以作为试点进行打造。

（四）运营方案设计

目前乡村旅游经营主体有个人、公司、政府主管部门和多方联合合作等几种，开发当中要根据当地的实际产权状况进行选择。管理中要理顺从业者、居民和外来游客的关系，构建合理的产业收益模式和日常管理模式，与其他相关部门有效沟通和协同发展，实现可持续发展。要分清责任意识，坚持"走出去"和"引进来"相结合，政府部门加大对公司企业的扶持力度，采取"政府主导、企业经营、农户入股"的方式，一方面吸引有实力的乡村旅游策划团队和运营团队来开发旅游；另一方面鼓励老百姓积极参与，发挥"主人翁"作用。树立全域旅游观念，将金沙江沿线五个乡镇（虎跳峡镇、金江镇、上江乡、五境乡、尼西乡）连成一条线，连片开发，区别打造。

第七章　"世界生态第一村"

——尼汝村乡村旅游的探索与实践

尼汝，藏语意为阳光照耀的地方。尼汝村地处云南省迪庆州香格里拉市东北部，洛吉乡东南部，东与四川省木里县俄亚乡、稻城县东尼乡以蛇拉山脉为界，南与洛吉村岩落村民小组接壤，西与建塘镇四村相邻，北与格咱乡山水相连。距州府香格里拉市约 120 千米，因其丰富的生态资源储备而被誉为"世界第一生态村"，因交通闭塞，这里一直是"世外桃源"般的存在。直到"三江并流"申报世界遗产，尼汝作为"三江并流"自然奇观标志性提名地之一而跃入世人眼中。有关地质、生物专家在考察中发现，这里拥有保存完好的暖温带、温带、寒温带、寒带等多种气候生物群落，是世界生物多样性最丰富的地区之一。境内最高点为能拉布山，海拔 4495 米，最低海拔 2300 米，海拔高差 2195 米，平均海拔 3397.5 米。尼汝村干湿季分明，6—10 月，阴雨天气多，为雨季；11—5 月，晴天多、光照足、蒸发量大，是干季。由于山高谷深，形成了"一山分四季，十里不同天"的典型立体气候。全村林地面积 50 万亩，占土地面积的 60.96%，森林覆盖率为 82.1%，高于全州平均值。

尼汝村辖普拉、尼中、白中 3 个村民小组。村委会驻地白中村民小组，共 123 户 636 人，均为藏族。农作物总播种面积 1518 亩，其中粮食作物播种面积 1470 亩，种植业适合小麦、青稞、蚕豆、玉米、马铃薯等，主要经济作物有黑木耳、花椒等。养殖业方面以牦牛养殖为主，其余还有黄牛、猪、藏绵羊等。农村经济总收入 465.55 万元，其中农业收入 196.58 万元，牧业收入 181.10 万元，可见该村生计仍以农牧业为主。随着乡村旅游的发展，近两年来商业、服务等行业也让部分村民实现了创收。

一、尼汝村乡村旅游资源——藏族传统文化保护区

据当地人介绍，尼汝村与香格里拉市区的直线距离不过十几千米，但因该村位于"三江并流"腹地红山片区，基本都在保护区范围内，所以近几年开通的公路是从洛吉乡绕道 80 多千米才通到村里。虽给村民带来不便，但正是

这种天然的屏障，也才有了今天尼汝的桃源风景。

（一）自然资源

尼汝是世界上生物种类最丰富的地区之一，联合国教科文官员桑塞尔在考察"三江并流"项目，来到尼汝村时称，这是他走过的村庄中自然与人文生态保留最为完整的山村，并称尼汝是"世界生态第一村"。村庄被近千平方千米的原始森林围绕着，也是麝、熊、藏马鸡等珍禽异兽生存的乐园。村落周边的湖泊草甸是天然牧场，世世代代的尼汝人懂得保护生态的重要性，加之村规民约有较强的约束力，这里放养的牛羊数量一直是受到控制的，对当地的生态几乎没有构成威胁。尼汝村生态环境保护完好，草木茂密，湖泊星罗棋布，溪流潺潺，鸟语花香，拥有高山峡谷、冰川雪峰、森林草甸、湿地湖泊等丰富的地质地貌。境内有七彩瀑布、迪吉牧场、南宝牧场等景区，外部可依托的景区资源有天宝雪山、普达措国家公园景区、稻城、泸沽湖等，但从目前的情况来看，这些周边知名景区对尼汝旅游的带动作用并不显著。笔者在调研过程中发现，目前对尼汝本地旅游资源的开发仍处于初级阶段，局限于几条热门徒步路线和几个热门景点，但境内许多有价值的自然资源仍不具备知名度，使得游客对尼汝的体验大打折扣。

表7-1 尼汝村自然资源类型、基本情况及开发价值

资源类型	资源名称	价值
河流	尼汝河	尼汝河贯穿尼汝全境，流程60多千米。村落多沿河两岸较平缓的坡地分布，俨然有小桥流水意境。河内有一种当地特有的裂腹鱼，当地藏民称为"色娘"，是国家重点保护鱼类之一。河里还有一种水生藻类可食用植物——石花菜，每年当季的时候，村民都会下水捞石花菜，然后晒干储备，可做凉拌，可在火锅中作为配菜，具有清热降火之效。外伤时还可作为伤药外敷
	阴河	阴河藏语称"拔瓦赤"，这是从洛吉到尼汝之间必经之地，属于尼汝河的一条支流。这是从原始森林里流下来的一股清泉水，一年四季都很清澈，水温非常低，当地藏民认为阴河水是圣水，用此泉水可以明目强身健体，消灾避邪

续　表

资源类型	资源名称	价值
神山	关门山	在前往尼汝村的途中，前路会被一座巨大山壁挡住，这就是当地人所说的"关门山"，和《桃花源记》里所描述的场景很相似，世外桃源尼汝村就隐藏在这山门之后。村民说，当年崩主活佛为此山起名"丹松农布林称"，意为"宁静、吉祥的地方"，因此常有村民在此烧香，祈求出行平安。绕过这座门，便是另一番豁然开朗的天地。尼汝河缓缓流淌，民居散落在沿河两岸的坡地上，藏民们过着日出而作、日落而息、半耕半牧的悠然生活
神山	神山群（扎拉胜嘎神山、克东孜主雪山、达能神山、巴拉神山、丹桑农布仁钦雪山、奔格神山、雅位神山、羌牢神山、南宝亚许神山等）	村子旁边，耸立着扎拉胜嘎神山。自古以来，尼汝人都崇奉以扎拉胜嘎为首的九大神山，山上的一草一木都因信仰的力量而得到了保护，人与自然相处和谐。传说扎拉胜嘎神山是一位身怀绝技、心灵手巧的木匠的化身，是念青唐古拉山神三百六十位随从之一，是格萨尔王的兄弟，在尼汝一带知名度很高，是祭山跑马节的一个重要仪式中心。神山文化与当地的原始宗教苯教之间也有密切的关联
湖泊群	南宝湖泊群（黑湖、黄湖、色列湖、丁龙湖、蓝湖等）	南宝湖泊群落是滇川两省三县交界处最美的景区，也是当年三江并流专家认为最美的湖泊群落，这些残留于高山顶的湖泊是200万年前冰川侵蚀尼汝、刨蚀大地的遗迹。黑湖是尼汝人心中的圣湖，在湖边如果大声喧哗，会触怒神灵，会招来大雨；黄湖与黑湖近在咫尺，传说用湖水沐浴，可以驱除各种邪念、烦恼和罪孽，饮此湖水，可去除疾病；色列湖意为金色的牧场湖，也是候鸟的栖息地，湖面上还有形似大象的巨石；丁龙湖水域面积30多亩，水深达4—5米，是整个南宝牧区地势较低的湖泊，但凡有人靠近或牛羊弄出声响会遭遇瓢泼大雨，它也是整个南宝牧区最灵性的湖泊之一。在整个雨季，湖泊群在云雾缭绕中宛如幻境

续 表

资源类型	资源名称	价值
瀑布	七彩瀑布	七彩瀑布是个扇形的硝酸钙台地，台地顶端有一道出水口，水流量很大并分为若干条支流从台面上倾泻而下，岩壁在千百万年岁月的水流冲刷下，形成了五彩斑斓的钙化物，各种各样颜色艳丽的苔藓、水草、藤蔓、灌木和野花在岩壁和钙化物中茁壮生长。整个瀑布高约15—30米，宽约330米，有40多道宽窄不同的瀑布从台地上垂挂下来，目前从尼汝村委会到七彩瀑布尚未通公路，只能靠徒步或骑马进入，大概需3个小时的路程。到达瀑布后普达措国家公园近在咫尺。因此也有人选择从普达措国家公园出发，途经七彩瀑布，最后到达尼汝村。当地藏民把七彩瀑布称为神瀑。同时深信看到瀑布和彩虹，是一种福气
溶洞	帕姆乃仙人洞	"帕姆乃"仙人洞里有一尊神像端坐在洞里的莲花宝座上。据说这是尼汝人的护法神，她能保风调雨顺，农牧丰收，每一年的农历七月十五日，尼汝村的藏民就会云集在这里诵经祈祷来年吉祥。如今的尼汝仙人洞已修建了长达300米的栈道台阶，洞与洞之间还有楼梯连接。从这里往外俯视，尼汝河尽收眼底，洞中泉水滴答，别有洞天
牧场	南宝牧场、迪吉牧场、硕贡牧场、下掉阁牧场等	尼汝村的藏民一般将牧场分为两种：冬春季的牧场一般位于海拔较低的森林谷底，夏季牧场一般都在海拔4000米以上，这样牦牛一年四季都能吃上新鲜的嫩草。南宝牧场是香格里拉最大的夏季牧场，海拔4030米，牧场北与四川省木里县交接。牧场上布满灌木杜鹃，夏天牧场犹如一幅五彩织锦；秋天牧场一片金黄与火红，层林尽染；冬天牧场积雪，晶莹皎洁。从尼汝村到南宝牧场要一整天的路程，需徒步或骑马前往。沿途植被保护得十分完好，都是郁郁葱葱的栎树林、白桦林、松树、冷杉林，风景宜人，让人流连忘返
花海	杜鹃花海	每年5—6月份是高山杜鹃盛开的季节。这个季节能看到满山遍野的杜鹃花开放，各种颜色的都有，云南有48种杜鹃花，其中尼汝就有10多种。极具观赏价值

自然旅游资源是吸引游客前往的基础，尼汝的生态旅游资源也是吸引游客的核心。尼汝村是香格里拉20世纪90年代的木材经济中免遭采伐的最重要的原始森林区，自然资源保存完好是尼汝村开发生态旅游的绝对优势。表7-1呈现的尼汝村自然旅游资源，笔者认为可以分为以下几类：一是知名度较高，能给乡村旅游创造一定价值的景观。如七彩瀑布、南宝牧场，是很多徒步游客的目的地。因为需要当地的食宿、向导服务，因此在目前的乡村旅游开发中占了一席之地。但因为当地目前从事乡村旅游的村民并不多，因此受益的也只是少部分人。二是有旅游价值，但还未在游客中形成知名度的景观。如神山圣湖群、仙人洞等，这些天然景观同时也富于文化价值，是当地传统文化的有机组成部分。也有少数游客对这类景观表现出了兴趣，但它们目前都未能在乡村旅游的市场中发挥经济价值。三是附带欣赏价值的景观，如杜鹃花海。在杜鹃花盛开的季节，尼汝村周边繁花似锦，因为杜鹃花在香格里拉十分普遍，故而不能形成当地独特的景观。但如果游客能到达南宝牧场的神山圣湖群，欣赏到花海与神湖相映的美景，必然也能产生完全不同的体验，可以说是摄影爱好者的天堂。

（二）文化资源

旅游的六大要素是"吃、住、行、游、购、娱"，尼汝村目前的旅游行为、旅游活动过于单一，大部分村民并没有真正参与到其中，只是偶尔给游客提供食宿和向导，如果尼汝村的乡村旅游能与当地独特的民风民俗、生产生活和传统节日活动等结合起来，增加人文内涵，就能使旅游者来到尼汝除了观光，同时也能享受文化的熏陶，这样就能让更多尼汝村民真正地参与到其中，并受惠于乡村旅游的发展。

尼汝村于2013年入选第二批中国传统村落，迪庆州同批次一同入选的还有香格里拉三坝乡白地村、德钦云岭乡雨崩村、德钦燕门乡茨中村、维西叶枝镇同乐村等。这些村落，或因自然生态风光，或因丰富的历史信息和文化景观而扬名。这些村落既包括各类"非遗"，又有大量独特的历史文化、宗族传承、语言体系、村规民约、生产生活等，这些独特的精神文化内涵，植根于传统村落的土壤。尼汝历史悠久，据相关文献记载，居住在尼汝的先民是西夏人的后裔。随着蒙古族的崛起，西夏王朝逐渐式微，一部分后人南迁到今四川木里、东尼和云南香格里拉的尼汝一带。从先民迁徙的历史足迹来看，与藏彝羌走廊的线路是吻合的。"从尼汝村东北部拉告寺庙遗址、星沾汪学措玛尼石刻、尼汝河沿岸多处苯教玛尼堆等遗址看，约公元7世纪，尼汝河沿岸就有先民居住，苯教曾在这里有相当的势力。11世纪中叶，藏传佛教宁玛派、噶举等教派从稻城、木里、永宁、乡城、建塘等地进入尼汝。在漫长的历史长河中，藏传佛教深刻地影响着尼汝藏民的宗教信仰、生产方式和生活习俗，形成了尼汝村既与周边藏区相同，又具有独特地域文化特色的风俗习惯。"① 乡村、休闲、观赏、文化、历史这些词正在成为乡村旅游的关键词，而一个个乡村中珍藏的历史传说、故事也成了乡村旅游最深厚的沉淀和最有竞争力的招牌。在浓厚的宗教氛围的浸染下，尼汝的民居、饮食、服饰、信仰体系、婚丧嫁娶、歌舞文化、节日、民风民俗等都独具特色，成为当地旅游发展中极具价值的文化要素。

1. 民居建筑

传统村落的民居建筑是发展乡村旅游的重要资源，它们本身就是观光旅游的重要景点。民居往往能直观体现一个民族或地域的传统文化、宗教信仰和审美习惯。尼汝属纯藏族村，民居以藏家的土掌房为主，因藏房耗费木材，在当地村规民约的约束下，藏房要住够30年才能新建。建房对于当地藏民而言是"大事件"，丝毫不能马虎。从选址到乔迁要经历一系列复杂的宗教仪轨，屋内外的建筑风格都是有讲究的，每个细节都体现着宗教文化的影响。"尼汝的房屋结构与其他藏区的房屋结构大同小异，有16柱、20柱的，以柱子为房间计量单位，在柱头、梁头上雕花，赋予更多的文化内涵，展现文化。"②

尼汝村建筑多为土木结构的碉式板屋建筑，以粗大木柱支撑，主要分为三层功能性空间，一层主要用于养牲畜，为了更好开展农耕生活，每家每户都会在一层圈养牛、马等牲口。但在近年来美丽乡村建设当中，为了优化人居环境，已经逐步实现了人畜分离。二层为生活起居处，除了主要活动场所"中堂"外，还有主人起居处、经堂等，而那些开设民宿的家庭也会把住宿安排在二楼的剩余空间里。尼汝几乎家家户户都有火塘，火塘可以说是家庭活动的中心。温暖的火总能驱散寒意，而火塘上烹煮的食物也能给人带来愉悦的体验。三层用于存放杂物、饲料，村民会把农耕物储存到三层，并进行晾晒。整个房屋的进深很大，院落开阔，墙面仅开设少量的小窗，与当地的环境气候相适应。整个墙体坚固，结构性好，保温性也好。因为注重保温效果，藏房内部采光往往较差，近年来在乡村旅游的开发过程中，当地试点推出了室内亮化的民宿，来提升舒适度。尼汝村的藏族传统民居保存完好，传统的藏房民居群是游客进入尼汝后的第一印象，是村落文化最直观的承载。近年来，尼汝村民也逐渐意识到了传统建筑中蕴含的文化价值，因此他们热衷于保留传统建筑，但为

---

① 鲁永明：《魅力尼汝——来自香格里拉藏族生态文化村的报道》，民族出版社2005年版，第26页。

② 张国华：《康巴卫视拍摄尼汝文化节目散记》，2017 - 06 - 11 15：22：09发布。

了适应外来游客的多方面需求，他们也在建筑内部做了一些适应性的调整。笔者认为，这些调整对于当地开发乡村旅游是有助益的。

2. 饮食文化

很多游客选择到乡村来旅游，除了欣赏当地的田园风光和山水美景、领略淳朴自然的生活外，品尝各种独特的饮食也是旅游中一个必不可少的环节。乡村旅游发展的过程中自然离不开当地特色美食的助力。从某种意义上来说，乡村美食既是推动乡村旅游经济发展的重要因素，同时也是乡村文化的组成部分，是乡村历史和风俗的见证。尼汝人的饮食基本和周边藏族饮食习惯无异，一天当中除了早中晚三餐，在下午三四点钟还会加一餐。常见美食有糌粑、酥油、酸奶、玉米面、牦牛肉、猪肉、荞麦、马铃薯、藏式面食等，美食虽然烹饪手法相对简单，但贵在用料的原生态、健康、绿色，让游客能体验到纯天然的食材。随着来村里的游客越来越多，许多提供食宿的人家都能供应常见的符合大众口味的炒菜和米饭，尼汝的土鸡也因原生态而备受游客欢迎。

说到酒，尼汝有悠久的酿酒历史。尼汝人家自酿的索里玛酒在香格里拉一带颇具盛名，当地人称之为"穹"。酒内原料有红景天、龙胆花和鹿角草三种珍贵植物，当地逢年过节、婚丧事宜、妇女坐月子等都会喝这种酒。尼汝本土学者张国华将尼汝祝酒歌翻译成汉文，大致是说："提起美酒的来历，有说不完道不尽的历史，唱支简短的祝酒歌。小小蜜蜂献甘露，彩虹献颜来调色，雪山上挖来百草根，配制成了酒曲。酿酒的老人舀来雪山上的泉水，泉水洗三遍手，泉水淘三遍青稞，泉水刷三遍锅。煮熟的青稞晾一晾，撒上酒曲窖三月，酿成可口醇香的藏酒，请君慢慢把酒品。酿酒老人手干净，青稞粮里无泥沙，煮酒锅里无锈垢，灶火烟里无毒气，盛酒壶里无尘灰。鹿角草是提神的良方，绿色曲草是酵酒的根子，土大黄是清热解毒剂，缺这三种草不成酒曲。英雄饮酒讲明智，好汉饮酒重礼节，笨汉喝酒丢性命。"这首民歌唱出了自酿藏酒的过程、酒曲配方、藏酒功效、饮酒习俗等。

索里玛酒在尼汝人的生活中扮演了重要角色，其味淡香醇，有滋补强身、舒筋活血、御寒、健脾胃、解毒等功效。在尼汝停留期间，恰逢村民义务修挖水渠，在闲暇之余，村民们纷纷拿出自备的索里玛酒，并热情地邀请来客同饮，口味似饮料，别有一番滋味。索里玛酒在尼汝家家户户都必不可少，游客可以在居住的任何一家民宿品尝或购买这种美酒。

3. 纺织工艺

历史上长期的游牧生活使他们与毛纺织业结下了不解之缘。尼汝村作为香格里拉畜牧业主产区之一，自古以来有饲养牲畜的习惯，其中绵羊几乎家家户户都有，少则三四十只，多则上百只，因为养绵羊周期短见效快，有羊毛、羊肉、羊粪可产生经济效益。尼汝村民每年都要剪牛羊毛来储备纺织的原料。尼汝手工纺织技艺历史悠久，品种繁多，地域特色突出。编织工艺有传统的平纹、"十"字交叉编织法和斜纹"人"字编织法。其色彩丰富，用各种不同颜色的彩线纺织，讲究配色，通过彩线的粗细变化和色块方格的组合，达到装饰构图效果。尼汝几乎所有妇女都善于编织，女孩子从小受父母熏陶，手把手学习纺织，村里还流传着"不会纺织就不算女人"的说法。尼汝纺织业是一项历史悠久、技术精湛、实用性强、观赏价值高的藏族传统工艺，它以鲜明的地方特色和民族特征世代相传，在迪庆可算一绝。成品包括氆氇、毛毯、四彩腰带、五彩靴带、六彩腿带等手工编织品，尼汝藏式服装的主体及配饰几乎都出自这种传统的纺织工艺。

关于尼汝纺织，流传着一个美丽的传说："相传在很久以前，尼汝有一对夫妇，丈夫很爱妻子，家中大小事都不愿让妻子做，久而久之，妻子因无事可做，闷得慌，于是常在外乱逛。时间长了丈夫再也忍受不了妻子的行为，常常为此闹得不和。丈夫决定去西藏做生意，到西藏后他看到文成公主在教当地妇女织毯子，样式精美，色泽鲜艳，心想可让妻子学着织，有了事做她就不会觉得无聊了。于是买了毯子带回家，到家后对妻子说：'以后我们不能再这样在吵闹中过日子了，应该建立一个幸福美满的家庭。'说着，把带回的毯子给她看，让她学着织，并对她说：'从今以后我们要分工明确，重活由男人来做，轻活由女人来做。'并给妻子做了套轻易便携的纺织工具，妻子看着样品反复研究，通过多次实验，聪明的她将样品上的单线改为双线织法，织出来的毯子比原样厚重，经久耐用，防寒保暖，于是就这样代代相传下去。"①

从目前的情况来看，虽然家家户户妇女都精通纺织工艺，但是制作出来的成品几乎都是自给自足的。很多游客都表示不知道当地有如此久远的纺织传承，更别说体验、购买纺织品等更多的选择。目前，当地非遗部门已经关注到了这一民间工艺的传承价值，如果能把非遗传承融入乡村旅游的开发过程中，设计传统工艺伴手礼，必然能带来新的经济增长点。

4. 地方传统节日

尼汝的传统节日有农历二月十五日"开犁节"、农历四月十五日"祭水神节"、农历七月十五日"丹巴节"、农历九月十五日"祭山跑马节"，沿传至今的传统节日有"丹巴节"和"祭山跑马节"。

丹巴节全称"丹巴日古"，"丹巴"意为七月，"日古"意为转山，在尼汝过丹巴节有两层含义，一为祭拜虎神，这与当地流传久远的"苯教"有关，

---

①　丹珍拉姆：《梦寻·乡愁》，2017 - 07 - 25 09：53：53 发布。

苯教重视祭祀天地鬼神，百兽之王"虎"被视为神，村民通过祭拜"虎神"来祈愿平安、六畜兴旺；二是以庆祝丰收为由而进行的一系列活动，全体村民围着庄稼地转圈祈祷收成更好，类似于其他藏区庆祝丰收的"旺果节"。该节日集体参与的性质也使其成为全村人狂欢的盛会，村民在忙碌的秋收即将开始前欢聚一堂、娱乐休闲，实际上成为青年的社交集会。

祭山跑马节是尼汝村最盛大的传统节日，藏语称"劳吹达觉"，由祭祀山神和赛马活动组成。祭山跑马节源于当地流传甚久的"苯教"，苯教信奉万物有灵，认为人世间的各种苦难，包括疾病、自然灾害都与神灵鬼怪有关，于是才有了年神、龙神、赞神等复杂的神灵鬼怪体系，它们主宰着人世间的祸福，因此务必小心供奉。后来藏传佛教传入后与苯教兼容并蓄，互相融合，形成了独具特色的神灵系统，为了更快融入当地，佛教吸收苯教众多的神灵成为自己的保护神。据传，最早的祭山活动中都要杀牛宰羊来做祭品，后来因佛教禁止杀生教义的普及，才开始用象征物替代祭品。

在祭山跑马节中，苯教发挥了重要作用，苯教神职人员"仓巴"承担祭山任务。上午，村民们身着传统的民族服饰聚集到胜嘎神山下，献上祭品、相互问候，并坐在一起共享干粮、酥油茶等。由苯教的老仓巴念经，并用糌粑制作祭品，男性村民们用经幡和彩旗装饰祭台。仓巴念完经后，村民们点起煨桑，开始吹海螺。男村民们绕着祭台绕行三圈，祈求神灵庇佑。仪式完成后就是热闹的赛马，以往没有修建通村水泥公路的时候，赛马热闹非凡，马蹄卷起的尘土能掩盖整个村庄，而自从水泥路进村后，马儿不适应坚硬的水泥，村民笑称跑马节慢慢变成了"走马节"，但水泥路确实也大大方便了村民的生产生活，因此村民们也都认为这不是什么大事，跑马场以后可以重新规划。赛马之后，就是尼汝锅庄的时间，男女老少围成一圈载歌载舞来庆祝这一盛会。

节庆往往能直观展现出一个民族独特的服饰、音乐、舞蹈、技艺、民风民俗、宗教信仰和生活方式等方方面面的内容，游客如果能参与到这样盛大的节日中，既能满足参与的需求，又能提升旅游的层次。但从目前的情况来看，除了那些凑巧赶上的游客之外，很少有人专门为此而来，可见宣传的滞后。

5. 歌舞艺术

尼汝锅庄舞是国家级非遗项目迪庆锅庄舞的主要组成部分。在尼汝，跳锅庄舞时总要穿上盛装，这是世世代代流传下来的习惯。尼汝藏族锅庄可分为央卓、思卓、宗卓、阿温、聪奔、西卓、堆卓等，每一种形式都有不同的文化内涵和不同的表现方式。舞步虽然有些相似之处，但内涵千变万化，比如阿温、聪奔等都有多达108种曲词。尼汝锅庄的唱词既有对大自然的歌颂和对爱情的向往，又有对丰收的喜悦和对英雄的赞颂，其中蕴涵了当地的宗教信仰、风俗习惯、审美观念等，无论逢年过节还是婚礼迎宾、祭祀神灵等场合都是重要的环节。2009年8月，香格里拉市洛吉乡尼汝藏族村被云南省政府公布为第二批省级传统文化保护区。近年来，省、州、县、乡政府的非物质文化遗产部门十分重视尼汝非物质文化的保护，效果显著。以下列举的尼汝村非遗项目传承人中，就包括风俗礼仪传承人、手工艺传承人、民间艺术传承人、饮食制作传承人等，几乎涉及了尼汝传统文化的方方面面。

鲁茸培初，藏族，男，香格里拉市洛吉乡尼汝村白中村民小组人，香格里拉市藏族风俗礼仪传承人，他擅长各种风俗礼仪及祭祀活动的主持，2009年列入云南省非物质文化遗产代表性传承人。

李琴，藏族，女，香格里拉市洛吉乡尼汝村尼中村民小组人，香格里拉市藏族服饰工艺传承人，她擅长制作牦牛毛背包、毯子、氆氇等藏族传统手工纺织品，2014年列入云南省非物质文化遗产代表性传承人。

江涛，藏族，男，香格里拉市洛吉乡尼汝村白中村民小组人，香格里拉市藏族风俗礼仪传承人，擅长各种风俗礼仪及祭祀活动主持，2014年列入香格里拉市非物质文化遗产传承人。

苏友红，藏族，男，香格里拉市洛吉乡尼汝村尼中村民小组人，香格里拉市藏族锅庄传承人，擅长跳尼汝锅庄舞，2014年列入香格里拉市非物质文化遗产传承人。

李向春，藏族，女，香格里拉市洛吉乡尼汝村尼中村民小组人，香格里拉市藏族手工纺织工艺传承人，她擅长编制毯子、氆氇、腰带、背包等藏族传统手工纺织品，2016年列入香格里拉市非物质文化遗产代表性传承人。

扎西拉姆，藏族，女，香格里拉市洛吉乡尼汝村尼中村民小组人，香格里拉市藏族传统酒曲制作技艺传承人，她擅长制作酒曲和藏酒，2014年列入香格里拉市非物质文化遗产代表性传承人。

扎拉，藏族，男，香格里拉市洛吉乡尼汝村普拉村民小组人，香格里拉市藏族传统毡帽手工技艺传承人，他擅长擀制毡帽，是洛吉乡能熟练掌握尼汝擀制毡帽技术的极少人之一。

通过非遗传承的保护，尼汝村传统文化的发展值得期待。但以上所列举的所有传承人大部分均属于市级传承人，少数为省级。级别越高，关注度越高，发展的前景也越好，因此相关部门要积极为尼汝非遗传承人搭建平台，争取申报更高级别的非遗项目，为尼汝文化走出大山"添砖加瓦"。

二、尼汝村乡村旅游发展现状

从目前乡村旅游的发展现状来看，对尼汝的优势旅游资源的挖掘有限，旅游开发仅仅停留在粗浅利用的层面。绝大部分旅游经济依赖于观光旅游和徒步旅游。

（一）地方政府和企业层面的规划

2006 年开始，以地方政府主导、特许经营的模式运作，迪庆州成立了普达措国家公园管理局，实现了地方政府管理和州旅游投资公司运作的模式。2008 年，云南省被列为国家公园试点省，这一阶段以重视对普达措国家公园整体的规划编制为特征，将国家公园集中划分为两大片区，分别是碧塔海—属都湖片区和尼汝片区。尼汝片区与核心区的洛茸村在普达措国家公园的功能分区里作为传统利用区而存在，其原生态的生产和生活方式可以为国家公园提供有价值的接待服务，占公园总面积的 3.4%。普达措国家公园的建设是在碧塔海省级自然保护区的基础上，整合"三江并流"世界自然遗产红山片区之属都湖景区、尼汝自然生态旅游村的自然及人文资源而建设的，极具生态及文化价值。在《香格里拉国家公园——普达措总体规划》的二期规划中，主要有针对属都岗、地基塘牧场、普朗瀑布、尼汝村、尼汝河、南宝牧场、色列湖、丁洛湖等的规划。二期规划不同于以观光旅游为主的一期规划，它主要以自驾和徒步游为重点。目前，尼汝村七彩瀑布景区、迪基塘、南宝牧场的栈道建设也正在进行当中，采用架设架空栈道和在原有小路上用生态材质铺设栈道供游客通行，最大限度保持原生态。尼汝村至南宝牧场沿线的高端科考生态旅游路线与原有骡马驿道基本一致，将生态介入控制在最低限度内。目前，云南香格里拉普达措国家公园体制试点区尼汝片区保护利用基础设施二期建设项目已完成招标阶段，普达措—尼汝生态走廊正在建设当中，将大大完善尼汝片区的基础设施建设。

从地方政府层面来看，在《迪庆州藏区乡村旅游扶贫专项规划》（2016—2025 年）的扶持发展项目中就有"尼汝藏地秘境旅游特色村"的相关规划，对其发展基础、现状、模式、思路、建设内容进行了梳理，旨在建设形成精致完备的古村落旅游产品体系；在《香格里拉市"十三五"规划》中，提到目前对尼汝优势旅游资源的挖掘十分有限。在谈及"十三五"期间提升发展三大旅游功能区时，把普达措—尼汝国家公园康体游憩区放在了规划首位，指出要依托其原始针叶林、森林草甸、高原湖泊、高原湿地、藏族风情等旅游资源聚集度高的特质，以藏传佛教文化为基点，以多元民族文化为支点，以森林康体旅游为卖点，以国际重要湿地碧塔海自然保护区和"三江并流"世界自然遗产红山片区之属都湖景区、尼汝片区等部分为特点，通过旅游线路串联，构建香格里拉特色户外运动康体游憩区，促进香格里拉旅游区转型升级。重点要以原始生态景观为亮点，加快推进普达措—尼汝徒步康体走廊建设，以原始生态环境为本底，以康体主题凝练为特色，形成"生态＋康体"的生态旅游开发模式，重点对普达措—尼汝徒步康体走廊的步行道路进行提升改造，完善沿线旅游解说系统，丰富走廊上的旅游交通方式，为游客构建徒步、骑马等立体化的旅游出游方式；要促进生态旅游与乡村旅游融合发展，着力推进尼汝景区建设，结合中央稳步推进建立国家体制及云南省国家公园建设的机遇，重点开展高山探险、森林游憩、生态科考、田园体验等高端生态旅游；要以高原牧场、七彩瀑布、雪峰湖泊为旅游吸引力，发挥尼汝村的生态自然风光和民族文化资源优势，打造特色生态旅游村。笔者认为，因尼汝村涉及村民小组不多，人口也少，因此适合"整村规划、统一打造"的开发模式。

从企业角度来看，2008年起开始由旅投公司对周边社区进行旅游经营收益反哺，反哺形式包括资金、环境整治、生态补偿、教育激励、产业扶持、景区内的就业岗位（驾驶员、环卫、巡护工、导游）等，同等条件下对涉及社区的村民优先使用。通过反哺资金的补偿，有效推动了社区的民生问题，社区居民在公园建设中获得了实际的利益，而对公园的经营于企业自身的发展壮大也是有益的。在2014—2018年阶段的第二期反哺中，尼汝虽划在三类区但享受二类补助区标准，分别是尼中49户186人、普拉51户219人、白中62户233人。下一步，州旅游集团公司决定加强对尼汝的规划，主要以抢救和保留风貌为主，将尼汝规划为高端片区。

从地方政府、企业的规划中，尼汝乡村旅游开发的定位十分明确，将致力于"高端"。从目前旅游市场发展态势来看，高端游具有很好的市场效果，而目前迪庆州整体旅游的开发也需要具有代表性的高端游片区。若能充分借力"三江并流"与"香格里拉"两大世界顶级品牌形象，尼汝的乡村旅游将迎来全新的发展机遇。

综上所述，笔者认为尼汝村规划要解决的主要问题如下：一是在改善村庄人居环境的同时，如何兼顾传统风貌，并及时排除现有的不和谐景观；二是在发展尼汝的旅游服务功能时，如何对村庄整体格局及生活氛围进行最低的干扰；三是保护并挖掘村落历史文化要素。尼汝总体规划应秉承这样的原则：要以保护村落整体风貌为底线，并重点发展精品旅游。引导村民传承和发扬传统的生产生活模式，保护桃源氛围，最终实现保护与发展的双赢。

（二）民间发展现状

尼汝村目前游客结构以自驾游客和户外团队组建的徒步旅行者为主，也开设了一定数量的农家客栈，旅游项目以自然观光和徒步为主。从网络上看，关于尼汝的新闻多是旅行社和游客关于徒步穿越的攻略，而官方的宣传和报道则很少，当地民宿的相关信息也很难查询到。

1. 现有基础设施

旅游开发不仅要有好的旅游资源，而且要重视旅游区的经济发展、交通可达性等，才能实现对资源合理高效的利用。目前，尼汝村整体接待水平低下，游客配套设施不完善，使游客享受不到较高层次的服务，影响了游客的体验，而且尼汝村的乡村旅游目前还处于最低层次的经营水平上。在下一步的交通规划中，一方面将加强尼汝与普达措的交通联系；另一方面，洛吉不仅与四川的稻城、木里接壤，还连通了丽江宁蒗、香格里拉等热门旅游目的地，基础设施尤其是交通路网的建设将促成连接泸沽湖、香格里拉、丽江、大理等地的旅游环线的形成。目前，香格里拉的洛吉到宁蒗拉伯通公路，但路面情况较差，而且知道的人也很少，在连通两个旅游点上发挥的作用一般。《香格里拉市十三五规划》中列出的"十三五"期间香格里拉市旅游交通建设工程国、省干线中包括新建香格里拉市至宁蒗公路、新建香格里拉市至稻城公路、新建洛吉公路（起点接香玉公路，止于洛吉乡政府），这些基础设施建设工程的实施将大大加强尼汝交通的通达性，为下一步乡村旅游的开发带来新的机遇。

2. 尼汝村经典徒步线路

笔者梳理了近年来尼汝较热门的经典徒步线路，主要有以下几条。

（1）尼汝到普达措国家公园徒步线路：属都湖—地基塘牧场—随格拉—尼汝村—七彩华泉瀑布—尼汝村—香格里拉市。

（2）尼汝村及周边景点徒步线路：普达措国家公园属都湖南线—七彩瀑布景区—尼汝村—南宝牧场。

（3）尼汝到稻城亚丁徒步线路：尼汝—垭口—色列湖—南宝牧场—新寨河牧场—色拉垭口—日达亚口—亚拉牧场—尼公村—东义区—卡斯村—卡斯地狱谷—卡斯牛棚—卡斯地狱谷上段—勒西措—松多垭口（海拔4730米左右）—牛奶海—五色海—诺绒牛场—冲古寺—珍珠海—亚丁—稻城。

其中，尼汝—亚丁徒步，是驴友公认的中国最经典的徒步线路之一，被称作"天堂与地狱间的穿越"，户外名言"身体在地狱，眼睛在天堂"也是出于此处，此线路在佛教中的世界24条最虔诚的徒步线路中排名第十一位，线路比较安全。从尼汝到亚丁，徒步穿越全程120千米，海拔最低点2100米，最高点4800米。沿途景色几乎囊括了高山、湖泊、雪山、草原、牧场、溪谷、山石、森林、峡谷、云海、沼泽等陆地上所有自然景观。尼汝目前主要以徒步旅游中转站的角色参与到四川、云南的旅游连线中，其村落本身的旅游价值则未受到同等关注。

3. 游客来源

据普达措管理局工作人员介绍，目前尼汝村的访客数是核心区洛茸村的1/10 左右，游客人数浮动较大，且游客主要集中在 6—10 月。

最近这几年每年有 4000—5000 多名游客到达尼汝景区游玩，群体主要分驴友团体、大学生、夏令营、考察团、散客等。尼汝村旅游者大多数都是自发的没有组织的旅游，很少有旅行团。游客多通过网络攻略或者亲友介绍与当地村民取得联系来规划行程。

4. 接待能力

尼汝村民宿的产业链相对雨崩等地的民宿产业低下。尼汝村整体的民宿还是与民宿主人的生计农业等相结合，村民在旺季时候以经营民宿、提供餐饮、向导、牵马等为主，在游客少的季节，仍然依赖于传统的生计。用他们自己的话说，没有觉得游客的到来给他们的生活带来了多大的变化。还有几户因户主在普达措公园旅游旺季时会到景区打工开旅游车，民宿的收入与景区打工每天250 元的收入相比是缺乏吸引力的，所以尼汝民宿的经营仍体现出了一定的随意性。目前，尼汝村三个村民小组登记注册的客栈、民宿有二十余户，但据从业者介绍，实际在接待游客的只有十余户。最多的可以同时住四十余人，少的能住三四人。床位总数不到 150 张，因此接待能力是有限的。但鉴于尼汝生态环境保护的必要性，笔者认为目前的民宿开发规模是合适的，也没有大规模推广的必要，但是现有民宿基础条件的改造提升则很有必要。

5. 民众参与：民宿与乡村旅游

日前，洛吉乡尼汝村选定两户作为旅游特色民居接待点，聘请北京的设计师进行规划设计，目前，有一户正按照全世界一流的特色民居标准建设，建成后将作为示范点在全村 100 多户中推广，以点带面的形式发展乡村旅游。从目前的情况来看，仍以当地村民经营的简易"民宿"为主，从他们的态度来看，对民居接待点的规划以观望者居多，大部分经营者表示如果规划在他们能力范围内，他们还是愿意积极参与民居改造项目的。在乡村民宿经营的探索过程中，走在前面的少部分村民已经搭上了乡村旅游的快车，更多人仍依赖于传统的生计模式游离于乡村旅游之外。

（1）"随意"的民宿

村里有这么一家民宿。从 2005 年开始经营到现在已经是十三年了，其间民宿经历过一次改造，内部装修看起来更整洁舒适了。村里认为他的装修模式很值得推广就要求其他装修要借鉴他的风格。但他自嘲说，开了头也不一定是好事，有的村民也埋怨他多事。其实户主对于村里的民宿该是什么风格也很纳闷。以前的木头地板看起来没现在舒适，但游客的需求很难琢磨。有的游客喜欢整洁，有的喜欢原生态，这几年碰到的游客各式各样，也不可能完全让他们满意。老板是个很随意的人，因为家里老母亲身体不好，妻子要花很多时间照顾母亲，民宿的运营基本靠他。但因为这几年普达措公园旺季游客多，去开旅游大巴工资日结，每天有250元，多则待三个月，少则一个月，相对轻松，最少能挣七八千元，比起客流不稳定的尼汝村来说更划算。如果旺季留在村里经营民宿，一天即使满客也只有几百元的收入，还很辛苦。所以他说旺季的时候因为他不在，他的民宿不一定能赚多少钱。他认为这两年客人时多时少，是因为尼汝的知名度还没有打开，市场太过小众，仅靠广州快乐驴行俱乐部介绍的客源和从网上找上门的少量散客，也不足以成为全家依赖的生计。他说现在的情况是有客人就赚点零花钱，没有客人对他的家庭也没多大影响，大部分村里经营民宿的村民都是这个心态。

（2）最"年长"的民宿

自2002年"三江并流"申报世界遗产，作为"三江并流"自然奇观标志性提名地之一的尼汝才向外界揭开了神秘的面纱，此后陆续有游客来到这里。村里最早一批注意到这一市场的能人也陆续有了规划，有这么一个村民在2003年就申报建客栈，经历了15年的探索后，客栈经营逐渐成为他家庭收入的一个主要渠道，而他的民宿也成为村里最年长的民宿之一。对于自己民宿的现状他形容得很贴切，是十个指头抓不过来。因为基础设施条件一般，没有正规的卫浴设施，总是会把一些要求较高的游客挡在门外。在说到是否想过要提升这些基础设备时，他回答说想过，但也要考虑成本。钱全部投进去，有没有那么多人来还是个问题，因为客人不多，回收这些投资需要很长时间。目前他收入的渠道主要是餐饮、住宿和向导，儿子有空的时候会帮助他。但这几年明显有疲惫感，以前还喜欢去县城里赶热闹、逛交流会，现在总觉得没有时间，有的时候觉得累了想休息一下，就会拒绝一些客人的预订。因为从业时间长，他对村里的民宿业有着清晰的思路。一方面，他担忧目前村里慢慢出现的钢混房对于村落风貌维护不利，影响游客的体验；另一方面，他也担心利益分配不均会导致行业内的恶性竞争，影响村落世代的团结。他忧心游客带来的各种各样的垃圾，对尼汝的生态环境会带来不可逆的破坏，他希望每家民宿、每个尼汝人在接待游客的过程中，都要对垃圾的处理进行介入，除了管自己，还要管游客，守护好自己的家园。对于民宿未来的发展，他不确定自己的儿子是否有兴趣经营，如果儿子有其他发展，就会根据自己的情况再做打算。

（3）走在前面的人

作为尼汝村民宿行业中的佼佼者，有这么一家民宿已经打破了大通铺为主的经营模式，除了老房子里的旧床位，还有了十余个标间，游客有了更多的选择。因为住宿条件的提升，在价格上标间带来了普通床位几倍的收入，村里人都说他们家游客总是最多的。因为网上预订在当地还没有实现，因此主人家的人脉资源十分重要。经过对几家民宿的走访发现几乎80%甚至更多客人都是通过熟人、回头客介绍的，这家民宿也不例外。但在村里的其他经营者眼中，这家民宿之所以门庭若市是因为有自己"独特的渠道"，但在访谈过程中笔者并未发现特殊之处，只能暂时理解为利益分配不均给其他村民带来的困惑。虽然当地有发展乡村旅游的优势条件，但和许多村落一样，领跑的总是少数，受惠的也总是少数，在乡村旅游还不能实现大规模经济带动的时候，这种焦虑感和疑惑必然会存在。

三、尼汝村乡村旅游发展存在的问题

近年来，随着香格里拉旅游的不断升温和徒步旅游爱好的不断增加，国内外众多背包客、自助游、自驾游客纷至沓来，给自身起步较晚、基础设施尚不完善、宣传力度也不够的尼汝旅游带来了极大的挑战和空前的压力。尼汝村难题在山，但出路也在山。尼汝作为"三江并流"世界自然遗产保护区的核心区和"香格里拉后花园"，其独特的自然生态环境和人文地理环境，将吸引越来越多的旅游者前来观光旅游，在迪庆州全域旅游布局和四川、丽江大香格里拉旅游的协同开发背景下，尼汝将逐步发展成为迪庆州生态旅游和乡村旅游的胜地。但我们也必须正视当前在尼汝乡村旅游开发过程中的诸多制约因素，只有针对性地解决这些问题，才能促进当地乡村旅游迈上新的台阶。

（一）交通通达性差，大景点带动作用弱

普达措国家公园处于香格里拉大环线的中心区域，其在云南甚至西南地区的旅游格局中的位置是十分显著的，尼汝村大部分位于普达措国家公园范围内，理应具备这样的区位优势。但从目前现状来看，虽然尼汝地理位置优越，连接几大热门景区——香格里拉、丽江、四川稻城和木里等，但周边大景区对当地带动作用不明显，目前主要以小众的徒步爱好者从普达措公园属都湖徒步至尼汝的线路为主，这部分游客毕竟是少数，对尼汝的带动作用较少。而其他几大景点的带动作用几乎为零，例如从洛吉到宁蒗泸沽湖的路几乎没人知道。如果往北连接稻城亚丁、往东南连接宁蒗泸沽湖的旅游环线能打通，尼汝将加入香格里拉、丽江、稻城的旅游连接，其旅游价值将大大提升。目前，一方

面，游客要到尼汝村，如果不走徒步路线，就要从洛吉包车进村，通村公路路面等级较差，加之弯多路窄，仅38千米的道路需要驱车至少两个小时方能到达。另一方面，乡村旅游发展还处于起步阶段，综合接待能力明显滞后，不能满足游客的多层次需求。"吃、住、行、游、购、娱"等基础设施不配套，目前尼汝的供排水系统、电力电信等不能适应旅游产业发展的需求；其他如餐饮服务和自驾服务体系供给不足，无法应对未来大规模的自驾旅游；还有游客服务中心、游客休息站、集散中心、旅游标识、旅游厕所、停车场等公共服务设施的缺乏也是硬伤。

（二）民宿档次普遍较低，精品打造任重道远

乡村旅游的本质是特色的、小众的，在开发过程中要保持乡村旅游的原生态性和独特性，民居、饮食等都需要做到对地方文化元素的足够保留，但这些都要以提升游客的体验为最终目的，以迪庆州松赞集团成功打造的系列高端民宿为例，精品与保留地方文化元素并不冲突。但从尼汝的民宿行业现状来看，尼汝经营民宿的群体以本村人为主，一方面因财力不足，对民宿的改造能力有限；另一方面，由于当地居民不懂游客需求，因此并不注重对于生活形态与当地文化的结合打造，也没有考虑游客的文化体验感受。对于民宿整体缺乏设计性，极少将地域文化运用到整体打造过程中，也没有考虑到体验者感受氛围的打造。因此，当地的民宿仍以家庭式的"散打"为主，虽然能做到对地方元素的足够保留，但由于民宿的形成方式，导致民宿没有领跑者，大部分经营者对"精品"望尘莫及。在迪庆州旅游投资集团下一步对尼汝的开发中，有精品民宿的规划，这虽然能让游客有更多选择，但对其他老百姓自主经营的民宿将带来巨大的冲击，势必也会触及少数经营者的利益。如何平衡二者之间的利益冲突，是下一步旅游开发中将会面临的问题。

（三）乡村旅游内容不够丰富，旅游参与项目少

目前尼汝村的乡村旅游产品、项目的开发建设缺乏较完备的发展思路和具体的长期、中期、短期规划，总体还处于自发性发展态势，旅游开发存在较大盲目性，结果导致旅游项目开发粗放。吃住固然是游客的基本需求，而参与、体验、感悟、教育活动则是丰富旅游内容和留住旅游者的关键。当前尼汝村乡村旅游活动内容雷同单一，很多游客仅仅只是在农家吃吃饭、欣赏一下沿途风景，乡村旅游活动内容重复单调，不能体现出区别于其他类似景点的特殊性，难以满足旅游市场日趋多层次、多样化和高文化品位的旅游需求，使得游客的满意度大打折扣。

（四）同行业内部无序竞争，从业者服务意识欠缺

尼汝村几乎每个民宿经营者都有一些自己的客源渠道，但在实际运作中，存在收入差距较大的现象。不能形成均等收益，使得部分民宿经营者怨言颇多。资源分配不平均，甚至出现哄抢客源、恶性竞争的情况，安全隐患大，不利于尼汝旅游环境的进一步发展。另外，目前尼汝村的旅游接待缺乏统一管理、统一规划、统一组织、统一标准、统一协调，存在农户各自经营、各自揽客的现象。尼汝村乡村旅游专门人才稀缺、组织管理落后，集中表现在专业导游、经管方面的人才缺乏，了解旅游专业策划和营销的人才少；当地参与旅游经营的村民，对于旅游管理知识掌握很少，处理旅游事故的能力欠缺，没有相应的接待资质，其服务水平难以满足旅游开发的需要。加之经营者大多都缺乏专业知识，对于乡村旅游地吸引游客至关重要的因素如服务水平与质量、地方特色、乡村环境重视不到位，直接导致服务质量和服务水平落后。

（五）对传统村落保护的认识不足

传统村落的保护往往是"自上而下"地进行，是在包括当地政府部门、文物保护协会等在内的部门或者组织的大力推动下进行的。村民对于这样的保护往往是被动地接受，甚至是置之不理。随着新农村建设工作的开展，农民收入增加，对生活质量的要求也日益增加，而原来居住的古建筑由于年代久远，不管是从功能要求还是建筑质量上都不能满足现代生活的需要，因此大部分村民对原住宅进行大拆大整，这种自发性以及盲目性的修缮、重建会造成对传统村落的永久性破坏，例如近两年大部分房屋屋顶用蓝色彩钢瓦取代了木闪片，对错落有致的风貌造成了破坏，笔者认为应该考虑重新使用闪片或色彩和谐的彩钢瓦来做屋顶。目前，也有个别村民为了建造舒适的卫浴间，在藏房旁边盖了水泥平顶。在整体的传统村落风貌中，这样现代化的建筑显然是突兀的，但据了解目前这样的现象并未能得到有效遏制，地方政府对于老百姓想要改善基础设施的心愿也不能过多干涉。可见在乡村旅游的开发过程中，传统与现代的冲突依然存在。

（六）宣传滞后，知名度难打开

目前尼汝旅游宣传主要靠农户自主单独进行，客源大部分是回头客，宣传渠道单一、宣传面不广，网络上关于尼汝的宣传也仅限于一些徒步攻略，内容较散且信息陈旧，而官方的宣传则少之又少。乡村旅游缺乏当地政府的有效引导，经营者的市场促销意识不强，缺乏主动宣传和参加集体促销的积极性，更缺少对项目的精心包装、策划与推介，市场辐射能力较弱，知名度、吸引力和影响力有限，市场占有率低。尼汝村的旅游宣传不到位，是尼汝游客少的主要

原因之一。要以"保护是前提，资源是基础，市场是动力"的开发导向原则进行宣传。

四、尼汝村乡村旅游发展的对策

针对上文指出的尼汝村发展乡村旅游所面临的问题，笔者认为应当从以下几方面入手，推动尼汝乡村旅游迈上新台阶。

（一）强化要素保障，推进乡村旅游设施标准化功能化建设

要突出问题导向，加大对乡村旅游地区的基础设施、配套设施建设力度，加速资源要素向乡村旅游点深度延伸，补齐乡村旅游发展短板。一是"十三五"期间，在改善旅游交通基础设施方面，迪庆州将推进全州旅游公路建设，其中包括启动实施香稻、滇川等对外通道建设，将大大改善和提升滇川藏大香格里拉旅游区通达条件，真正让游客进得去、出得来。二是完善乡村旅游服务功能。加快乡村旅游专用设施标准化建设，制定尼汝村旅游设施建设标准，推进乡村饭店、停车场点、旅游标识、网络、标志牌、购物店等集"吃、住、行、游、购、娱"于一体的配套设施标准化、规范化建设，不断提高旅游接待能力和水平。根据乡村旅游发展需要，改善供电、供水、通信、医疗、邮政、公共消防设施等基础条件，配套建设餐饮、娱乐、购物、户外运动、互动体验等服务设施，提高乡村旅游可入性与旅游活动安全性、舒适性，让游客留得下，吃着放心、住着舒心、玩得开心。

（二）推广正确的民宿经营理念，打造村落精品民宿

特色民宿必须结合当地文化的建筑特色，以及当地的人文情怀，以当地自然资源、历史资源为依托，进行一系列的资源整合，既要保证地方特色的足够保留，又要兼顾舒适度、整洁度和配套设施的完备，从而提升用户的体验。民宿建设开发一方面需要相关部门在全面摸底调查的基础上，科学编制民宿发展规划，按照"先规划、后建设"的原则，有序引导民宿发展。要从大处着手，把民宿产业发展、民宿旅游纳入全域旅游规划，与新农村规划等有机结合，在规划设计中科学界定开发类型和规模。另一方面需要民宿经营者通过民族节庆、民族服饰、民歌表演等形式，把少数民族传统文化、饮食文化、民俗文化、生态文化融入经营，突出区域性民族特色，使游客能够与民宿主人同生活、同劳作、同休闲娱乐，有故事听、有活动参与、有文化共鸣、有体验分享，形成特有的区域性民宿品牌。

（三）拓展旅游功能，提升乡村旅游产品供给质量和效益

要以旅游需求为导向，深入推进乡村旅游供给侧结构性改革，丰富产品业

态，形成品种丰富、功能齐全、特色鲜明的旅游产品体系，促进乡村旅游消费升级。一是加大乡村旅游产品研发力度。开发绿色有机农产品、特色餐饮、旅游纪念品、养生保健品等特色鲜明的乡村旅游产品，充实旅游商品，让客人不仅留得下来，走的时候也能带走东西。二是积极培育乡村文化。注重创意创新，大力开发文艺节目、民间艺术、传统工艺等乡村旅游文化产品，提高精神消费、文化消费比重。继续办好祭山跑马节等具有地域特色的文化活动，厚植乡村旅游的文化根基。

（四）加强行业监管，保护民宿旅游环境

相关部门应尽快完善地方立法，制订地方性民宿标准和管理制度，对民宿经营资质、准入与淘汰条件、食品卫生安全、生态环境保护和法律责任等进行约束，明确监管主体，建立监管责任清单，实行联合监管机制。同时，从长远看民宿从业者应当遵守行业标准，要引导民宿市场投资者发挥社会责任感，发挥自我约束、自我管理等自律功能，避免同行业内部的无序竞争。

另外，要把乡村旅游人才培养纳入人才培养计划，整合社保、农业、党校等部门人力培训资源，开展多层次、多渠道乡村旅游人才培训；提高基层干部和乡村旅游经营者旅游意识、管理项目、经营服务、创意创新、产品研发等方面的素质和技能；建立一支专业化乡村旅游管理、服务人才队伍，培养一批乡村文化艺人。

（五）重视传统村落的保护

保护古村落不是简单机械地修旧如旧，更不等于疯狂砸钱、大上项目。首先，需要当地政府与百姓对保护工作的必要性与价值有充分认同，绝不能让"保护链"变为"利益链"；其次，要明确保护传统村落的目的是可持续发展，是提升村民的生活品质，是为了留住那一抹淡淡的乡愁。

传统村落终归是人的村落，保护过程要坚持以人为本。如果忽视了对生活在村落中的村民的关照，可能会让传统村落变成"死标本"。当村中的人空守一间老屋而无缘便利的现代生活，当他们对家门口的建设与改造没有多少话语权，势必会削弱他们对家乡的文化自信与归属感，甚至可能会加剧传统村落的空心化。在恢复传统村落机理的同时，通过基础设施的改善、公共服务的提升，让传统村落更加宜居，让村民在村落保护中有更多获得感，是传统村落保护中的现实需求。笔者认为最有效的方法是在外观形式上尽量保留传统元素，而内部设施完全可以采取新材料、新功能。这样既满足了村民和游客的需求，又不会对村落风貌造成破坏。尼汝特有景观风貌的维持需要自上而下的努力，要同心协力保护好这一张"名片"。

（六）突出品牌效应，提升乡村旅游发展的整体形象

乡村旅游要有吸引力，除了自身要有特色外，还要在宣传营销上多下功夫，形成口碑、形成品牌、聚集人气。一是整合现有乡村旅游资源，将多个项目串联起来，推出几条拿得出手的乡村旅游精品线路。二是积极探索"互联网＋乡村旅游"新模式，积极探索建立集位置查询、在线预约、客服评价、网上支付、订餐服务于一体的新服务。三是统一品牌培育和营销，扩大乡村旅游知名度和影响力。充分利用音乐、摄影、新媒体、自媒体、活动等宣传媒介，开展立体宣传、整体造势，加大对乡村旅游项目、人才、企业和特色产品宣传力度，提升乡村旅游整体形象。

五、结　语

尼汝村拥有的旅游资源与当前的开发现状之间尚未形成良性互动，目前当地参与到乡村旅游中的村民不到 10%，靠旅游创收的家庭也极少，大部分村民对于乡村旅游的认识不足，热情也一般。但乡村旅游是水到渠成的事，如果未来规划到位，进入尼汝的游客呈增长趋势，势必会带动更多当地人加入乡村旅游的阵营中。尼汝下一步旅游开发面临的挑战主要是周边自然生态环境的敏感性问题，一旦旅游带动了村庄发展，是否会对原有的生态环境造成威胁？笔者认为要抓住普达措国家公园体制试点建设的机会，在保护好生态环境和生物多样性的同时，用好宝贵资源，把尼汝村打造成为人与自然和谐发展的民族特色村寨，让其担得起"世界生态第一村"的称号。

第八章 传统村落宗教旅游的典型

——德钦县雨崩村

一、传统村落——雨崩村基本情况

传统村落是在 2012 年 9 月召开的国家传统村落保护和发展专家委员会第一次会议上提出的，它是"古村落"的另一种新提法。传统村落建村的时间节点以"中华民国"为标准，其特点在于保留了村落的历史沿革，也就是说在村落的建筑风格、建筑环境及村落的选址上没有大的变动，而且保留了其民风民俗，在经历了历史长河的洗礼后依然还是承袭传统的村落，它是一个地区文化的缩影。

（一）传统村落——雨崩村

随着经济、社会的不断发展，传统村落不同程度地受到了冲击。"2000 年时中国有 360 万个自然村，到 2010 年，自然村减少到 270 万个，十年里有 90 万个村子消失了，一天之内就有近 300 个自然村落消失。"[①] 在传统村落迅速消失的今天，我国开始重视传统村落的保护和发展，对传统村落展开了急救模式。国家大力关注传统村落，至今国家城乡建设部、文化部、财政部已联合公布四批中国传统村落，第一批 646 个（其中云南省 62 个，迪庆 0 个），第二批 915 个（其中云南省 232 个，迪庆 13 个），第三批 994 个（其中云南省 208 个，迪庆 7 个），第四批 1602 个（其中云南省 113 个，迪庆州 1 个）。国家对名录里的村落在资金上会有一定的资助，专门用于对传统村落的保护和发展，同时在政策上也会有一定的倾斜。雨崩村是德钦县的一个自然村落，行政区划上隶属于云岭乡西当村，是传统文化保留得较好的村落之一，但在当前旅游产业的不断发展中，传统村落雨崩在发展生态旅游上面临巨大的挑战。

---

① 林艺、王笛：《一份关于云南传统村落的调研报告》，《学术探索》，2015 年第 2 期。

（二）雨崩村行政区划

德钦县云岭乡西当村是梅里雪山景区的核心区域，云岭乡政府距德钦县城28千米，整个乡镇地处澜沧江峡谷地带，属于三江并流的腹心地。东以白茫雪山为界与奔子栏镇接壤，西靠梅里雪山与怒江州、西藏芒康相连，南与燕门乡毗邻，北与佛山乡、升平镇山水相连。澜沧江自北向南横穿全境，村寨及耕地多数沿江分布在河谷及半山腰，属于河谷地带，远离澜沧江的部分村寨则属于高寒山区，整个行政区处在狭长的河谷及山脉上。辖有斯农、西当、红坡、果念、查里桶5个村委会26个自然村39个村民小组。其中雨崩就是西当下辖的自然村，位于梅里雪山国家公园的东部，四面群山簇拥，雨崩村由两个村落组成，中间由一条名为节界河的河流隔开，河流以上的村落叫上村（上社），河流对面的村落叫下村（下社）。攀登卡瓦格博的中日联合登山大本营就要途经上村，而下村则是通往雨崩神瀑的路。雨崩是藏语，被译为"堆放着经书的地方""一个神奇美丽的地方"。

随着社会经济的不断发展，人们对精神世界的追求日益增加，每年除了来自各地藏区的信众外还有大批内地和国外的游客，在朝圣的同时改善了转经路上信众们的生活、生产条件和生产方式，对当地生态环境也造成了较大的冲击。

二、生态旅游开发的背景条件

（一）自然条件

雨崩村村内交通主要有西当方向和尼农方向两条人马驿道为主，西当驿道相对更为方便。雨崩村地理环境独特，人烟稀少，自古只有一条人马驿道通向外界，这里是陶渊明笔下的"世外桃源"，[①] 是我国重要的生物多样性发生地，同时，也是中国乃至世界生物多样性、民族文化多样性、地质地貌多样性和自然景观多样性最为丰富的地区之一。2008年梅里雪山、澜沧江梅里大峡谷分别入选"中国最美十大名山""中国最美的十大峡谷"。

---

① 传说很早以前，外面不知道有这个村庄。那时候西当村的人经常见到一个陌生的人带着一个皮口袋来借粮食，第二年如期来还粮。大家都不知道这个人来自何处，日子一久，西当村的人就决定探个究竟，于是在陌生人又来借粮食的时候，用锥子在皮口袋的底部捅了一个洞，粮食就从洞里漏了出来，西当人就寻迹跟踪。走上山口的时候，突然见不到粮食了，左找右找就是找不到，后来掀开横在身前的一根松树枝时，就发现了隐藏在山谷里的雨崩村。

雨崩村由于地形地貌复杂，立体气候特征突出，造就了除热带之外的所有生物生长的环境条件，包含了相当于从我国南部亚热带到北半球极地约 70 个纬度的水平带生态类型，集整个北半球生态景观为一体，被动植物学家称为中国弥足珍贵的物种基因库。雨崩村是组成迪庆"观赏园艺植物的大本营""植物基因库""杜鹃王国""动物王国"的主要部分，就在梅里雪山国家公园的主片区范围内。

（二）旅游资源

德钦县是藏族聚居区，其语言以藏语为主，藏族也是整个行政区划的主体民族。其中雨崩有 41 户 186 人，以藏族为主占比达 98%，全民信仰藏传佛教。

1. 宗教传统文化资源

雨崩村是藏传佛教圣地，无论是莲花生大师还是第二世噶玛巴活佛噶玛巴希，在藏区而言都是有一定影响力的宗教集大成者，雨崩的所有圣迹都是围绕这两位而形成的。雨崩被称为是千佛万神汇聚的圣地，开始从西当村进入雨崩的途中就充满了神圣和静谧。在进入雨崩的途中有噶玛巴希修行的森林、加持过的小溪，有亚喇嘛南卡德青的飞升处，到雨崩上村和下村的交界处还有一条小河及架于河流之上的寒冰地狱桥。同样的，雨崩村还有一个像陶渊明笔下"世外桃源"一样的美丽传说。下村中央的寺庙——此里崩，传说是胜乐金刚在卡瓦格博建立的净土世界。除此之外，从雨崩村到神瀑之间还有无数的宗教圣地和圣迹：嘎崩、曲纽崩顶、宾陀山、能交扎绰、能色、能农拉咱、康珠乃色、仁松恩波曲、白玛珠普、巴多称朗、加兴崩、康珠玛称它、乌坚仁波切直到神瀑。在转山文化中被"神瀑"洗礼是其中最神圣的一项，很多行色匆匆的信众或是旅游人士进入雨崩的最终目的地就是"神瀑"。

除转经路上的圣迹崇拜外，神山、圣湖崇拜也是雨崩宗教文化中不可或缺的部分。一是神山崇拜，在雨崩村有两座神山，即缅茨姆峰[①]（卡瓦格博南侧）和吉娃仁安。[②] 每年对神山的祭祀也有很多种：建立拉则、插彩箭、撒风马旗、挂经幡、转经、煨桑等。藏族信众对神山的崇拜已经成为一种生活方式，只要有困惑或者不如意谁都可以通过煨桑祭祀等方式随时向神山倾诉，祈

---

① 缅茨姆：相传是卡瓦格博圣山的妻子，位于卡瓦格博峰南侧，雪山雪峰线条优美、亭亭玉立，在雪山山峰中最具有女性的形体特征。峰顶海拔高达 6054.6 米，范围 30 平方千米，积雪终年不化。

② 吉娃仁安：藏语意为"五佛之冠"，因此山并列地立着五个扁平而尖削的雪峰，很像菩萨戴的五佛冠帽，故名。位于缅茨姆峰北侧并与之相连。海拔 5470.5 米，范围约 10 平方千米，终年积雪。

求他的帮助。信众们相信只要取得神山的关注和同情就会得到他的庇佑，所以说神山对于广大信众而言，是无所不求、有求必应的。也就是这种有求必应的神圣性，让信众对神山产生了一种崇拜的心理，这种崇拜让信众对神山和在神山上生存的所有众生产生敬畏之心，认为他们是神山的财产而不敢轻易夺取。二是圣湖崇拜，雨崩村有很多大大小小的圣湖，而最为殊胜的就是冰湖，冰湖位于吉娃仁安雪山脚下，海拔约 4100 米，与周围的雪山、草地、森林构成一个小型的生态圈。信众对冰湖的崇拜和对神山的崇拜一样，在湖的周围均有信众挂的经幡和堆起的玛尼堆，同属于祭祀活动。村民禁止一切在圣湖里及圣湖周围洗脸、洗头等污秽的事，即使是要喝圣湖里的水也要先将水舀出来才能喝。同样的，圣湖周围的所有植被和动物也都是圣湖的，不可轻易获取。

在雨崩村旅游快速发展的今天，宗教传统文化的保留依然很完整，除了村民和信众对宗教的敬畏、神山圣湖的崇拜外还有游客对宗教的尊重及对雨崩流传的宗教神话传说的猎奇心态，这些都是其宗教传统文化保留至今的重要原因。

2. 藏民族文化资源

藏族是雨崩村的主体民族，雨崩的生产、生活习惯都传承了藏民族的文化精髓，同时也有其独特的特点。首先，从建筑风格上来说，雨崩保留了迪庆藏族民居的古老建筑格局风格，属于"板屋土墙"的立体造型建筑。房屋一般为三层，一层是牲畜的圈栏，二层为居住楼层，三层则为粮食和杂物的仓库。从古至今雨崩都与世隔绝，至今也仅有一条能通农用车的道路，交通十分不便，所以雨崩民居都是就地取材。雨崩周边几乎都是神山，黏土的取材相对不是很方便，迪庆传统的土掌房在雨崩就只能见到第一层而不是整栋房屋，还有些建筑的一层直接是用石片垒砌而成。另外，雨崩的森林覆盖率很高，人口稀少，在不大力开发的前提下还能满足雨崩村民的房屋建筑需求，整个建筑的二层、三层都是用木板建成，屋顶也是用木板覆盖而建，和迪庆香格里拉市大部分藏族民居相似。其次，在语言上，在雨崩居住的几乎为藏民，即使是嫁入雨崩村的其他民族也都会使用藏语，在当地交流的语言以藏语为主，经济社会发展以后有大部分藏民会使用汉语；在文字上，雨崩村也有一定的村民会藏文，平时经文的念诵都通过藏文版经书。再次，在饮食上，雨崩村民保留了藏族传统的饮食文化习惯，酥油茶、糌粑、奶渣都是他们生活中不可或缺的部分，即使是大米、面粉大量传入迪庆的今天，雨崩仍保持传统的饮食习惯。最后，在传统节日上，雨崩的传统节日都以宗教节日居多，主要也以煨桑、祈福、挂经幡、点酥油灯为主；藏历年、尔苏射箭节等则以野炊、跳锅庄、射箭等活动为主。在形式上都保留了藏族传统节日的风俗习惯。

3. 徒步旅游资源

梅里雪山景区中的雨崩是我国第二批重点风景名胜区"三江并流"的主要景观之一。20 世纪 90 年代，梅里雪山引来众多科学探险者和登山健儿。1902—1996 年，先后有英、美、日、中等登山者攀登雪山，都未能登顶。1991 年 1 月，17 名中日登山健儿在雪山遇难，如今遗体、遗物已被认领，魂魄却永远留在了雪山深处。这些登山者和探险者使梅里雪山在世界上闻名遐迩，更增添了几多神秘感。而当时登雪山的大本营就是从雨崩上村徒步到达的，现这条线路已成为经典的深度徒步路线。还有两条徒步路线就是西当—雨崩、尼农—雨崩，这两条徒步路线不仅仅是徒步爱好者到迪庆的必选项目，更是卡瓦格博—神瀑的内转路线，受到很多信众的追捧。

4. 其他旅游资源

寒冰地狱桥、些里崩庙、五树同根、石篆天书、白玛珠普（莲花生大师修行洞）、斯那巴些（神瀑）、笑农牧场（大本营）、乃钦拉措（冰湖）、神湖、衣赛河等。

三、雨崩村生态旅游开发现状

（一）企业主导雨崩旅游规划、开发和发展的模式

2006 年 10 月梅里雪山国家公园被评为国家 4A 级风景区，由迪庆州梅里雪山景区管理局开发、经营、管理，2008 年按迪庆州人民政府文件要求政企分开，管经分离，梅里雪山国家公园由原来的迪庆州梅里雪山景区管理局交由迪庆州旅游集团有限公司经营管理。德钦梅里雪山国家公园开发经营有限公司（简称公司）成立于 2009 年 10 月，是隶属迪庆州旅游集团有限公司的全资子公司（简称集团公司），注册资本 5000 万元，固定资产投资额达 2 亿元。2013 年为扩大融资平台，按照迪庆州人民政府战略部署，集团公司与云南省城市建设投资集团有限公司签署了战略合作协议，合作成立云南民族文化旅游产业有限公司，集团公司持股 51%，云南省城市建设投资集团有限公司持股 49%。公司主要按照迪庆州经济社会发展战略、产业发展政策、投资发展规划的要求，建设迪庆州精品旅游景区，打造香格里拉支柱产业，以实现迪庆旅游跨越式发展为经营宗旨，负责对梅里雪山国家公园总体规划范围内的景点进行开发、经营和建设，主要是旅游重点开发项目、旅游基础设施、旅游精品工程以及相关配套产业的投资建设和经营管理。

雨崩村生态旅游的发展均由云南民族文化旅游产业有限公司作出整体规划和具体运作。在运作过程中也不断出现问题，同时公司根据问题提出相应解决

办法予以应对。在整个运行过程中对当地居民的反哺式开发旅游也成为发展雨崩生态旅游的一项重要经验。其中包括：雨崩景区旅游服务经营权，每年反哺资金42万元，景区垃圾清理费每年反哺6万元，雨崩村（仅限上、下村）反哺48万元；西当至南宗垭口沿线的旅游服务经营权，并每年反哺16.5万元，景区垃圾清理及维护保养费每年反哺3.5万元，西当社反哺25万元。

（二）社区参与模式

社区参与模式是指旅游目的地社区作为主体参与到旅游的规划、开发、运作等重大事宜的决策和执行过程中。社区参与生态旅游发展是旅游可持续发展的必要条件，通过开发旅游业相关产业来带动当地居民参与意识和参与能力，从而在改变自身生活条件、提高生活水平的同时保护传统文化和生态环境。

雨崩自然环境优越，自1991年日本登山队遇难消息发布日起其知名度就越来越高，同时雨崩转山路上极富宗教色彩的神话传说也使雨崩成为朝圣、徒步、探险等生态旅游的又一目的地。自雨崩对外开放、参与旅游服务开始就一直沿袭着社区村民参与管理、经营的旅游发展模式。雨崩村民的生计也从原来的以农耕为主放牧为辅的方式转变为以提供旅游服务为主农耕为辅少数参与放牧的生计方式，这在保护和传承传统文化及生态环境上起到了至关重要的作用，也正因生计方式的转变，雨崩已基本脱贫。

雨崩村村民参与旅游发展的模式主要分为两个方式：一是根据集团公司反哺机制对雨崩景区及西当至南宗垭口沿线进行旅游服务和经营，村民根据个人情况参与雨崩生态旅游的发展。以家庭为单位参与马队经营，有条件的家庭则通过开小食店、客栈来参与旅游开发；二是通过将房屋进行出租，让懂管理的人员进行商业化运作，在雨崩大部分居民都采用这种模式。

（三）雨崩村旅游开发情况

雨崩景区在梅里雪山大景区范围内，近几年在发展景区中实施的规划主要有两个：一是2002年批准实施的《三江并流风景名胜区梅里雪山景区总体规划（2002—2020年）》，由云南省人民政府批准，北京清华城市规划设计研究院景观所、清华大学资源保护与旅游发展研究所编制。这个规划主要分析了梅里雪山的风景旅游资源，确定了梅里雪山景区的定位性设施、水电道路等基础设施，对社区发展进行了比较全面的规划。作为针对梅里雪山景区的一个比较全面详尽的规划，该规划为景区的风景保护与旅游建设奠定了基础，起到了一定的指导作用。但是经过近十年的景区旅游建设与发展，梅里雪山景区的内外部发展建设环境都发生了很大的变化。在新的形势下，这个规划中确定的容量与规模、旅游交通方式以及旅游接待设施分布等已不能满足新的发展需求。为了使规划与时俱进，实现全面协调可持续发展，对其进行了部分修编。分区布局、容量与规模，对风景资源、植被动物、人文物质景观、旅游接待设施、水电道路等基础设施，以及社区发展都进行了比较全面的规划。二是2012年批准的《三江并流风景名胜区总体规划（2005—2020年）》，由国务院批准，云南省城乡规划设计研究院编制。这个规划主要对梅里雪山景区所在的三江并流大区域的风景旅游资源、景区结构与分区、资源保护、旅游基础设施以及旅游规划管理等进行了比较全面的分析与规划。但由于梅里雪山景区只是三江并流景区的十大景区之一，在此规划中涉及梅里雪山景区的只是很少一部分，对梅里雪山景区规划建设的指导性不强。

现雨崩的开发和运营根据这两个规划，并在规划基础上根据情况变化进行逐年修改和完善，制定了符合雨崩景区和西当发展的规划。

1. 总体布局

景区接待服务设施，置于雨崩河北侧荒坡，设置游客服务中心、接待住宿、停车场等；雨崩荣秋河增设一座人行桥和一座车行桥，村民发展备用地置于上雨崩村东北部山脚处。

2. 功能分区

雨崩景区主要分为四个功能片区：服务中心、藏族村寨展示区、快速交通系统服务区、田园风貌展示区。其中服务中心主要设置游客中心（管理站）、接待住宿、餐饮娱乐、观景平台、民俗展示、医疗救助站、停车场等；藏族村寨展示区则在保留上、下雨崩村的村寨风貌后适当增加村民发展备用地，形成独具特色的藏族风貌景观，展示雨崩村的优美环境；快速交通系统服务区主要是由雨崩村到达尼达迫松观景台的必经之地，规划设置有休息亭、管理站以及紧急救助设施；田园风貌展示区就以保持优美的生态环境为原则，保留雨崩村现状较好的农田、草地、林地等，成为展示雨崩村生态宜居环境的主要区域。

3. 部分主要服务设施规划

一是游客中心，主要设置有售票处、游客咨询处、导游服务处等，具备为游客提供信息、咨询、游程安排、讲解、教育、休息等各项服务功能。

二是中心广场，是游客的集散地。在节日期间，可以组织当地的社区居民和文艺团体定时在广场给游客们进行民族表演，吸引游客，同时还设置有接待服务设施。

三是接待住宿，除了村民开办民宿外，服务中心北侧还设置了接待住宿设施，建筑风格采用当地藏式民居风格，既作为游客住宿场所，又作为一道靓丽的风景线，供游客观赏。住宿设施分为两种，一种为集中式的酒店建筑，一种为独立式的度假屋，满足不同游客的需求。

四是餐饮服务区，采用藏式风格建设，体验藏族饮食文化。结合餐饮建筑，修建观景长廊，游客可以一边品味藏餐，一边欣赏周围美景。

五是设置观景台，方便游客欣赏周边美景，建筑风格沿用藏族建筑风格。亭内摆放石头或木质的桌椅，以便游客休息、观景之用。并在休息点路旁装防护栏，首先是为了游客安全，其次就是要避免游客分散休息对环境造成破坏。

雨崩村的基础设施及旅游附属服务基站已基本完成，大部分时候都能满足游客的需求。

（四）雨崩村旅游开发存在的问题

1. 游客承载量及传统生活方式对景区生态环境提出更高的要求

首先，近几年雨崩的游客访问量在不断地提升，尤其是在五一、暑假、国庆等假期期间，雨崩住宿的接待能力受到了挑战，很多时候会出现一床难求的现象。即使集团公司在景区投入大量人力物力，但随着旅游人数的增多在一些特殊时期雨崩的基础设施（路面、厕所、垃圾桶）还会出现紧缺和不能满足游客的情况，大大降低了游客的体验满意度。其次，由于雨崩村常年低温天气持续较长，村民生活取暖只能依靠砍伐景区内树木，每人每年需消耗50立方米的木材；另外随着家庭收入的增加，很多村民新建住宅，据估算新建一所普通传统藏式民居至少需要3000棵成年树，长此以往，景区森林植被破坏严重。

2. 交通通达率在旅游开发和村民需求间的矛盾

雨崩村村民世世代代都在世外桃源般的村落生产生活，传承着祖辈留下来的民族宗教文化，享受着祖辈给他们留下的各种林下资源。但在旅游大开发的现状下，不断和外界人员的接触以及对改革开放以来各种新事物和资源的利用，村民对现代生活的向往和渴望也不断凸显，对乡村通公路的意愿不断高涨。但对于雨崩以徒步和客栈为主要营业性的景点而言，"通车"就会成为这个景点最大的弊端，它缩短了景点与景点间的路程，无形间就将旅游的时间成本缩短，从德钦到雨崩就不再需要住宿这个项目，沿线的小食店也会受影响。另外，徒步的经典路线也会因"通车"而使徒步旅游人数减少，所以从长远而言，对于雨崩开发生态旅游从生态环境、游客滞留时间、旅客数量上来说都会发生改变，所以雨崩保持它的神秘性还是有必要的。

3. 旅游产品为空白

在旅游业热度不断攀升的情况下，对于"礼尚往来"传统思想影响下的中国而言，伴手礼形式的旅游产品已成为旅游的重要构成部分。由于雨崩村地处偏远，所以游客一般集中在长假和暑假（雨崩的海拔和气候也制约了寒假期间的旅游客流量），在此期间景区人流量非常大，对景区的要求也比较高。除了生态徒步游和宗教观光游吸引游客外，基本没有更多的项目来增加游客在雨崩的停留时间，在旅游产品上来说更是空白，应加大对各类旅游产品的研发和销售。在旅游产品开发过程中一定要杜绝千篇一律的旅游小商品，要拒绝一切外来商品进入雨崩的旅游产品市场，要打造一批融入雨崩民族宗教文化的伴手礼并加以推广。

4. 旅游住宿等服务设施存在隐患

在雨崩旅游旺季景区内隐患最大的是具有营业性质的客栈和餐厅。目前雨崩景区大小客栈共有近 50 家，餐厅 33 家，酒吧娱乐场 2 家，小卖部 40 多家，床位近 1500 张；但在景区内营业执照、税务登记证、消防合格证、卫生许可证等相关证件齐全的很少，所以各种规范的行业管理也就成为空谈。景区内的饮食安全、污水排放等都成为隐患。

四、促进雨崩村生态旅游可持续发展的对策建议

（一）生态优先，兼顾发展

雨崩村位于梅里雪山核心区，三江并流世界自然遗产的腹心地，生态异常脆弱，在保护和发展雨崩村的时候，生态承载力是必须要考虑的，只有在充分保护生态的原则下才能进行适度的开发，做到要绿水青山也要金山银山。在旅游旺季雨崩村垃圾的处理是很棘手的问题，集团公司应该通过鼓励游客在出景区时将个人垃圾运到指定地点，再根据垃圾的多少来赠送定制纪念品，既减少了景区内垃圾的存放量，又通过小纪念品对景区环保进行进一步的宣传。

（二）合理开放交通资源，保护生态环境

雨崩世代都有"世外桃源"之称，在经济社会飞速发展的今天，很多游客都抱着"回归自然"的心态到雨崩。但是世代居住在雨崩的百姓对现在的美好生活充满向往，对交通也提出了一定要求。对于雨崩而言，既要满足游客的需求又要满足村民对新生活的要求，就应该在现有路面的基础上根据需要每十天为一个周期向百姓开放两天，而游客车辆则不得进去景区，同时还要减少摩托车在生产生活中的运行，在具体运营过程中则要取缔这个项目。

（三）加大旅游产品投入力度，丰富旅游项目

旅游产品是旅游过程的一项重要构成部分，雨崩在规划旅游发展的同时，要将开拓旅游产品作为规划项目中的一项任务。旅游产品的研发也要与当地民风和实际情况相符，既包括以伴手礼为主要形式的小商品，也包括旅游过程中以民族宗教仪式、生产生活过程等为主题的体验游项目。对于雨崩而言，首先，要研发一批有当地民族特色的旅游小商品，价位和商品大小都要有不同等次，以便于游客的携带和购买，能符合大部分游客需求；其次，需要研发一类

以当地民族宗教文化、生产生活等为主题的体验式旅游项目，比如煨桑、供敬水、打酥油茶、按季节性收种农作物等。旅游商品是在旅游过程中提升游客满意度的一项内容，既能在此过程中提高旅游消费额又能增加旅游项目，使雨崩旅游成为综合性的景点。

（四）规范行业管理，提高服务条件

景区内的客栈、餐厅、超市等基础服务设施是评价景区等级最基本的内容，只有做好这些服务才能从根本上提高游客的满意度。所以建议工商、食药监局、消防、公安、物价、旅游等职能部门对雨崩村相关行业进行监督，实行统一的行业制度和管理，从而提高雨崩旅游服务水平。

传统村落雨崩自然风光、宗教文化、民族文化等资源丰富，是目前国内外驰名的徒步生态游胜地，对于处于生态红线区的雨崩而言，发展生态旅游也是最优路径，旅游市场潜力很大。但在发展旅游过程中仍要以社区为主导，在积极提高村民参与意识的同时还要提高村民生态环境意识，通过政府在基础设施建设上的投入来提高旅游目的地的旅游环境，提高游客的体验满意度，促进经济社会发展，协调好雨崩生态环境保护与社会经济发展间的关系。

第九章 三坝纳西族乡乡村 旅游发展前景分析

一、三坝乡概况

三坝纳西族乡位于香格里拉市东南部，以东坝、白地、哈巴三块不平整的坝子而得名，是全市唯一的纳西族乡，也是典型的农业贫困大乡。全乡土地面积为 979 平方千米，实有耕地 1600 公顷。乡境内有世界闻名的泉华台景观"仙人遗田"白水台，有被誉为"世界花园之母"的天然动植物园哈巴雪山，有古人遗迹渣日岩画，还有黑海、九子海等自然景观。三坝纳西族乡也是纳西东巴文化的发祥地，至今仍保存着活着的象形文字——纳西东巴象形文字，东巴画、东巴舞、纳西服饰、吟唱调、民族风俗等独具一格。得天独厚的气候和地理区位，赋予了三坝乡丰富的旅游、生物、矿产、水能、土地等资源，加之丰富多彩的民族文化，共同组成了独特的自然和人文环境，具有极高的研究价值和人文景观开发价值。

三坝纳西族乡下辖东坝一村、东坝二村、安南村、白地村、瓦刷村、哈巴村、江边村 7 个村委会，共 75 个村民小组，乡政府驻地为白地村白水新村，距市区 102 千米。

截至 2017 年年底，三坝纳西族乡总人口 18674 人，农户 5463 户，其中农业人口 17826 人，农业人口占总人口的 95%。乡境内居住着纳西族、汉族、回族、彝族、傈僳、藏族 6 个世居民族和其他共 11 个民族。有纳西东巴教、藏传佛教、伊斯兰教、彝族毕摩教等宗教，多民族共容、多宗教并存，形成了特色鲜明的民族宗教文化。

二、三坝乡发展乡村旅游的意义

三坝乡处于国家"三区三州"深度贫困区，是迪庆州典型的农业贫困区，发展乡村旅游是响应国家乡村振兴战略的政策需要，是落实"三区三州"脱贫攻坚的现实需要，是加强非物质文化遗产保护的客观选择，是推进香格里拉市全域旅游示范区建设的现实需要。

（一）响应乡村振兴战略的政策需要

党的十九大报告提出实施乡村振兴战略，2018 年 1 号文件《中共中央国务院关于实施乡村振兴战略的意见》明确指出要坚持农业农村优先发展，按照产业兴旺、生态宜居、乡风文明、治理有效、生活富裕的总体要求，建立健全城乡融合发展体制机制和政策体系，加快推进农业农村现代化。三坝乡拥有通过旅游开发提升乡村农业发展质量、推进乡村绿色发展、繁荣兴盛农村文化、提高农村民生保障水平、打好精准脱贫攻坚战、推动乡村全面振兴的政策机遇。

（二）落实"三区三州"脱贫攻坚的现实需求

旅游扶贫开发作为一种有效的扶贫开发方式，日渐受到各级政府和组织部门的重视。迪庆州作为国家"三区三州"深度贫困州之一，国家、省、州加大力度推进迪庆州脱贫攻坚。香格里拉市三坝乡是迪庆州典型的农业贫困大乡，这里是纳西东巴文化核心，拥有独特的白水台景观和东巴文化资源、奇绝的哈巴雪山和天宝雪山、神秘的高山冰蚀湖群、蜿蜒曲折的金沙江、广阔无垠的田园风光、丰富的农特产品等资源，被称为"东巴文化发祥地"。三坝乡依托具有优势的旅游资源，大力发展旅游产业不仅可以促进产业结构调整，增加就业机会，促进生产要素规模化聚集，带动农民收入和企业经济的提高，还有利于巩固扶贫成果，防止返贫。

（三）加强非物质文化遗产保护的客观选择

《云南省人民政府关于进一步加强非物质文化遗产保护工作的意见》明确指出，加快推进迪庆民族文化生态保护实验区建设，充分发挥传统音乐、传统舞蹈、传统戏剧曲艺、传统医药、传统体育游艺与杂技类项目在社区、旅游景区（点）等建设中的作用，推动非物质文化遗产资源的合理利用。三坝乡位于迪庆州民族文化生态保护实验区内，拥有独特的纳西东巴文化，是纳西东巴文化发祥地，重点通过深化非物质文化遗产资源调查、壮大非物质文化遗产传承人队伍、推进非物质文化遗产资源的合理利用、加强非物质文化遗产保护利用设施建设等，巩固和壮大东巴文化保护成果，提高保护能力和水平。

（四）推进香格里拉市全域旅游示范区建设的现实需要

依托香格里拉市三坝乡独特的东巴文化资源、独具特色的白水台景观、丰富的高山峡谷资源、良好的乡村旅游资源，重点开发纳西文化体验、自驾露营、户外运动、乡村旅游、休闲农业、研学旅游等旅游产品，是对香格里拉市创建全域旅游示范区的积极回应和实践，有利于丰富香格里拉旅游产品体系，实现香格里拉市与丽江市联动发展，构建大旅游产业格局。

三、三坝乡发展乡村旅游的优势分析

（一）区位条件

1. 地理区位

三坝纳西族乡是全市唯一的纳西族乡，东北与洛吉乡接壤，西与虎跳峡镇相连，东南与丽江大具乡一江之隔，具有独特的丽香跨界交通优势，是香格里拉东环线旅游带上的重要集镇。

2. 交通区位

三坝乡乡政府距离香格里拉市 100 千米，距离丽江市 160 千米，主要连接道路为香格里拉市旅游东环线，全程柏油路，但多急弯和陡坡，通行条件欠佳。"十三五"期间规划建设的香格里拉至西昌高速公路，将会极大地改善规划区的可进入性。同时香（香格里拉）西（西昌）高速公路修建将会提升规划区面向成渝经济区的旅游首位度，成为四川、重庆客源进入香格里拉旅游的第一站。另外，香格里拉东环线（虎跳峡至三坝乡）的二级公路、小中甸至三坝乡三级公路、大具大桥、丽香铁路和丽香高速的规划建设正在提升整个规划区便捷度和可进入性，也将为规划区的旅游发展和客源市场拓展提供更广阔的空间。

3. 旅游区位

三坝乡属于三江并流世界自然遗产，是三江并流风景名胜区中哈巴雪山风景区的重要组成板块；也是香格里拉市建塘镇—小中甸旅游集散中心和雪域泛户外旅游区、普达措—尼汝国家公园体验游憩区的结合部，具备成为"黏合剂"的可能；三坝乡是虎跳峡景区、白水台景区、尼汝、普达措国家公园、天生桥等组合而成的香格里拉市旅游东环线的重要节点和组成部分；周边已经培育出了普达措国家公园、虎跳峡景区、哈巴雪山景区、世界第一村——尼汝等一批国内外知名度较高的旅游景区，具备共享客源的潜力。

4. 文化区位

三坝乡是香格里拉市唯一的纳西族自治乡，是公认的纳西文化的圣地与发源地，这里的纳西族是一个处在藏纳之间夹缝中的族群，其宗教、日常生活、语言文化等族群身份表征体现了亦藏亦纳的特点，三坝白水台片区纳西族至今仍保存着活着的象形文字——纳西东巴象形文字，东巴画、东巴舞、纳西服饰、吟唱调、纳西风俗等人文景观，从纳西文化来看，丽江、三坝、俄亚是纳西文化的集中地，三地构成了前台—帷幕—后台、熟—半熟—生的纳西文化的三个生存状态，三坝凭借白水台这一自然景观进行了一系列的文化神圣性建

构，这种原生态和神圣性的打造在旅游开发层面中实现了与丽江商业化纳西的差异化竞争。

（二）自然环境

1. 地形地貌

三坝地处滇西北"三江并流"世界自然遗产中心地带，处于青藏高原东南缘横断山脉的中西部，松潘—甘孜褶皱系中甸褶皱带上。强烈的区域性隆升和断裂等内营力作用，以及冰川、流水、风化、生物化学等外力作用共同塑造了本区高海拔（多在 3000m 以上）和相对高差较小的高山—盆地地貌形态。境内有以喀斯特地貌著称的东巴圣地白水台，还有滑石板、阿明灵洞、水甲瀑布等自然地貌景观。

2. 水文条件

白水台片区的河流属金沙江水系，主要河流为白水河，白水河河水清澈，河底有许多白色石块，河畔还有矿物质沉积留下的白色台阶状钙化石，从岸上看，河水也变成了白色，因此得名"白水河"。白水河发源于肋砍竹，由西向东流经花吉落、吴树湾，至阿鲁湾与发源于雪门槛的吉那河汇合，再经普湾、下竹恩、民竹恩吉可汇入金沙江，河长 23 千米。依托白水河的水质特色，为白水河旅游开发提供资源条件。

3. 气候条件

三坝乡政府所在地海拔高低悬殊，气候差异较大，最高气温 32.3℃，最低气温 -6℃，年平均气温 13.2℃，年平均降雨量 652.6 毫米，无霜期 217 天，夏季炎热，冬季暖和，是香格里拉冬季避寒的旅游区。

4. 森林条件

三坝乡奇丽多姿的山原地貌和垂直差异明显的气候特点孕育了丰富的自然资源，寒、温、热三带不同区系起源的动、植物，造就了丰富的草场、森林景观，区域内拥有林地 9209.25 亩，森林内广泛分布着各种高山色叶树、秋色树种和开花植物，主要品种为高山栎类、冷杉、红豆杉、大果红杉、高山杨树、高山桦类以及高山杜鹃，垂直变化的山体植被景观与坝区农业资源、村寨、高原牧场有机组合，构成了一幅望得见山、看得见水的乡村美景。

（三）资源基础

1. 白水台资源

白水台是国内迄今为止发现的规模最大的冷泉性淡水碳酸盐泉华台地，它是由溶解于泉水中的碳酸钙沉淀堆积而成的钙化景观。白水台还是纳西族东巴教的发祥地，是东巴教徒的朝圣之地，纳西语称白水台为"释卜芝"，意为逐渐长大的花，素有"仙人遗田"的美称。步临台地，但见白水台层层叠叠，宛若片片斜月散落人间，又似纳西少女的银饰，叠饰成无数的银环，朝晕夕照，银光散射，给人以玉一般的清新。

2. 东巴文化资源

白水台还作为纳西族东巴教的发源地中心，东巴教是纳西族古老的宗教，"东巴"，可译为"山乡诵经者"，他们有的是本民族中的"智者"。相传，在11世纪中叶，就有丁巴什罗（丁巴，藏语，意为祖师；什罗，是人名），在白地附近传播东巴教。他与门徒第一次用象形文字撰写东巴经，开辟了东巴教发展的新局面，被后世奉为东巴教的祖师。至今东巴经内还有关于他的身世和传说的记载。东巴经经过千百年的丰富和发展，成了纳西族古代文化的宝库。相传丁巴什罗曾经修行传教的白地岩洞，也被奉为"灵洞"；丁巴什罗主要生活的地方白地，也被视为"圣地"。每年仲春，阴历二月初八，附近居民常来祭祀，远处东巴也来朝拜，人们"不计百里而来，进酒献茶，不约千人而聚"（光绪《中甸府志》稿本），年复一年，相沿成俗，二月初八遂成三坝春游盛会。

白水台周边散布着环境优美、东巴文化浓厚的乡村，村内村民全部是纳西族，均信奉东巴教，至今仍保存着活着的象形文字——纳西东巴象形文字，东巴字画、东巴雕刻、东巴蜡染、东巴挂毯、东巴木牌、东巴纸牌、纳西织布、东巴歌舞、东巴音乐等是村民日常生活的重要组成部分，其中古都村、吴树湾村、波湾村等还是中国传统村落。同时，三坝乡是低海拔河谷气候，冬季暖和，是香格里拉冬季避寒旅游区。

3. 珍馐遍地，美食珍奇

香格里拉三坝乡纳西族是一个处在藏纳之间夹缝中的族群，其美食体现亦藏亦纳的特点，多元的地貌形态、优越的生态环境孕育了白水台遍地的珍馐美味，包括纳西松茸炖土鸡、纳西火腿、酥油茶、青稞饼等。

4. 地貌奇险，户外天堂

三坝乡的哈巴雪山、天宝雪山的高山峡谷地貌，山峰林立、沟壑纵横、溪谷遍野，山林峡谷、原始森林、高山湖泊、瀑布跌水、高山草甸等联合组成了雄、奇、险、秀的峡谷风光。每年5—10月是哈巴雪山的登山旺季，由于哈巴雪山是登山的入门级雪山，因此游客较多。天宝雪山为香格里拉七大雪山之一，主峰海拔4750米，全山海拔4000米以上的雪峰有一百多座，峥嵘插天，连绵起伏，雪山、峭壁、峡谷纵横交错，山间人迹罕至，原始森林遮天蔽日，动植物种类繁多，高山花卉争奇斗艳，有香格里拉的"阿尔卑斯"之称，美景秀色至今鲜为人知。

由于三坝乡乡村旅游具有自身的独特性，根据《旅游资源分类、调查与评价》（GB/T18972－2017）通过整理分析，其乡村旅游资源共可分为3个一级分类、13个二级分类、26个三级分类。具体见表9－1所示。

表9－1　白水台片区旅游资源分类表

资源一级分类	资源二级分类	资源三级分类	资源单体
乡村自然旅游资源	地文资源	综合地	哈巴雪山、木哒哒
		地质地貌	阿明灵洞、白水台景区
		悬崖	木天王的路、勒多
	水文资源	河段	白水河、黑水河
		瀑布	水甲瀑布、拉马三科瀑布
		泉	肋砍竹（白水河出水口）、白水台出水口
	生物资源	动物聚集地	牦牛
		植物聚集地	林间草地、末日绒牧场、黑布牧场、奥美牧场、得了牧场
	气候气象资源	气候	低海拔河谷气候（冬季舒适）
		气象	雪山日出
乡村人文旅游资源	乡村名人	名人	阿明宇勒
		非物质文化传承人	和树荣、和树昆、和永光、和立士、和继华、和向东、和永贵、和玉新、和志本、和志强、杨文景
	乡村建筑	建筑样式	纳西传统民居（一正一耳）、木楞房
		建筑群落	古都特色旅游村、吴树湾古村落、水甲传统村落、波湾传统村落
		乡村休闲建筑	东巴文化庄园
		生活生产建筑	白水台烧香台、吴树湾祭祀台
	乡村器物	生产器具	磨盘、犁、耙、手推车、镰刀
		生活器具	青稞架、草墩、竹编背篓、草帽、扁担、簸箕、筇篱、木藤、竹篮、烟杆、织布架、大鼓、手鼓、扁鼓、葫芦丝、牛角号

续　表

资源一级分类	资源二级分类	资源三级分类	资源单体
乡村人文旅游资源	乡村器物	民族服饰	纳西族服饰（羊毛披肩、腰带、对襟长衫、百褶裙、宽脚裤、牛耳草鞋、皮鞋、毡帽、金边帽）
	农业生产基地		油牡丹基地、大红花椒基地、蔬菜基地、红米种植基地
	乡村技艺	乡村工艺	东巴字画、东巴雕刻、东巴蜡染、东巴挂毯、东巴木牌、东巴纸牌、纳西织布
	民俗节庆	民间歌舞	东巴舞蹈（包括动物舞、神舞、战争舞、法杖舞、花灯舞）、东巴音乐（东巴吟唱调）
		乡村礼仪风俗	生育礼、成年礼、婚礼、丧葬礼、祭祀礼仪、占卜风俗
		乡村节庆活动	"二月八""七月敬酒节""阿卡巴拉赛歌会""东巴文化节"
	乡村旅游商品	乡村特色餐饮	松茸炖土鸡、蒸火腿、凉拌树花树皮、豆花、青稞酒、奶渣、酥油
		特色果蔬	苹果、黄果、橘子、梨、桃子、核桃、野草莓、野山楂、野葡萄、鸡嗉子果、五味子、野菜、野生菌、松茸
		乡村特色工艺品	东巴字画、东巴雕刻、东巴蜡染、东巴挂毯、东巴木牌、东巴纸牌、纳西腰带、纳西披肩、纳西发饰、纳西服饰
	乡村艺术团		阿卡巴拉艺术团
	乡村文化保护区		迪庆民族文化生态保护实验区
外部可依托资源	景区		哈巴雪山景区、虎跳峡景区、普达措景区
	景点		末日绒牧场、黑布牧场、奥美牧场、得了牧场、九子海、天宝雪山、尼汝村、渣日崖画

四、三坝乡旅游发展规划设想

（一）住宿条件现状

目前，白水台片区住宿主要有 17 家，即新集镇有 9 家宾馆及客栈，古都村有 8 家宾馆及客栈，一方面宾馆及客栈住宿设施老旧，住宿条件差；另一方面住宿设施数量少，不能满足游客的住宿需求。

（二）住宿设施规划设想

白水台片区的住宿设施主要集中于小集镇和周边乡村，在小集镇作为规划区的综合服务中心，住宿设施以酒店和宾馆为主，酒店又可根据游客的需求不同，引进和建设经济快捷酒店、商务酒店、主题酒店等；在规划区内的乡村住宿设施主要以客栈、特色民宿和露营地为主，依托乡村内闲置院落和空房，提升改造院落空间，建设非标准型住宿设施。

1. 小集镇住宿设施规划

（1）经济快捷酒店

积极引进如家、汉庭、七天等快捷连锁酒店品牌，对现在三坝的酒店和宾馆进行提升改造，提升集镇内住宿设施的品质，满足游客的需求。

（2）纳西东巴酒店

新建一座具有纳西东巴特色的主题酒店，酒店建筑和装饰风格充分融入东巴文化特色，酒店按照四星级酒店标准建设成为高星级的主题酒店。

（3）东巴文化庄园

依托目前新集镇旁的东巴文化庄园，庄园以传统木楞房为特色，重点完善庄园内住宿设施条件，将其建设成为进行东巴文化体验的度假庄园。

2. 乡村住宿设施规划

（1）古都村乡村住宿

①特色客栈

对目前客栈进行提升改造，重点对客栈的院落、房间、休闲设施等进行提升改造，充分融入东巴文化，客房按照标间标准进行设置，让客栈从名称、建筑、装饰等内容体现东巴特色，为游客提供住宿需求。

②东巴休闲山庄

针对目前正在建设的特色山庄，充分融入纳西东巴文化，让山庄从建筑、内饰、房间、内部环境、景观小品等内容突出东巴特色，进一步营造和渲染白水台片区的纳西东巴特色。

（2）吴树湾、水甲、波湾村住宿

①特色民宿

充分利用村内闲置院落和空闲的房间，对传统院落进行提升改造，按照非标民宿特色和内容，对现有的特色庭院进行精品化和特色化提升，通过外立面改造、庭院小品设计、房屋内部装修设计等，打造精品化主题民宿。

②青年旅舍

充分盘活村内的闲置空房，结合村民意愿拿出闲置房间，对房间进行提升改造，将村民房屋改造成为青年旅舍，每户拿出 2 间以上的空房进行改造，便能形成一个住宿组团。

③露营地

重点依托乡村周边的田园、山林、牧场建设露营地，按照露营地建设标准，在乡村周边建设帐篷营地和木屋营地，与周边环境充分融合。

3. 特色美食开发

①地方特色美食

深入挖掘白水台特色美食，包括日常饮食和民族饮食，将其融入商业街、农家乐、特色客栈，供游客消费。通过梳理和筛选白水台最具特色美食，融入一部手机游云南，推出白水台"非吃不可"十大美食系列，在乡村、景区等游客集聚地进行布点，向游客宣传，将其打造成为白水台的一大核心吸引力。

②时尚美食

充分利用和挖掘白水台食材基础，结合白水台饮食特色，通过举办白水台美食创意大赛，打造时尚的餐饮美食，形成白水台时尚的饮食系列。

③美食类型特色餐饮

特色小吃：粑粑、饵块、豆花、奶渣、酥油茶。

特色食蔬：土鸡、黑土猪、牦牛肉、红米、高山野菜、高山药材、早春马铃薯。

特色菜品：松茸炖土鸡、蒸火腿、凉拌树花树皮、豆花、青稞酒、野菜、野生菌、松茸、魔芋、白芸豆。

瓜果：苹果、黄果、橘子、梨、桃子、核桃、野草莓、野山楂、野葡萄、鸡嗉子果、五味子。

主题宴席：养生药膳宴、素食宴、纳西东巴喜宴、纳西东巴祭祀宴。

（三）智慧旅游服务体系规划

1. 加快智慧旅游基础设施建设

全面落实《中共中央国务院关于乡村振兴战略的实施意见》和云南省"一部手机游云南"，加快网络基础设施建设，实现白水台片区通信信号全覆盖，白水台景区、酒店餐饮店、客栈民宿、客流集中区域内实现无线网络全覆盖；实现"智慧导游"全普及、"电子票务"全普及；旅游交通重要路段、重点区域实现实时监控，旅游景区实现实时客流量监控。

2. 构建旅游数据中心

在旅游小镇旅游综合服务中心建设旅游数据中心，包括旅游项目、旅游市场、旅游政策、旅游营销等在内的数据中心，以及智慧旅游系统。重点建设智慧旅游门户网站、数据中心机房、数据监测和报送平台、数据调研和分析平台及相关设备。便于白水台片区全面分析和细分客源，适时开发新的旅游产品。

3. 融入一部手机游云南旅游 APP

建议整合白水台景区及周边旅游资源，融入一部手机游云南旅游 APP，其内容主要包括"四导"，即导航、导游、导览、导购。游客随时随地都可以轻松获取"了解白水台、旅游线路指南、旅游节事活动、网上订票、餐饮美食、旅游住宿、旅游购物、娱乐休闲"等内容，为游客提供"点菜式"或"量体裁衣"式服务，游客可以自主选择旅游产品，自行组合，享受到贴心的个性化定制旅游服务。

五、三坝乡发展乡村旅游的建议

三坝乡依托独特的白水台景观和东巴文化资源，在充分利用文化资源、乡村资源、农业资源、生态资源等方面，有如下几个设想。

（一）做活东巴文化旅游资源

三坝乡作为东巴文化的发源地，浓厚的东巴文化是发展乡村旅游的特色资源，旅游开发要强化东巴文化的保护性利用，采取"旅游景区＋特色旅游村"的文化资源开发模式，积极打造一批体验性足、参与性强、娱乐性好、文化内涵丰富的文化旅游产品，突出"东巴文化发源地"的旅游形象。第一，深入挖掘东巴文化，做亮朝拜文化文章。三坝乡白水台作为东巴文化发源地，在丽江、香格里拉等地有神圣的地位，白水台东巴文化开发要与丽江东巴文化有区别，重点是突出东巴朝拜文化，给游客神秘的文化体验。第二，充分利用纳西传统村落，做深东巴文化体验旅游。深入挖掘东巴文化，赋予景区和乡村浓厚的东巴文化氛围，塑造鲜明的旅游特色。重点利用东巴工艺（东巴字画、东巴雕刻、东巴蜡染、东巴挂毯、东巴木牌、东巴纸牌、纳西织布）、东巴舞蹈、东巴音乐（东巴吟唱调）、东巴风俗等资源，通过旅游体验和旅游参与活动全方位展示东巴文化，实现东巴文化与旅游融合，让游客在旅游中学习和体验东巴文化，同时增强旅游的体验性和参与性。第三，创新东巴文化旅游产品。东巴文化作为地域文化，充分挖掘东巴歌舞文化，结合演艺产品，鼓励乡村艺术团开发参与性、互动性和体验性强的夜间篝火演艺节目；依托特色旅游村，将东巴文化与现代文化融合，建设文创基地，开发实用性强的文创旅游商品，政府加大支持东巴歌舞排练演出场所、传统手工艺传习场所、传统民俗活动场所和文创基地建设。第四，加强特色旅游商品开发。鼓励开发标志性旅游商品，鼓励将丰富的非物质文化遗产资源转化为文化旅游商品，加大对东巴字画、东巴雕刻、东巴蜡染、东巴挂毯、东巴木牌、东巴纸牌、纳西织布等东巴工艺开发力度，通过东巴文化与创意文化融合，开发一批具有地域特色、能被游客日常使用的特色旅游商品，打造"三坝白水台伴手礼"。第五，加强东巴文化的保护与宣传。提升、包装"二月八""七月敬酒节""阿卡巴拉赛歌会""东巴文化节"等东巴节庆，提高节庆的娱乐性、参与性与体验性。

（二）做新乡村旅游资源

立足白水台景区周边优美的乡村环境和浓厚的东巴文化，依托白水台景区旅游开发推进周边乡村积极融入，顺应旅游市场新需求，与景区实现差异化开发。第一，借力景区推进乡村旅游发展，白水台片区乡村以白水台景区的开发为契机，进一步明确乡村在白水台景区开发中的地位和角色。以白水台景区为依托，把白水台景区的部分服务功能分离出来，依托周边乡村浓厚的东巴文化资源、美丽乡村、特色农业资源、户外运动资源等，与景区形成差异化开发，重点打造古都东巴文化旅游村、吴树湾东巴文化体验村、波湾休闲度假村和水甲康体养生村等。通过乡村特色的住宿、餐饮、向导、土特产购物、东巴文化体验中心等促进乡村旅游及经济发展，与白水台景区形成良好的区域竞合关系。第二，积极申报特色旅游村和中国传统村落，按照"做特、做精、做专、做美乡村旅游产品，满足市场多元化需求"的总体要求，立足乡村旅游开发机遇，积极开展中国传统村落、旅游特色村、美丽乡村、生态乡村"四位一体"的申报，获得专项资金支持。第三，制定乡村旅游标准。以乡村合作社为核心，合理分配村民工作，研究制定《白水台片区乡村旅游服务规范》，提升乡村旅游服务质量。

（三）做精户外运动旅游资源

紧抓香格里拉"生态立市，旅游兴市"的发展战略，结合景区周边户外运动资源，进一步明确香格里拉东部雪域泛户外旅游区的发展定位，按照"户外运动旅游基地＋旅游线路＋服务节点"的开发模式，通过旅游线路的编排，进一步扩大旅游空间。第一，编排主题精品游线路。白水台户外运动基地做好区域旅游的"组织者"角色，充分与周边虎跳峡、哈巴雪山、天宝雪山、尼汝等户外运动基地联动开发，以旅游线路作为串联，根据不同的旅游线路主题或者旅游时间，策划编排徒步穿越、生态科考、户外运动旅游等不同主题游线路。第二，融合发展，综合利用。充分考量户外运动资源的可拓性，整合周边的户外运动资源，积极推动"户外运动＋旅游＋……"深度融合，开发以户外运动赛事、健身休闲旅游和民族户外旅游为特色的旅游产品，白水台片区要紧抓哈巴雪山雪花勇闯天涯的活动，扩展活动空间；紧抓国家、省、市政策，加强自行车道、步行道、户外露营营地、汽车营地、徒步骑行服务站等户外运动基础设施的建设，大力发展群众喜爱的户外运动旅游项目。第三，构建户外运动旅游圈，培育恒温经济。立足白水台周边丰富的户外运动资源和特色，以户外旅游爱好者为引导，形成户外运动旅游圈，通过户外运动旅游圈提升景区知名度，积极发展户外运动定制化服务，做到"四季可户外旅游，每年旅游各不同"。第四，强势营销推荐。户外运动旅游作为小众的旅游产品，需积极思考如何把白水台景区既有市场的需求"拉过来"，通过积极的消费引导和营销宣传，推进户外运动大众化，创造更多的市场机会。

（四）做优农业旅游资源

目前三坝农业经济收益低，通过"农业＋旅游"创新休闲农业旅游资源的开发利用模式，进一步放大、释放休闲农业旅游资源的特色。第一，融合发展，综合利用。充分利用资源的可拓性与创意性，积极整合周边的乡村、田园、村落、山林等自然旅游资源，建筑文化、饮食文化、生态文化等文化特色，并引入创意理念和新技术，积极开发创意农业、园艺农业和田园综合体等。第二，产业扶贫，延伸农业价值链。立足产业扶贫，规划区推广种植红米、花椒、当归、油牡丹、白芨、重楼、油橄榄、早春马铃薯、党参、稻田养鱼等，规划区要对市场客源进行细分，针对不同年龄、消费偏好，根据特色农业开发不同的农业产品，延伸农业经济价值，如对老年人，结合中药材种植，定制药膳和中药材伴手礼；对亲子家庭，结合水稻、马铃薯、魔芋、稻田养鱼等，开发农业体验产品；对中青年游客，结合花卉蔬菜，开发摄影观光产品等。第三，构建休闲农业生活圈，开发定制农业。立足三坝农业特色与市场定位，引导和促成休闲农业生活方式，构建三坝休闲农业会员制，依托白水台冬季避寒气候优势，为休闲度假客源提供定制服务，做到四季有客源、"常客常来"。第四，强势营销推荐。积极思考如何把既有市场的需求"拉过来"，同时不断挖掘自身潜力，特别是资源"产品"的独特性，通过积极的消费引导，把新兴市场"拉起来"，创造更多的市场机会，也创造更大的商业价值。如依托东巴长寿老人、冬季避寒、定制菜园等营销内容，推广规划区农业资源。

（五）做亮养生养老旅游资源

立足三坝乡舒适的气候资源和丰富的养生养老旅游资源，建设一批以云南本地区域性候鸟型养老旅游者为主，以西藏、青海、川西等高海拔藏区候鸟型养老旅游者为辅的养老旅游产品。第一，挖掘规划区气候资源、生物保健、民族医药、美丽乡村等养生养老资源，充分利用养生养老资源开发特色养老旅游产品。第二，重点是盘活空闲的乡村资源，建设一批乡村养生养老旅游特色村。第三，重点在迪庆州内进行营销推广，以迪庆州的冬季避寒养老旅游者为核心营销对象，进行针对性营销。

六、三坝乡发展乡村旅游的基本路线

（一）生态为本

三坝位于世界自然遗产三江并流哈巴雪山片区，区域旅游开发要以生态环境保护为出发点和落脚点，积极探索生态保护、统筹发展、产业支撑的新模式，大力发展区域绿色产业，不断健全生态旅游的产品结构和空间结构，科学合理地融入观光、休闲度假与研学教育功能；依托白水台片区生态环境资源，加快推进香格里拉东部雪域泛户外精品旅游线路建设，在生态旅游与其他产业融合互动中延伸产业链条，实现与旅游产业的时间、空间对接；开发绿色旅游产品，倡导低碳旅游方式，传播生态文明理念，促进生态文明建设、生态产业与旅游休闲融合发展。

（二）文化统领

白水台片区是纳西东巴文化发源地，白水台片区旅游开发以纳西文化作为统领，深入挖掘纳西文化、东巴文化等文化资源内涵，充分利用纳西餐饮、住宿、服饰、宗教、民宿、手工艺通过融合发展实现文化的旅游化应用，推动旅游新业态的培育，同时结合文化产业的发展，包装提升餐饮、住宿、交通、游览、购物、娱乐等旅游产业要素，通过创意策划开发文化旅游产品，构建"文化旅游化、旅游文化化"的格局。

（三）结构优化

立足香格里拉东部雪域泛户外的旅游定位，不断优化景区空间布局、产业结构、产品结构、市场结构，形成"一心、一轴、一环、三区"的空间布局，加快推进白水台周边乡村旅游发展，积极培育旅游增长极；健全食、住、行、游、购、娱六大传统产业要素，巩固提升白水台景区生态观光游，大力发展文化体验旅游和研学旅游，着力发展乡村休闲度假游，积极发展户外运动旅游和自驾露营旅游，充分分流虎跳峡、哈巴雪山、丽江等区域交通沿线的机会客源。

（四）业态支撑

推动旅游与文化、美丽乡村、生态、交通、体育、互联网的融合，丰富旅游产品和业态，重点推进旅游与生态保护融合，依托白水台周边优良的生态环境，以轻旅游为核心，实现生态旅游产品开发；推动乡村与旅游融合，依托古都村、吴树湾村、波湾村、水甲村毗邻白水台景区的区位条件，实现景区与乡村联合打造，开发乡村休闲旅游产品；推动旅游与文化融合，景区要充分挖掘纳西东巴文化，拓宽文旅融合渠道，开发纳西文化体验旅游产品和东巴文化研学旅游产品；推进旅游与体育融合，结合景区及周边良好生态资源，开发体育旅游产品；推进旅游与互联网融合，推进白水台片区旅游创意营销。

（五）项目落地

策划、包装一批具有区域特色和市场需求的龙头旅游项目，白水台片区旅游开发要创新经营模式，推进"景区＋乡村"发展，搭建共享经济平台，积极引入合作者，集聚资源、资金、人才、科技等生产要素，促进白水台片区旅游开发建设。三坝乡政府重点要加快旅游基础设施和旅游产业要素发展，积极吸引露营地企业、酒店或者民宿企业入驻，将白水台片区打造成为纳西东巴文化生态博物馆和特色生活方式的乡村旅游目的地。

（六）区域联动

白水台景区要依托地理区位、交通区位、旅游区位和经济区位条件，立足具有地域性、差异性与互补性的旅游资源特色与产品结构，立足香格里拉，以香格里拉东部雪域泛户外精品旅游线路为纽带，实现白水台片区与香格里拉区域内虎跳峡景区、哈巴雪山、天宝雪山、尼汝等旅游联动发展；立足迪庆州，依托规划区区位条件，实现规划区与全州全域旅游联动发展；立足滇西北旅游区，加快规划区与香格里拉、丽江的联动，积极分流香格里拉、丽江旅游客源。

第十章 "公主起舞的地方"

——奔子栏镇

一、奔子栏镇乡村旅游资源

奔子栏镇位于"三江并流"世界自然遗产核心腹地的金沙江西岸，地势西高东低，呈"一"字形南北走向，拥有优越的气候条件、丰富的自然资源，主要山峰有白马雪山，河流有东水河、书松河。全镇平均海拔 2500 米，最高点书松村海拔 3400 米，最低点哈下村海拔 2000 米，既有山地河谷，又有高寒山地，立体气候明显。海拔在 2000 米以上的河谷属北亚热带干旱粮作区，日照时间长，年平均气温在 14℃—16℃，最高温度 36℃，最低温度 –4℃。5—10 月降水量占全年降水量的 93.7%，无霜期 230—240 天。

奔子栏特殊的地理环境和悠久的历史，独特的民族风情，造就了丰富、独特的旅游资源和景观组合。

(一) 生态旅游资源

奔子栏镇大部分地域处于白马雪山旅游区境内，214 国道横穿奔子栏镇也将白马雪山分为南北两部分。白马雪山国家级自然保护区地处三江并流核心地区，是中国生物多样性保护具有全球意义的关键区域之一，同时也是世界自然基金会列出的全世界 24 个重点生物地理区域之一，是金沙江、澜沧江中上游水土保持和水源涵养林，也是天然林保护、旅游开发等生态与环境建设的重点地区。

据《云南白马雪山国家级自然保护区综合科学考察报告》（云南省林业厅，2003），保护区是个完整的山体，区内植被垂直分布明显，生物垂直带谱完整，从下到上可以分为河谷灌丛带、暖温性针叶林带、温凉性针叶林带、寒温性针叶林带、高山灌木丛与草甸带、高山流石滩与疏生植被带和高山冰雪带共 7 个自然带。白马雪山国家级自然保护区属于寒温性森林生态系统类型，是中国低纬度高海拔地区生物资源保存比较完整而原始的高山针叶林区。按中国植被区系的分区，属中国东喜马拉雅森林植物亚区、横断山脉地区，是世界上高山植物最丰富的区域。保护区已发现的种子植物有 142 科 587 属 1747 种（含亚种、变型和变种），其中：裸子植物 6 科 14 属 29 种，被子植物 136 科 573 属 1718 种。保护区内有国家重点保护珍稀植物 24 种，其中：一级保护植物 4 种，二级保护植物 9 种，三级保护植物 11 种；有省级重点保护植物 6 种，其中：二级保护植物 2 种，三级保护植物 4 种。保护区植物区系的科、属、种繁多，并几乎包含了世界温带分布的所有木本属，如冷杉、云杉、松、桦、栎、杜鹃等，其中冷杉属有长苞冷杉、急尖长苞冷杉、苍山冷杉、川滇冷杉、云南黄果冷杉和中甸冷杉 6 个种（含变种），同时荟萃于一个保护区内，实为难得；杜鹃花属已知有 47 种分布于保护区内，其中有 36 种为横断山特有属种，15 种的模式产地在保护区及其附近。保护区有国家及省级保护植物 30 种，分属于 20 科；其中：蕨类植物 1 科 1 种，裸子植物 3 科 6 种，被子植物 16 科 23 种。有观赏植物 81 科 180 属 616 种，其中：蕨类植物 7 科 11 属 20 种，裸子植物 5 科 15 属 28 种，种子植物 69 科 154 属 568 种。有药用植物 110 科 242 属 386 种，其中：菌类 5 科 6 属 7 种，地衣类 2 科 2 属 2 种，苔藓植物 2 科 2 属 2 种，蕨类植物 6 科 8 属 8 种，种子植物 95 科 224 属 367 种。其他还有油料植物、淀粉植物、用材树种、香料植物、纤维植物、鞣料植物等与人类生活密切相关的各类植物资源。

白马雪山国家级自然保护区主要保护对象为高山针叶林、山地植被垂直带自然景观和滇金丝猴。滇金丝猴是中国特有的一级珍稀濒危保护动物，与大熊猫一样被称为"国宝"。云南省迪庆藏族自治州的白马雪山自然保护区是中国现有面积最大的滇金丝猴国家级自然保护区。随着生态环境不断改善、保护工作有效推进，保护区内的滇金丝猴数量不断增多，从 2000 年的 1000 只上升到 1500 只左右，约占世界种群数量的 70%。整个白马雪山生态系统保存完整且相对稳定，其良好的森林生态景观和丰富的珍稀动植物资源使得这里成为现今游客神往的旅游目的地。

（二）茶马古道文化资源

奔子栏从古到今都是重要的交通要道。奔子栏渡口为滇藏"茶马古道"上有名的古渡口，也是"茶马古道"由滇西北进入西藏或四川的咽喉之地。从这儿往西北行即可进入西藏，逆江北上，即是四川的得荣、巴塘；沿金沙江而下，就是维西、大白马雪山旅游区重点社区；往东南走，则是香格里拉市及丽江。地处这样的位置，奔子栏就自然而然成了交通的要塞。清政府曾在此设渡口，并设汛驻兵。如今，在奔子栏已修建了横跨金沙江的公路桥——"伏龙桥"，使两岸人民沟通往来方便了不少，同时，也为今天的交通运输提供了极大的便利。

奔子栏的民族节日也很特别。藏历新年并不盛行，而是与汉族一起过春节。与汉族春节不相同的是，除夕之夜，人们围着点燃的篝火，喝着青稞酒，跳着弦子舞、锅庄舞，直至东方既白。总之，各种节庆活动中，汉族、藏族、纳西族等各民族文化，以及佛教、东巴教、自然崇拜、敬神活动等宗教内容的东西与民族习俗综合在一起，形成了茶马古道上文化的一大特色——多元文化的交融。这就是茶马古道的文化，也是小镇奔子栏的独特之处。

（三）土司文化资源

奔子栏在金沙江上游有很高的知名度。作为滇藏茶马古道上的咽喉重镇，奔子栏有着辉煌的历史与繁荣。奔子栏的历史可追溯到吐蕃王朝时期。吐蕃大军曾在此驻扎，进藏客商也必须要经此才能进拉萨。奔子栏素有"康巴江南"的美称，在这里不仅能吃到藏区难得一见的新鲜水果，在路边的小馆子和旅店里，还能吃到鲜嫩的金沙江江鱼。奔子栏藏语为"金色的沙坝"，是德钦升平镇之外的第二大市场，也是古代"茶马古道"一大商埠。过去，这里以出能干的"马脚子"（赶马人）而闻名。在长期的对外联系与交往中，这里的藏族文化呈现出了其独特的地域特点。奔子栏手工制作的民族工艺品木碗、糌粑盒等因做工精美、结实而闻名于全藏区。玉杰村内的石义土司府是茶马古道历史遗址，石义土司府遗址同样具有一定的历史和文化价值。现存的建筑、壁画、纹饰文化历史悠久、民族特色鲜明；百年传承的歌舞文化、建筑文化、饮食文化和手工艺文化独具特色。

（四）饮食文化资源

奔子栏的日常食俗，大部分时间日食三餐，但在农忙或劳动强度较大时有日食四餐、五餐、六餐的习惯。独具特色的饮食有酥油茶、牦牛肉、青稞酒、糌粑、琵琶肉、藏式糕点等，是日常生活的必需品，也是待客、礼仪、祭祀等活动不可或缺的食物。

酥油茶，是藏民族不可或缺的饮品。时下，在德钦各地寻常人家，无论早上、中午、晚上都能喝到酥油茶。在日常交往中，随时可邀朋友或老乡到家中"喝茶"。"喝茶"其实不仅仅是喝酥油茶，更多的是聊天或交流，相比之下，它就等同于西方的咖啡文化。

牦牛肉，是德钦人的主食之一，也被外界公认为最佳的有机食品，德钦藏民仍有腌制牦牛干巴的传统手艺。

糌粑，是德钦的传统主食之一，它将青稞或玉米等炒熟、磨细、经过筛滤而成。糌粑营养丰富，携带方便。目前是德钦各地最常见的食物之一。

青稞酒，是用青稞酿成的一种低度酒。藏族群众男女老少都喜欢喝，是喜庆节日必备之饮料。青稞酒有两种，一种是"琼"（青稞黄酒）；一种是"阿冉"（青稞白酒）。现今仍有大部分德钦人还采用传统的酿造方法酿青稞酒。

琵琶肉，是一种采用藏族传统的腌肉方法制作的肉食，因制作方法独特，保存期长，可煮可炖，是藏家待客的佳肴。目前德钦各乡镇都有制作。

藏式糕点，奔子栏藏族妇女擅长制作面食，藏式糕点风味独特。在德钦各地甚是流行，特别逢盛大节日或婚嫁都是必不可少的。

"卓玛哲丝"（人参果饭），是一独特的食品，除了平日的餐桌之外，过年喜庆典礼等都少不了它，因为它象征着吉祥。"卓玛"是藏语，为青藏高原野生植物蕨麻的一种，俗称藏人参果。

酸奶、奶酪、奶疙瘩和奶渣等也是经常制作的奶制品，作为小吃或其他食品搭配食用。

藏餐在保持自身传统特色的同时，注重"绿色"和"保健"。藏餐的主要原料大都来自无污染的高原地区，是真正意义上的绿色食品；此外，藏餐原料中的松茸、虫草等具有保健作用，使藏餐"锦上添花"，凸显出独特的保健养生作用。

（五）特色建筑

奔子栏各村组都是100%藏族村寨，进入这些村寨最直接的印象就是一栋栋伫立山间的藏式特色民居。藏族最具代表性的民居是碉房。碉房多为石木结构，外形端庄稳固，风格古朴粗犷；外墙向上收缩，依山而建者，内坡仍垂直。碉房一般分两层，以柱计算房间数。底层为牧畜圈和贮藏室，层高较低；二层为居住层，大间作堂屋、卧室、厨房，小间为储藏室或楼梯间。若有第三层，则多作经堂和晒台之用。因外观很像碉堡，故称为碉房，碉房具有坚实稳固、结构严密、楼角整齐的特点，既利于防风避寒，又便于御敌防盗。平面形式为角尺形、"凹"字形或"回"字形。木梁柱承重，土墙围护。土墙为夯筑，靠外一侧有明显收缩。生活、居住性的建筑外墙，只能用白色，以体现它的吉祥、温和、善良的本性。

（六）锅庄文化资源

卓，汉语称锅庄，是一种歌舞体形式。卓的歌词比较完整而严谨，自始至终有严密的顺序。早间为贵族和"上层建筑"的歌舞，是一种有特定表演环境的、古老的藏族民间歌舞形式，是一种无伴奏的集体歌舞，庄重、稳健、豪放，歌词深刻、曲调缓慢，故年轻人一般不太喜欢，而中老年人则偏爱锅庄舞。锅庄舞有一套严格的程序，必须按迎福词、吉祥锅庄、迎宾锅庄、赞美锅庄、辞别锅庄到挽留锅庄、祈福锅庄、驱鬼锅庄等，一场完整的锅庄舞会则是一个完整的社会礼仪程序。由于早间受阶层、调式及表演场合的限制，在德钦县除奔子栏外的七个乡镇中濒临绝迹。

奔子栏锅庄是德钦国家级非遗项目之一。奔子栏锅庄根据曲调、唱腔、舞蹈的快慢，分为"吆""卓金""霞卓""卓草"四种，其中前三种都是奔子栏锅庄舞所独有的。奔子栏锅庄有一个明显的特征，舞蹈动作幅度较大，舞者下身坠地，上身飘逸，动作稳健豪放，变化多样，只有在奔子栏土生土长，完全融入奔子栏的民族文化中的人，才能地道地跳出奔子栏锅庄的韵味。奔子栏锅庄舞的歌词有一套严谨的排比和巧妙的比喻规律，唱天必唱日、月、星，唱人必唱帝、佛、智者，唱地方必唱北京、拉萨和家乡，歌词内容涉及社会生产生活的各个方面。

（七）奔子栏节日文化资源

奔子栏藏族依山生存，在千百年的历史长河中，尽享大山饱饮甘泉、滋养万物、哺育众生的赐予，直观高山雪原神圣不可侵犯的神奇力量，乃至爱山、敬山，赋山以人格，朝拜神山成为传统，形成了独特的神山文化。奔子栏的"喇丝"，就是先民传承至今的朝拜神山的活动。藏语"喇"即神，"丝"即请。意译"喇丝"意为请神、敬佛敬神之意。对藏民而言，山就是养育自己的母亲。敬山犹如敬父母，因此藏区几乎村村有自己的神山。

奔子栏早在千年前就已形成有一定规模的自然村落了，传说中是文成公主进藏的途经之地。史上俗称的奔子栏，相当于现在的奔子栏、书松、叶日行政村的三四十个自然村落。这些村落除了有自己敬奉的神山，还有一座大家共同的神山——日尼巴吾都吉神山。

传说日尼巴吾都吉是一位修炼成佛的武将山神。很久以前，日尼神山一带曾常年干旱，水源枯竭，草木凋零，山下子民饱受干旱之苦。听说迎娶龙王的女儿能改变这一切，日尼神山的4位守护将军前往说服龙王嫁女。日尼山神在藏区受到广泛供奉，凭着他的威武和地位，日尼山神得以迎娶龙王的女儿格宗为妻。几年后，日尼神山下溪水潺潺，果木成林，牛羊遍地，山下子民过上了富裕安乐的生活。因此，日尼神山周边几十个自然村落的藏民都敬奉日尼巴吾都吉，其他地区的藏民也会择机朝拜日尼巴吾都吉。著名的东竹林寺则建在日尼巴吾都吉对面的山坳里，犹如天天对神山朝拜。每月初一到初十五，藏民都可去朝拜神山，但最为庄重、盛大的一次是在每年正月春节这期间。这时，几十个村落的村民相约共拜日尼巴吾都吉神山，形成各村藏民朝拜山神与迎神同乐的喇丝节。

（八）特色纺织工艺

奔子栏保留着传统的毛纺织工艺，纺织品结实耐用，保暖性能好。纺织工艺先将绵羊毛揉搓成团状，用木制的纺轮将羊毛捻成羊毛线，藏语称"笔给"。后用当地制作的织机织成氆氇，藏语称"绰"，宽30厘米，羊毛的颜色为纯白色，织成后染成咖啡色，可缝制成楚巴、藏式坎肩、男女式上衣。用绵羊毛线还可织成羊绒毯，藏语称"棕主"或"布左"，毛较长，纺织时加入红、绿毛线增加毛毯的色彩。还可用各色彩羊毛织成藏式腰带，色彩按各人喜爱，也有相应固定的式样和色彩。若用牦牛毛纺线织成布，藏语称"嘎叉"，可缝制装粮的口袋、帐篷、日用毛毯，颜色多为黑白两色，呈条状。毯子加入染制的朱红色，纺织程序与氆氇织法相同。

（九）悠久的木器工艺

奔子栏木器工艺历史悠久，传说在500年前，奔子栏就有一家木器工艺作坊，家里有四子一女，按家传习俗，只传子不传女，四子都学到了木器加工的技术。现在的桑木各、归里加、卡沙、阿桂四户就是他们的后代，所以这四户的木器制作工艺特别精湛，奔子栏也成为有名的民族手工艺制品生产地，特别是木碗、糌粑盒、酥油盒、木杯、木碟、木盘、藏式折叠桌等，工艺精美，远近闻名。早在明、清年间就远销西藏、青海、四川、甘肃等藏区，部分还销往印度、尼泊尔等国。近几年，奔子栏工艺品以它独特的加工技术、独特的造型、独特的漆艺和精湛的工艺深受藏民的喜爱。

（十）民族宗教旅游资源

1. 噶丹·东竹林寺

噶丹·东竹林寺是康藏十三林大寺之一，传说是很久以前有一个高僧云游至此，看上了这里的金字塔形的大山，认为那是神的化身，于是在此地立庙朝奉。如今的东竹林寺坐落在德钦县奔子栏乡书松村南永干顶东坡上，距乡驻地奔子栏23千米，滇藏公路从寺后横穿山腰而过，汽车可直达寺内，且常年四季通行无雪阻。该寺地处白茫雪山背风凹处金沙江河谷延伸部分，海拔3000米左右，气候属山地季风气候，具有"冬无严寒，夏无酷暑"的特点。

东竹林寺始建于清康熙六年（1667年），原址在书松村旁边，水头山寺附近。原名"冲冲措冈寺"，意为"仙鹤湖畔之寺"。清康熙十三年（1674年）与德钦林、红坡羊八景林同时被藏传佛教格鲁派兼并，正式改宗为格鲁派。清康熙十五年（1676年），五世达赖赐寺名为噶丹·东竹林，藏语意为兜率成就寺，全意为"兜率天诸事成就寺"。

寺中收藏有很多珍贵文物，其中有镀金弥勒转法轮佛像、白度母像、三世诸佛像、文殊菩萨像，还有唐卡（宗教卷轴画）阎罗王像、十八罗汉像，以及班禅历生传、释迦巨行传等17幅刺绣，大小灵塔、佛塔数不胜数，跳神道具、法器也一应俱全。

寺院在"文化大革命"中曾遭到毁坏，如今的新寺是从1985年开始历时7年新修的，有僧侣800余人，管事活佛4人。主寺大殿为寺院建筑群核心，坐北朝南，大殿南面为广场，广场东、南、西三面建有两层回廊式建筑。经过33年的不断扩建，现东竹林寺已有5层大殿1座，1所辩经院，1所法相学院，大殿前建有金刚神舞院，4座活佛拉章（府邸），104所僧舍，整个寺院占地面积29970平方米。在册僧人636人，活佛高僧13人，是云南省重点文物保护单位。

2. 书松塔巴林寺

书松塔巴林寺是云南唯一的藏传佛教尼姑寺。由三世扎唐活佛阿普喇嘛倡建于清乾隆三十六年（1771年），扎唐活佛用内地生产的手工织的一块蓝布换来寺庙的地基，修建了书松尼姑寺。寺庙在"文化大革命"中被捣毁，尼姑全部回家从事生产劳动。

1986年班禅大师视察迪庆路经奔子栏时接见了书松尼姑寺主持，提出了许多宝贵的建议，为该寺的恢复重建奠定了基础。由于东竹林寺移址重建，将原寺改制为尼姑寺，届时扎唐活佛赐名为"塔巴林"，意为"解脱寺"。

目前塔巴林寺有尼姑115名，现寺里有堪布（主持）1人、格干青布（大老师）2人、格规（执法尼）1人，尼姑中民主改革前入寺为尼的有21人，其余都是新入寺的。

塔巴林寺现有大殿1座，占地约225平方米，大殿面阔5间，进深5间，共有16根大柱，大殿周围建筑为尼舍。大殿正中塑有一层楼高的宗喀巴师徒三尊像。左边塑有白伞盖佛母、大摩里支佛母、弥勒佛、释迦牟尼佛，右边塑有千手千眼观音菩萨、白度母、绿度母、大威德金刚、六臂依护主护法、吉祥天女护法、多闻子护法、狮面空行母等。大殿四壁绘有清代壁画，这些壁画用矿物质颜料绘就，虽经百年沧桑，但仍色彩艳丽，人物形象栩栩如生，具有较高的文物和艺术欣赏价值，1987年12月21日，云南省人民政府颁布东竹林寺为省级文物保护单位时，其中塔巴林寺是保护主体。

3. 云仙寺

云仙寺位于奔子栏镇夺通村委会牙隆村上方，始建于明朝万历年间，由丽江军民府土知府木增（斯诺绕丹）为施主修建，为德钦县建寺最早的寺院之一。该寺创建前此处有新搬来的几户人家，形成一个新村落，故此寺叫"云仙寺"，意为"新村寺"。"文化大革命"前有大经堂1座，僧舍21所，僧侣人数最多时达90余人，活佛1人。"文化大革命"中被毁。1982年经县人民政府批准，补助3万元重建，现有大殿1座，活佛拉章（府邸）1座，僧舍17

所，有僧侣 33 人。

1676 年，东竹林寺改宗为格鲁派寺院，同时将奔子栏境内以及当时中甸五境、维西塔城等地的 7 个小寺庙兼并，并改宗为格鲁派。据说当时五世达赖亲临东竹林寺坐镇，派游说僧上云仙寺说其改宗为格鲁派。云仙寺坚持宗噶举派，五世达赖见游说失败，想用武力征服，就派僧兵攻打云仙寺。始料未及的是云仙寺的护法神法力强大，在僧兵上山时布下迷雾阵，浓浓大雾笼罩着整个山头，能见度不过一米，使原本的一条路分出岔道无数，僧兵们怎么走都无法抵达寺院。几个来回后撤回东竹林寺，并放弃了对云仙寺的改宗，因此云仙寺成为了奔子栏境内唯一一座噶举派寺院。

总体来看，德钦县奔子栏作为白马雪山旅游区和三江腹地，旅游资源类型齐全，品质高，互补性强，特别是白马雪山旅游区、三江土司府、奔子栏锅庄、滇金丝猴等国家级、国际级的珍稀资源。但是从资源开发利用的角度上看，奔子栏尚存在很多瓶颈，与州域内的德钦县和香格里拉市比起来，市场接受度并不突出，资源特色没有整合成资源优势，资源优势还没有被开发成优势产品。这就需要在今后的乡村旅游发展过程中采取全域型、整合型的发展模式，充分发挥奔子栏旅游资源的特长，不断地推出特色旅游产品，要把文章做在奔子栏旅游资源的独特性和唯一性上。转变资源开发方式，从传统的资源导向型转为市场导向型，针对市场需求，利用自身优势合理开发以达到增强市场竞争力的目的。

二、奔子栏镇发展乡村旅游的可行性和必要性

（一）可行性

1. 具备发展所需要的自然景观资源

奔子栏 6 个行政村及周边生态环境良好、生物资源丰富、民族文化丰富，发展乡村旅游所需的资源充分。特别是其处于白马雪山旅游区范围内，拥有大面积原始森林和雪山，最大可有 2000 多米的高差，垂直植被分布特点分明。处在青藏高原向云贵高原过渡接触地带垂直海拔变化较大。白马雪山的自然地理环境及生物资源十分丰富，过渡色彩非常明显，是中国面积最大的滇金丝猴国家级自然保护区，自然景观多元化等特色为奔子栏发展乡村旅游奠定了基础。

2. 交通条件不断得到改善

奔子栏镇位于云南省迪庆州德钦县境东南部。东与四川省得荣县瓦卡镇隔江相望，南靠拖顶乡，西邻霞若乡、燕门乡和升平镇，北接羊拉乡。镇政府驻

地奔子栏村距香格里拉市区 81 千米，距德钦县城 104 千米，滇藏公路（214国道）穿镇而过，农村通组公路达282.4千米。奔子栏各行政村、自然村道路已得到基本的改善，目前交通条件正在不断地完善，方便了当地百姓出行，也为将来的乡村旅游发展的游客通达性提供了保障。

3. 白马雪山户外徒步线路趋于成熟

白马雪山旅游区作为德钦县当地居民的重要牧区，公园内的高品质自然资源已经被当地老百姓了然于胸，而且很多地方都被人为开辟出小路来，这为奔子栏的徒步探险旅游开发建设也铺好了路，既能保证徒步探险的通达性，又能保障线路的安全。

4. 历史文化积淀深厚

土司府作为西南边陲历史上的重要行政单位，为当地留下了不少历史的痕迹，为研究人员更好地了解西南地区历史提供了依据，作为一种历史文化，对现有遗迹修旧如旧，还原历史，让更多的人了解土司文化，使历史能受到活态的传承和保护。

5. 服务业的发展基本能满足旅游市场的发展需求

奔子栏境内酒店、客栈、民宿等有近 100 家，总床位数近 1800 个，其中奔子栏镇政府周围就有 67 家酒店 1345 个床位；而且各行政村都有相应的接待能力，像书松、玉洁、叶央、达日、夺通、奔子栏等村；有松赞奔子栏、丽世奔子栏两家五星级酒店，可解决高端旅游的吃住问题。

（二）必要性

1. 整合资源、避免同质化发展

奔子栏发展乡村旅游，开发建设徒步探险、文化休闲旅游等，进一步整合奔子栏的优质资源，为合力打造具有神奇色彩的穿越线路——白马雪山旅游区和历史久远的土司文化体验提供了有力的支撑，减少了各资源点"单打独斗"带来的投入性浪费，同时也避免了景区间同质化发展。

2. 打造德钦旅游新亮点，带动周边旅游业快速崛起

奔子栏全域型乡村旅游的徒步探险、文化休闲旅游开发，是整个白马雪山旅游区旅游开发项目的重要支撑，对德钦县打响白马雪山旅游品牌具有重要意义。项目建设符合国家森林公园的保护要求，也符合现在进藏游客的旅游需求，徒步、骑行、自驾、露营等是现在旅游市场的火热项目，发展前景可观，能够为德钦县打造一个新的旅游亮点，同时带动奔子栏及周边地区旅游业的快速崛起。

3. 乡村旅游的开发促使村民对环境的主动保护，防止村庄建设扩张对环境的破坏

社会经济的不断发展进步，环境问题成了发展中越来越重要的议题。奔子栏徒步探险、文化休闲旅游开发建设能够主动地保护环境，防止了在村镇中不断地扩张建设对环境的破坏。通过旅游来宣传国家森林公园的环境对老百姓发家致富的重要性，通过旅游来让更多人关注和介入对白马雪山自然生态环境的保护，平衡社区老百姓现代生活与国家森林公园生态环境的保护和生态恢复之间的利益关系，对奔子栏的可持续发展具有重要意义。

4. 奔子栏乡村旅游开发为德钦县各乡镇旅游开发积累经验，打造德钦旅游新亮点

有利于将奔子栏镇丰富、特色的旅游资源优势尽快转变为经济优势，延长旅游产业链，促进项目区社会经济全面、快速、健康发展，推进社会主义和谐建设。通过多元化旅游产品体系的打造，快速提升"白马雪山旅游区"的影响力和吸引力，丰富游客的旅游体验内容，满足不同游客的旅游接待诉求，并为后续景区景点的开发积累成功经验，将白马雪山国家公园打造成德钦旅游和迪庆旅游的又一引爆点。

5. 带动当地群众转变生产方式，脱贫致富奔小康

奔子栏徒步探险、文化休闲旅游的建设有利于带动当地群众从发展传统农业到发展生态农业转变，可以积极引导和带动当地群众参与发展乡村旅游，参与景区的建设和运营，从事旅游服务和旅游商品加工、土特产销售等业务，扩大就业，增加收入。

三、奔子栏镇发展乡村旅游存在的问题

（一）思想认识问题

无论是社区居民，还是政府或乡村旅游经营者都存在对乡村旅游缺乏理解的情况。一方面是对开发乡村旅游项目所需要的条件分析和认识不够，对本土资源的评价过高，致使旅游开发者对于乡村旅游开发期望过高；另一方面是对乡村旅游特征的认识不足，越来越多的非乡村建筑和工商户出现在乡村旅游景区，没有很好地保护乡村原有的风貌，使乡村旅游景观"乡村性"不足。

（二）规划问题

没有进行统一的规划，导致地方在发展乡村旅游时，缺少对当地旅游资源的合理运用，允许开发商对当地旅游资源盲目地开发，类似的建筑过多，缺少地方特色。旅游资源的开发形式单一、水平不高、低品位、特色不强，是缺乏

对客源市场的吸引力的主要原因。

（三）基础设施问题

乡村旅游发展目前最大的一个约束问题是基础设施落后。大部分的基础设施不能满足旅游者的需求，如道路、停车场、洗手间、工具间、电话亭和其他公共设施。公共设施设备不足，餐厅和其他大型餐饮住宿条件差，卫生状况和设施设备条件难以留住游客。

（四）资金问题

资金短缺、缺乏投资。虽然乡村旅游投资相对较小，见效更快，但不是不需要钱，尤其是在建设规模大、水平欠缺的乡村旅游地区，既需要能改善基础设施建设又需对外宣传推广的资金，所以必须有一定的资金保证。

四、奔子栏镇乡村旅游全域型开发思路

（一）户外徒步探险

白马雪山作为藏区著名山体之一，其相对海拔和气候适宜于户外徒步探险爱好者们融入大自然、挑战极限、挑战自我的需求，而且这些徒步线路可将奔子栏更多的村寨联系在一起，村寨也能为徒步爱好者提供旅游帮助与补给。规划4条白马雪山徒步探险线路如下。

1. 粗卡通—尼丁—古龙普—第一垭口—第二垭口—茨南湖—白马夏季草场—杜鹃花海—214国道至德钦第一垭口—金牛草场—娘九丁观景点—叶日

此线路为白马雪山徒步探险线路的终极线路，用时5天以上，适合专业徒步爱好者。其中粗卡通至尼丁需1天时间；尼丁—古龙普—第一垭口—第二垭口—茨南湖用时需1整天；茨南湖—白马夏季草场—杜鹃花海—214国道至德钦第一垭口用时需2天，214国道至德钦第一垭口—金牛草场—娘九丁观景点—叶日用时需1整天。这些时间计划都是在天气良好的前提下，若遇见风雪就需要寻找安全庇护所进行避难，因此应在终极线路中最凶险的茨南湖—白马夏季草场—杜鹃花海—214国道至德钦第一垭口—金牛草场段修建固定式的避难所，保障游客生命安全。

2. 粗卡通—尼丁—古龙普—第一垭口—亚酷侬—第二垭口—茨卡拉吹—塔巴林寺

此条线路由奔子栏而来的游客可直接从尼丁出发，1天时间即可到达终点；若从霞若乡的粗卡通出发需要2天时间。此线路适合体力较好的徒步爱好者，徒步者须带足水和干粮。为方便游客休憩，提升徒步线路中的景观效果，规划把在第一个垭口后的亚酷侬和第二个垭口后的茨卡拉吹设为游客休憩点，

除了对原有的牛圈进行改造，改造成休憩亭外，对现有人为的垃圾进行清理，提升整体景观品质。

3. 尼丁—石义—扎冲顶—通多—布通—古龙普—尼丁

此线路为玉杰文化休闲户外运动基地内部的旅游小环线，通过环线的建立将串联玉杰村各特色村寨的乡村旅游经济发展。用时为 1 天，游客从尼丁出发，经过 1 个多小时即可到达石义村对面山上的观景台，观石义修复的百亩土司府衙，感受土司文化的震撼与壮阔。再经过 1 个多小时可到达扎冲顶桃花园特色村寨，欣赏田间地头的桃花盛开，游客可在此休憩，体验藏族手工艺品的制作。再经过 1 个多小时游客就可经过通多到布通，这里有为游客准备的藏式山珍美食。游客在用过午餐后可选择去通多休闲疗养，来个身心的放松；也可以选择在用过午餐后去尼都参加亲子活动、青少年户外拓展或者真人野战等户外运动项目。到下午可以选择去古龙普骑马狩猎，夜晚可在古龙普露营或者住进农户家中体验藏族的民俗生活。如果游客在用过午餐后选择徒步前进，那么用 4 个多小时时间就可以翻过一个垭口到达出发地尼丁，在这里也有为游客准备的丰盛晚餐、篝火晚会和民族歌舞。通过这条环线的营造，将玉杰重要特色村都串联起来形成一个整体的旅游产品展现给游客，丰富了玉杰村的文化休闲户外运动基地的活动内容。

4. 追古—杜鹃林（达玛拉咱—布仁扎—次牛—帕让）—永着次古（神山）—祖美吾秋（湖泊）—霞若乡格里拉—茨卡通（用时 3 天）

此线路为叶央村自然风光、风土人情旅游路线，用时 3 天，适合体力较好的徒步爱好者。徒步者须带足水和干粮。沿途的村寨可以为游客提供休憩、补给等，增加徒步线路中的人文景观与自然景观相得益彰的观景效果。

（二）奔子栏石义土司府建设

玉杰村拥有作为整个奔子栏最具有文化价值及历史底蕴的土司府遗址，这里曾是三江流域通往西藏的一个重要的茶马古道驿站与物资集散地，是号令三江总司令的土司衙署，如今这座土司府承载过无数的风雨后，留下了现如今的断壁残垣，但可以推测出这座藏族土司府规模宏大，据记载，现如今整个石义村小组都处于土司府原址上，包括菜园、马棚、练兵场、厨房等附属功能在内规模超过一百亩以上。

1. 石义——"三江土司府"奔子栏历史文化博物馆：将现有土司府遗址部分以及周边农田等 100 亩用地，依照土司府原有规模，风格样式进行修旧如旧，建成以"三江土司府"为文化主题的历史博物馆。

2. 规划将土司府修旧如旧，恢复旧日的土司府规模，围绕"以生态文明为本，以文化历史为魂"的要求，以保护历史文化遗迹为原则，把优美的自然风光和深厚的历史文化相结合，把观光旅游与休闲文化旅游相结合，丰富区域旅游产品品质，提升奔子栏乡村旅游的文化内涵。

3. 将现有占用土司府用地的农户搬迁至集中安置点，方便土司府的修旧如旧的进程，同时集中式易地搬迁可改善农户的生产生活条件，集中解决村内供水供电困难问题。在土司府修复完成后本村农户负责土司府的清洁养护工作，采用活态保护方式。

（三）建设奔子栏藏族特色茶马古道文化走廊（即奔子栏滨江大道）

在 214 国道金沙江边沿着奔子栏玖玛—下社—习木贡—娘举贡—农利小组修建一条长近 4 千米、宽 3—6 米的文化走廊，道路两侧边缘建设吊脚木长廊，长廊内设有座椅凳子，设有文化宣传栏，打造奔子栏锅庄、藏族特色餐饮、藏族服饰、木制品加工、特色纺织等奔子栏特色文化旅游市场一条街，并为游客提供食宿、休闲、娱乐服务，工作间可设在附近的农户家中，农户在自家内加工好消费品后为游客端上桌子，游客可以在毫无污染的大自然的环抱下享受美食、娱乐、休闲，享受金沙江的自然风光。

（四）藏族特色民族文化旅游建设

以奔子栏集镇 3 个州级文物保护单位（奔子栏佛堂壁画）为起点，参观水边寺扎塘活佛静室、噶丹·东竹林寺和塔巴林寺（尼姑寺）。通过对文物保护单位佛堂壁画、唐卡、宗教仪轨等藏族特色文化的参观学习，进一步了解藏族特色民族文化的深厚文化底蕴和内涵。

五、乡村旅游综合效益

（一）增加经济收入，创造就业机会

旅游业是一个劳动密集型产业，能够提供大量直接和间接的就业机会。发展乡村旅游，可以解决周边地区人口的就业问题，增加农民的收入，创造就业机会，带动本地经济的发展。另外，过去没有人注意的土产、农家饭、民间艺术、手工艺品等都可身价倍增。

（二）改善保守观念，提高区域知名度

发展乡村旅游，可以吸引大量游客，使得外界的先进思想、文化、观念和信息源源不断地输入，有效促进本地文化与外来文化的交流和融合，从而加速其社会经济的现代化进程，提高人民生活水平和质量；也有利于改善投资环境，扩大对外开放，提高地方的知名度。同时旅游业的发展，还将促进社会稳定，有利于本地生态环境资源的保护和传统文化的弘扬。

（三）带动周边地区经济的发展，推动产业扶贫

旅游业的发展具有极大的乘数效应。可以为周边地区的农副产品的销售提供一个大市场，带动周边地区经济的发展，延长旅游的产业链，扩大产业面，形成产业群。同时带动与之相关的餐饮、娱乐、交通、商业等行业的飞速发展。

（四）促进区域产业结构调整

生态旅游作为有助于促进地区经济结构的调整，可形成旅游业带动第三产业的发展。主要体现在以下几个方面：第一，促进以农产品加工和服务为重点的第二、三产业发展进程，优化区域经济结构；第二，吸纳农村富余劳动力就业；第三，贯彻中央提出的科学发展观，有利于统筹城乡社会经济的协调发展。随着旅游业的不断发展，附近农村的商业、服务业、个体运输业等的营业收入不断增加。

（五）加速农村现代化建设和基础设施改造的进程

发展乡村旅游给农民带来经济效益的同时也促进了农村基础设施的改进，在很大程度上推动了农村现代化的进程。由于游客消费的需求，基础设施建设投资的力度必然加大，使农村的道路、通信、供电、供水、垃圾处理、电视接收等基础设施都将产生明显的带动效应。

（六）形成新的投资热点

以打造区域唯一的草地露营为特色，完善多元化的旅游产品，引领奔子栏乡村旅游开发建设步入良性发展轨道，改善投资环境。以此增强投资者的信心，进而实现项目聚集、产业聚集的发展目标。以优美的环境、全面的服务、完善的功能吸引更多投资，形成德钦县乃至迪庆州新的投资热点。

（七）加强生态文明建设的重要支撑

旅游业以自然、人文和社会资源为发展基础，以优美环境和良好生态为发展条件，奔子栏通过发展全域型乡村旅游，实现资源保护与利用的完美结合。大力倡导文化旅游、绿色旅游，引导旅游者关注生态、保护环境，推动旅游企业开展绿色经营，强化旅游景区环境责任，有力地推动了生态文明建设。

（八）推动社会进步与发展

旅游业是促进城乡统筹和区域协调发展的优势产业，由旅游人流所引发的物流、资金流、信息流等，加快了城乡之间的流通与融合，促进了产业结构调整。通过发展乡村旅游，带动了农副产品、旅游纪念品加工生产，可取得明显的政治、社会和经济效益。

乡村旅游具有关联性强、带动性大、辐射面广、综合效益好的典型特征，在各地经济社会发展中承载着重要责任，显示出旺盛的生命力。在奔子栏发展乡村旅游不仅符合德钦县情、奔子栏镇情和经济社会发展的实际需要，而且是推动全县、全镇调整产业结构、转变发展方式、弘扬民族文化、促进生态建设、带动群众增收和实现脱贫致富的重要途径和抓手。

在今后的发展进程中，要紧紧围绕以解决人民日益增长的旅游需要与不平衡不充分的旅游发展之间的矛盾为根本，以推动乡村旅游发展为主线，以推进旅游治理规范化、旅游发展全域化、旅游供给品质化、旅游参与全民化、旅游效应最大化为原则，加快推进旅游供给侧结构性改革、全域旅游、旅游＋、厕所革命、旅游投资、旅游消费、乡村旅游、旅游扶贫、旅游安全、诚信旅游、文明旅游、红色旅游、旅游外交等各项重点工作；提升奔子栏价值、奔子栏力量和奔子栏旅游整体形象；实施品牌战略，大力提升"香格里拉的坐标——梅里雪山"旅游品牌魅力。

第十一章　传统文化与自然风光的结合
——同乐傈僳族传统村落的乡村旅游之路

叶枝镇地处维西县城西北部，澜沧江由北向南贯穿全境，东、西两岸分别为云岭山脉与碧罗雪山山脉，北毗巴迪乡，南邻康普乡，东沿云岭山脉与德钦县施坝及金丝猴栖息地萨马阁自然保护区相连，西沿碧罗雪山主系山脉与怒江州贡山独龙族怒族自治县茨开镇为界。叶枝镇土地面积为469.52平方千米，境内最高海拔4880米，最低海拔1740米，资源丰富，风景秀美，共辖8个行政村99个村民小组，居住着以傈僳族为主的9个民族，自古以来就是金沙江、澜沧江、怒江"三江并流"自然景观的核心腹地。①

叶枝，早在唐代即以"聿赍"为名，筑有土城。唐贞元十七年（801年），吐蕃大军屯驻5城，聿赍城即为其中之一。清雍正年间重建土城，城内北、南城门之间建有土石街道。从古至今，叶枝在滇西北以及邻近的康藏地区一直是个远近闻名的村镇，而在第一批云南省非物质文化遗产名录中，叶枝镇的"阿尺木刮歌舞之乡""同乐村傈僳族传统文化保护区"两个项目入选。近年来，在乡村旅游的打造上，叶枝镇依托同乐傈僳族文化、叶枝土司衙署等丰富的旅游资源，充分利用区位优势，大力发展旅游服务业，积极构建体系完整、功能齐全的旅游服务体系。深度挖掘叶枝镇旅游服务潜力，努力提高旅游接待能力，"吃、住、行、游、娱、购"等旅游服务要素进一步健全，旅游服务产业集群初步形成。傈僳族文化探秘之旅、土司衙署百年风雨、雪山冰湖杜鹃花园徒步旅游等独具地方特色的旅游项目得到较快发展，打破了单一的生态观光旅游模式，运动休闲旅游、养生度假旅游、文化体验旅游等新的旅游模式有效地丰富了叶枝镇旅游业的内涵。2016年叶枝镇累计接待中外游客3万人次，同时，据不完全统计，2017年仅同乐村接待游客就达到1万人次，实现了旅游业

---

① 维西傈僳族自治县人民政府发展研究中心编：《维西傈僳族自治县年鉴·2017》，云南民族出版社2017年版，第78页。

的新突破。[①]

一、叶枝镇同乐村概况

维西傈僳族自治县是全国唯一的傈僳族自治县，也是云南省傈僳族主要聚居的地区之一。同乐行政村隶属于叶枝镇，地处叶枝镇南边，距镇政府 2.5 千米，距离维西县城 70 千米。土地面积 60.95 平方千米，海拔 1840 米，年平均气温 14.30℃，年降水量 947.70 毫米。[②]

全村以纯傈僳族聚居为主，其中，同乐大村是保留下来的纯傈僳族民居山寨，属于省级非物质文化遗产。同乐村不仅是维西县最具代表性和较为古老的傈僳族村寨，也是目前国内规模较大的傈僳族山寨，以阿尺木刮傈僳族歌舞和传统民居建筑群等最负盛名。

同乐村自然环境优越，地处白茫雪山国家级自然保护区边缘，源自雪山深处的同乐河从村寨下方汇入澜沧江，村寨高踞于山坡之上，傈僳族的传统民居鳞次栉比，远看如一个个蜂巢，周边森林农田环绕，村民在崎岖的山路间赶着牛羊，人文与自然相互融合，形成一幅和谐的山地河谷人文景观。

同乐村地域历史文化悠久，建寨至今已有三百多年历史，其社会、经济、文化在当地极具代表性。维西傈僳族在历史上因恒乍绷起义（1801—1803 年）等原因有过两次大的迁徙，有大批的傈僳族居民渡过澜沧江来到今天的怒江傈僳族怒族自治州定居，后来怒江傈僳族在文化方面深受西方传入的天主教、基督教影响，而叶枝同乐一带的傈僳族则依旧还保留着历史上傈僳族社会经济文化的本来风貌，至今延续着一些传统的生产生活方式，使得该村落的传统风貌得以完好保存，而未受到外界过多的影响和破坏，具有较高的历史研究价值。此外，同乐傈僳族传统民居建筑群是我国少见的山地少数民族建筑群，也是维西最具代表性和较为古老的传统民居建筑群，具有极高的艺术与科学研究价值。

2006 年 5 月 8 日 "叶枝镇同乐村傈僳族传统文化保护区" 被云南省人民政府公布为第一批云南省传统文化保护区。在 2007 年开始的全国第三次文物普查中，被列为全国百大新发现之一；2012 年 1 月，被云南省人民政府公布为云南省第七批省级文物保护单位。同时，同乐村是傈僳族非物质文化遗产保存最为丰富的村寨，有如下 9 项被批准的非物质文化遗产项目。

---

① 《叶枝镇 2018 年镇政府工作报告》。
② 维西傈僳族自治县人民政府发展研究中心编：《维西傈僳族自治县年鉴·2017》，云南民族出版社 2017 年版，第 82 页。

1. 国家级名录（2 项）

中国民间文化艺术之乡：傈僳族"阿尺木刮"艺术之乡。

传统舞蹈：傈僳族"阿尺木刮"。

2. 省级名录（1 项）

民族传统文化保护区：叶枝镇同乐村傈僳族传统文化保护区。

3. 州级名录（6 项）

濒危语言民族文字：傈僳族音节文字。

传统工艺："阿尺木刮"歌舞服饰、傈僳族木楞房、傈僳族传统弩弓。

传统音乐：傈僳族"阿尺木刮"音乐。

传统口头文学及其载体：傈僳族二十四部《祭天古歌》。

二、同乐村傈僳族传统文化

（一）傈僳族发展历史与文化简述

傈僳族是我国西南边疆一个古老的少数民族，有着悠久的历史和丰富的文化，主要分布在怒江、澜沧江和金沙江两岸的河谷山坡（即三江并流地区），其中澜沧江流域的傈僳族主要生活在维西。傈僳族的发展经历了一个漫长的迁徙过程，由于没有本民族的文字记载，汉文记载也较少，对民族的古老历史及其族源可考证的史料十分缺乏，但专家通过相关研究方法以及对民间世代流传的口传资料整理分析，也较为清晰地整理出傈僳族的族源和历史发展线索。傈僳族原属于氐羌族群，远古游牧于青藏高原青海、甘肃、四川交界地带，后逐步南迁至四川雅砻江及川滇交界的金沙江两岸广大地区，此后又由于种种历史原因逐步地向西迁徙，到达三江并流腹心的澜沧江一带。到了 16 世纪（明嘉靖万历年间），在澜沧江的傈僳族受到了封建王朝大民族主义和地方土司的压迫剥削和打击，被迫迁往怒江以及更西更南的地方。从 17 世纪开始到 19 世纪的两百多年间，傈僳族又经历了几次民族大迁徙，一方面是由于反抗封建王朝压迫和剥削的起义陆续失败，遭到血腥屠杀，造成民族迁徙；另一方面，由于社会经济生活仍处于传统狩猎和采集的方式中，居处不定，易于迁徙，也是造成多次民族大迁徙的主要原因之一。19 世纪中期到 20 世纪初，成批的傈僳族向西越过高黎贡山进入缅甸，还有一些向南沿澜沧江、怒江经镇康、耿马进入沧源、孟连，然后到达老挝、泰国等东南亚国家。

同乐，傈僳语为"怒妥乐"，意为一张牛皮大的坡地。虽然关于同乐建村的年代已无从考证，但据《维西傈僳族自治县志》记载："傈僳族在县境居住的历史比较久，唐代铁桥附近居住着施蛮、顺蛮部落，今县境内的一部分地方即为他们居住的区域。现代一些学者认为，施蛮、顺蛮乃是傈僳族的先民。"其中所说的施蛮部落在唐贞元十年（794 年），被南诏异牟寻在夺取神川都督府时击破，大部分百姓迁往维西境内，在澜沧江上游聚居，成了维西傈僳族的先民，可以说从那时起同乐就有了傈僳族人民生活的历史足迹。

傈僳族文化在长期的对外迁徙中不断传播，不仅在中国西南的云南、四川地区，而且在东南亚地区甚至更远的国度都有分布，并且自己的文化在发展过程中也与迁徙地原有的民族文化相结合，一方面丰富了自己的文化，另一方面也丰富了迁徙地原有的民族文化。云南的傈僳族主要集中分布在滇西北地区，特别集中于三江并流区域，并从地域上又可分为东部金沙江傈僳族，中部澜沧江傈僳族和西部怒江傈僳族。各地的傈僳族由于迁徙、战争以及生活的自然环境和社会环境不同，其政治、经济和文化呈现出不同特点，发展也相对不平衡。在傈僳族的历史迁徙中，维西作为一个要冲隘口，自身所处的"三江并流"腹地的地理环境和社会环境具有特殊性，也使本地区的傈僳族文化在我国傈僳族文化中起到了承前启后、聚集又放射的重要作用。

在维西傈僳族居住的澜沧江峡谷地带，东有云岭山脉，西有碧罗雪山，河谷深陷，相对高差超过 3000 米，立体气候明显，是典型的峡谷山区。当地的各民族都因地制宜地从事着峡谷经济，即山地农业、畜牧业和采集狩猎业，傈僳族亦是如此。在 16 世纪，澜沧江一带的傈僳族沦为丽江纳西族木氏土司的农奴和奴隶，尽管在内部社会还保留有原始氏族制度的遗迹，但从社会整体上来说已经进入了较高级的社会形态——封建领主制社会中。与金沙江一带的仍处于氏族社会的傈僳族相比，此时澜沧江维西一带的傈僳族大多已经处于较为稳定的定居农耕生活中，并且能通汉语，使得维西傈僳族在经济、社会、文化上的发展已经有较大提升。尽管傈僳族在其发展过程中受到不断迁徙和不同统治制度的影响，但其古老传统的文化依然较为完整而系统地保留至今。原始宗教、山地农耕、天文历算、民居建筑、神话传说、道德习俗、婚姻习俗、草医草药、节日庆典、饮食服饰、歌舞音乐、民间文学等等，每一文化单元各成一系，却又在物质和精神上相互关联，呈现出极端丰富而又层次分明的特征。

（二）同乐傈僳族传统民居建筑群

云南少数民族建筑的特色之一就是融于山水之间的民居，维西傈僳族的居住环境从物质条件上决定了他们的房屋特点，有着别具一格与自然相融合的方式。傈僳族的房屋一般依山而建，择林而居，茫茫林海不仅为他们提供重要的生产生活资料，也提供了各种建筑材料。由于傈僳族在其民族形成和发展的过程中经历过多次迁徙，在中华人民共和国成立以前的很多傈僳族群众很难得到一块真正属于自己安身立命的土地，因此其建房具有简易和易于搬迁的特点。

同乐傈僳族传统民居建筑群位于山坡之上，主要分为两处，一处为传统居住性建筑群，坐落在朝南向阳的山坡上；一处为传统生产性建筑群，坐落在居住建筑群对面的山坡，包括庄房和水磨房，一直延伸到谷底河边。传统居住建筑群是整个村寨的主体，也是最为重要的部分，占地4.6万平方米，98%的建筑都为木楞房，采用木质瓦顶，均为傈僳族传统民居形式。看似朴实无华的木质建筑高高低低、层层叠叠呈台状错落有致地镶嵌于山坡上，以青山茂林作背景，面朝谷沟开阔场地，建筑整体以山为墙面向外，三角形坡顶和青黑色墙面交错组合成富于层次变化的建筑群体，整体形象壮观美丽，形成了独特的山地聚落景观。村寨内部道路如迷宫般纵横交错，三横两纵的主路间由错综复杂的入户小巷道连通，巷道两侧由建筑或院篱界定。住所外通常是一个入户小院，院墙是用藤条绑扎木板而成的一米多高的木栅栏，出入口可以是门，也可以临时拆卸木板形成空隙，非常灵活。村寨四周青山环绕，四季皆有不同风貌。早晚伴着袅袅的炊烟，山坡田间小路上劳作往返的村民以及成群的牛羊牲畜共同构成了一幅和谐宁静的画面。传统生产建筑也是村寨不可缺少的一部分，村寨周边及对面山上的坡地是村民耕种的旱地，对面坡地靠下就是村寨的庄房建筑群和集中晾晒场。同乐村将生活空间与劳动生产空间划分开来，劳动生产用房与田地等生产环境紧密结合在一起，庄房毗邻田地，便于农作物的收割和后期处理，建筑同样顺应山势和道路，形成别具风格的生产空间。两山之间的同乐河边点缀着若干小巧的木楞水磨房，建筑沿着溪流的走向布置，石块砌成的蓄水池和木刻的引水道将这些小房子联系起来。整个生产建筑群主要顺着地势排列，或顺着地形水平横向排布，或依山就势呈台状分布，与对面的居住建筑群遥相呼应。整个村落有山有水，有林有地，形成了一种独特而又适应环境的空间布局，生活和生产空间的合理布置，也呈现出一种"天人合一"的自然与和谐。

1. 傈僳族传统民居建筑——木楞房

傈僳族主要的民居建筑类型有四种：木楞房、竹篾房、土墙房和土木结合型房，其中木楞房是最能体现傈僳族民居特色的建筑式样，以同乐大村最为集中，是这种民居建筑的典型代表。

木楞房是用圆木或者方木两头凿榫，四角以合榫连接，以井干式平行向上层层叠架，形成房屋墙壁，两山墙面木壁上立矮柱承脊檩支撑屋顶。正面开门，少数在侧面开门，一般不开窗。通常门洞较小，门槛较高，地面铺设地板，向南的墙面多带生活性挑台。屋顶为"木闪片"的形式，一般坡度平缓，檩上无椽子，直接以木板或石片铺就，相互叠加覆盖，上压木条和石块用来防风和固定。木楞房悬挑在山坡上，通过转角的立柱和石墩来支撑，一般为半架空形式，分为上下两层，上层供人居住，下层架空部分无墙壁，用石头堆砌或用木板围成牲畜房，落地部分为灶房。傈僳族居民生活的传统居住用房通常由堂屋（火塘房）、灶房、粮仓、牲畜房组成，少数民居也有杂物间等其他的辅助用房。其中堂屋是居住建筑的主要部分，是重要的家庭中心，也是家庭生活起居的场所，一般位于木楞房的上层，在堂屋正中设火塘，火塘的两边搭上木板作为主人的卧具。整个木楞房建筑结构的特点是集维护体系与支撑体系为一体，不用立柱和大梁，不上漆、不用铁钉，全靠木料之间相互牵制，构造比较简单。房屋的建造往往可以就地取材，造价低廉，同时具有冬暖夏凉、易通风、易拆装的特点，非常适应当地环境。

2. 生产性建筑用房

在同乐村的传统民居建筑群中，生产用房也是非常重要的一个部分。根据生产劳动的不同类别也具有不同的功能，主要分为：庄房、田房（火房）、水磨房等。

（1）庄房

同乐村的庄房修建相对集中，主要建在靠近山坡田地下方的山谷中，也有若干栋修建在村子背面和西面靠近村口处。每片庄房会统一设置1—2块晾晒场，用来集中晾晒农作物，通常在春种秋收的季节使用。玉米、水稻之类的粮食类农作物收割以后会先储存于庄房，在经过晾晒及粗加工（如打稻谷、掰下玉米棒）后再背回村寨，剩下的麦秆等草料就直接存放在庄房内。庄房的建筑体量，采用简单的穿斗式木结构，通常为两架，也有三架，建筑屋顶与民居建筑屋面形式一样。

（2）田房（火房）

傈僳族村寨的居住环境主要以山地为主，平坦的土地较少，一般都是在坡地上开垦种地。村寨附近的田地不够，需要在离村寨较远的地方再寻田地。如此一来，农忙时节在田地和住所之间往返往往费时费力，因此就在较远田地边修建田房作歇宿之地。田房通常建在离村寨较远的田地和山林里，其建筑形式与传统民居建筑相似，但室内摆设和其他设施都很简单，只需满足短期生活要求。

（3）水磨房

水磨房，顾名思义就是通过水力带动石磨工作的生产用房。同乐村的水磨房沿同乐河布置，临水而建，地势低于庄房建筑群，在建造时依地形和水流而建，一栋较小的井干式木楞房架在两座由石块砌成的1—2米高的条状石基上，屋顶与民居一致。水磨房内部正中放置石磨，下部被固定住，上部由中间的连接竖轴连接下部水轮车，通过水流冲击获得动力，带动石磨旋转运作，石磨上方则是悬挂的木质圆筒，底部开口给石磨灌送待磨的粮食。水磨房建造工艺简单而且操作方便，较好地利用了自然水力，充分体现出了傈僳族人民的智慧。

（三）傈僳族音节文字

维西傈僳族的傈僳语属于汉藏语系藏缅语族彝语支的怒江方言，与怒江地区的傈僳族在语音、词汇、语法等方面有着较强的一致性，彼此之间都能交流。自古时起，傈僳族一直没有自己本民族的文字，如今记录傈僳语的文字主要有拼音文字和音节文字两种。傈僳拼音文字有老傈僳文和新傈僳文之分。老傈僳文大约是在民国十四年（1925年）由在中缅边境传教的传教士用拉丁字母及其本体创造的一种拼音文字，有40个字母（声母30个，韵母10个），6个声调符号，2个标点符号，这种拼音文字主要用来译写基督教经典，随着基督教在维西傈僳族中传播便在教徒中流传开来，在民间也自行流传。新傈僳文是1957年由中国科学院创制，经过国务院批准在全国推行的一种拼音文字，共享26个拉丁字母组成32个声母、22个韵母，6个声调符号，同时借用现代汉语的部分标点符号。1959年至1985年在县内主要在傈僳族群众中进行扫盲推广，在1985年以后渐渐地停止推行，使用人数越来越少。

傈僳族音节文字由傈僳族人哇忍波（1900—1965年）所创，是傈僳族人民至今仍然使用的民族语言文字。哇忍波出生于贫苦家庭，从小尝尽生活艰辛，在10—12岁的时候师从本民族的巫师（当地人称多巴）学习本民族宗教，学会了念经祈祷、占卜以及主持各种祭祀鬼神的仪式。随着年龄的增长以及家中发生的变故，在与外界的交往中他越来越感觉到一个民族没有文字的痛苦，开始思考民族发展和民族文化方面的问题，决心依靠自己的力量来改变传统结绳刻木记事的状况，为自己的民族创造一套文字。经过十余年时间，通过分析对比、归纳整理、调整字形结构，最后他整理出《识字课本》，有1250个字形，经过后人整理去除重复出现的字形后共计918个音节文字，可以标识维西傈僳族语言的全部音节，在维西县叶枝镇、康普镇、巴迪镇、白济汛镇广为传播。

傈僳族音节文字的结构和形体与汉字相似，字的基本笔画有点、横、竖、撇、捺折、勾、弧线、曲线等。其书写的起笔顺序按照先上后下、从左至右、从里到外的笔顺，顺序竖向排列，文章和典籍不分段落，20世纪80年代后整理音节文字，为了便于书写和印刷改为横向排列。音节文字表示的都是最基本的日常用词，少数采用描画事物形状的象形造字法，有的还用两个以上表示实物的符号组合成一个有意义的会意造字法，象形和会意的造字法使所表达的语音和语义统一起来，一方面表现了造字者在构造字体时对自然现象和实际生活的体验；另一方面也可以看出哇忍波在其造字的过程中从象形文字到音节文字的发展痕迹。

哇忍波在创造出音节文字之后，没有满足于文字的完成，而是致力于在傈僳族群体中推行音节文字并且用其记录傈僳族的优秀传统文化。他凭借自己对傈僳族古老文化的了解和幼时从师学习宗教时的所学，用音节文字记录下傈僳族的古老历史、历法、天文、农耕、医药、宗教、文学艺术等，形成重要文献。如二十四部《祭古天书》是傈僳族祭天时吟唱的 24 部经书，记载了傈僳族最重要的宗教仪式。内容包括古老的神话传说、历史、自然现象、气候等，是一部从不同方面反映傈僳族历史文化发展的"百科全书"。《射太阳月亮》记录了民间创世、叙事歌曲。《占卜书》记录了傈僳族的占卜方法，《一年天气情况测算结果》记录了一年十二个月每一天的天气阴晴预测，此书对于研究傈僳族的历法和族源关系是一份不可多得的宝贵数据。此外，还记录有傈僳族著名传世故事与神话传说《洪荒与人神》《阿弓玛的故事》《月亮上的木瓜树》《寻水故事》等十余篇。

音节文字作为我国少数民族中最后确认的一种少数民族文字，在传承维西傈僳族乃至全国傈僳族历史文化中起着重大的作用。于 2005 年 9 月被公布为州级非物质文化遗产。

（四）傈僳族传统民族舞蹈"阿尺木刮"之乡

"木刮"是同乐傈僳族传统音乐舞蹈，一般指踏歌起舞的歌曲。"阿尺木刮"是傈僳族歌舞中最具代表性的一种民间歌舞，于 2006 年 5 月被列为第一批国家级非物质文化遗产，同时叶枝镇也被评为"阿尺木刮"歌舞之乡。

"阿尺木刮"为傈僳族语言，直译为"山羊的歌舞"或"学山羊叫的歌调"，主要流传于以叶枝镇为中心的澜沧江上游地带，是一种群众自娱性舞蹈。在历史上由于交通闭塞，在大山中生活的傈僳族少与外界往来，生产方式基本处于半农半牧阶段，山羊是家家必养的牲畜，与维西傈僳人的生活关系极为密切。因此，整个"阿尺木刮"舞蹈与山羊有关，舞蹈中的声音及动作都明显模仿山羊及游牧生活中的一些事，具有浓厚的原始性和自然性，是维西傈僳族群众传统生产生活和思想感情的生动表现。

"阿尺木刮"的特点是无乐器伴奏，自始至终踏歌起舞，乐歌以领唱和伴唱合成，每一乐曲开头，都有一个无唱词内容的起音，其音颤抖悠扬，宛如旷野里山羊的悠悠长鸣。参舞者分为男女两队，每队 1 名领唱者，其余合唱，唱的内容十分宏富，整个曲调模拟山羊叫声为基调，歌词既抒怀又叙事，歌词内容多为天地万物、历史典故、神话传说、道德习俗等，可从远古洪荒的神话传说唱到身边的生产生活，可承袭前人留下的唱词，也可即兴自编自唱，可以连续演唱数天。

傈僳族的"阿尺木刮"现共有十余种跳法，也有多种编队，包括"左傈邓"（舞圆环）、"腊腊邓"（进退舞步）、"洒托闭"（三步跺脚）、"阿尺邓"（跳山羊）、"别别玛"（舞旋风）等，其中"玛夺担"（寻求爱侣）、"矣然邓"（迎宾客）等在特定场合才跳，不同的跳法还配有大圆圈、直纵队、半圆弧等不同的队形，在舞蹈过程中不断变化。参舞者一般五人以上，人数越多越能体现此舞的恢弘浩大。舞蹈演出场地不拘一格，无论是在广场、院子、街头还是牧场等，村民都可随歌起舞。

同乐村"阿尺木刮"的舞蹈服饰独特，男子头上佩戴装饰有野鸡毛和麦秸的羊毡帽（傈僳语称"亚莫"），身穿过膝的麻布或棉布做成的长袍（巴吉布其），系红色腰带，右挎"花腊裱"（一种挎包），下着及膝大裆宽口裤，打麻布绑腿。女子服饰装扮稍显复杂，头戴蓝色长尖帽，以"拉本"（大小不同的海贝）做装饰，外缘钉有4至6个"普别"（直径10厘米左右带花纹的圆形银片），上身穿麻布长衫，外穿紫红或者黑色坎肩，下着麻布制成的百褶裙，裙外系绣有花草图案的围腰，系白色羊毛带子，右挎"花腊裱"，绑腿与男子相同。在清代余庆远所撰《维西见闻录》中记载了古代傈僳族的衣着服饰："男挽髻戴簪，编麦草为缨络缀于发间……裤及膝，衣齐裤，出入常佩利刃，妇女挽发束箍，盘领衣系裙裤。"由此可见，"阿尺木刮"歌舞服饰完全符合此记录，可以说较完整地保留了古羌人的服饰风格。

"阿尺木刮"热烈奔放，风格独特，用音乐和舞蹈的形式，讲述了本民族在漫漫历史长河中的发展历程，也表达了傈僳族人民热爱大自然、向往幸福生活的质朴情感，具有难能可贵的原真性和艺术价值。

目前，同乐村成立了两支"阿尺木刮"的表演队，在节庆或是游客集中到来时在村内进行表演，有时也会到其他地方进行演出，参与演出的村民都会获得一定的收益，传统的舞蹈也正在带给村民们新的活力。

（五）传统手工艺

1. 纺织技艺

维西傈僳族传统的服饰一般都是用自己种的麻为原料纺织而成，利用麻秆，将麻纺成线，然后在热米汤水里浸泡十几分钟，晾干后织成布匹，不加染色，比较简单粗糙。伴随着历史变迁和生产的进步，物质资料的丰富也让傈僳族的纺织工艺有了改变和发展。用大麻皮作为原料的逐渐减少，羊毛、棉线、毛线成为纺织的原料，通过染色从本色过渡到有色，工艺也日渐复杂。傈僳族的传统服饰基本上都是按照采麻、棉或毛—纺线—织布（染色）—裁剪—缝制的过程进行的。以麻、棉、毛为基本原料织成土布，通过纺织、刺绣等工艺加工后被缝制成衣服、裙子、腰带、袜子、帽子、围腰等日常生活用品，相对来说维西傈僳族的纺织品种不是非常丰富，但也能表达出民族的质朴。其中最具重要意义同时商品化程度也最高的，当属被称为"花腊裱"的挎包。

花腊裱分为面子、背带和流苏三个部分。挎包的主体是在一块黑、红或其他颜色的长方形布片上用各色毛线刺绣出各种图案，将布片缝制成口袋，用五彩毛线搓成同等长度的粗线缝制在口袋底端作为流苏，背带同样用五色线织成，底端留出须边，最后把背带两头对齐袋口缝制就形成了花腊裱。花腊裱在傈僳族的生活中有着举足轻重的作用。一方面，在日常生活中傈僳族不论男女都肩挎一个花腊裱，用来装日用品或者工具，是一件不可或缺的生活用品；另一方面，它可以作为爱情信物。当姑娘有心仪的对象，花腊裱就是一个传情达意的工具，如果小伙子接受了姑娘的花腊裱，两个人就可以交往了。此外，花腊裱色彩艳丽、图案繁多，也是非常好的装饰品。女性多背绣有绿叶花草图案的挎包，象征美丽、善良、积极向上，从色彩上来说更具强烈、鲜明的对比；而男性则多背绣有星星、月亮、太阳等象征图腾或者崇拜物的挎包。如今，花腊裱也日渐成为馈赠亲朋好友和来访贵客的纪念品。

纺织活动在维西傈僳族妇女生活中扮演着重要的角色，在长期的历史传承中，纺织工艺的掌握已经成为傈僳族妇女勤劳能干的一种象征。维西傈僳族妇女至今仍然保存着较好的纺织传统，使得民族的纺织技术得以较好地传承和发扬。

2. 编织技艺

同乐村的另一大手工特色就是各种纹样精美的麦秆编织品，傈僳族头饰"阿木数吕"就是一件精致的麦编。麦编通常是在夏收之后，选出光亮、柔软的麦秆为原料，编出各式各样的门帘、窗帘及其他的工艺品。傈僳族女孩自小跟随长辈学习编织技艺，麦编的技艺经过多年的传承，傈僳族人在传统麦秆编织的基础上不断进行创新，不仅将麦秆编织成头饰、用品，还在编织中利用花纹图样的变化创造出精美的工艺品。除了利用麦秆编织外，还利用竹子作为材料，有竹篮、竹篓、簸箕、背箩、竹筛等多种竹编。

3. 弩弓制作技艺

作为游牧民族的后代，狩猎曾是傈僳族人必不可少的生活方式，弩弓则是重要的狩猎工具，到如今，射弩不再是一种满足生存的方式，而是节庆时的传统体育项目。

傈僳族的弩弓形状像弓，但需横着发射。弩弓主要由弩批、弩床、弩弦组成，制作颇为讲究，材料必须要用柔韧性很好的桑木，一般选择澜沧江边沿岸的岩桑木。弩批成月牙形，一般长度在 1 米，小的 50 厘米。弩床即弩身，中间是放置箭的弩槽，中部有牛骨做成的镶口和发牙，发牙即扳机。弩弦用的是黄麻搓成的细绳。弩弓所用的箭一般用竹子制成，由箭头和箭杆两部分组成，如是打猎用的箭，要在箭头上套特制的铁箭头，现今的射弩主要是一种体育活动，因此无须套上铁箭头。箭杆尾部装有箭花用以保持箭飞行时的平衡。射击的时候将弩弦拉入镶口，弩槽内放置箭，随后扣动扳机即可。

在过傈僳族传统的新年"阔时节"时，叶枝一带的傈僳族在大年初二这天要进行狩猎活动，每家每户的男人会带上弩弓、长刀、猎狗上山狩猎一天。而今，狩猎活动已经从傈僳族的生活中消失，取而代之的是象征性的狩猎仪式。村民们依然带上弩弓和猎狗上山，只是不再追杀猎物。近些年来，射弩逐渐成为一项人人皆可参与的体育活动。每逢节庆时，县内和村寨内都会举行射弩比赛，也得以让制弩的传统工艺继续传承下来。

（六）传统礼仪、节庆等民俗

1. 传统礼仪：尊老爱幼，热情好客，和睦相处等。家庭中父母地位最高，子女婚后要与父母分居，三代同堂共居的情况很少。亲戚中母舅最有权威。男女地位平等，一般父亲主外，母亲主内，妇女待人大方，生男生女一视同仁，可招婚继承家业。年满13岁的孩子举行庄严穿裤（裙）成人仪式。

2. 建房习俗：同乐村保持传统的建房习俗，包括选址、采料、平基、起屋四大步骤。采料时，请村中的东巴或尼扒去山林中选定大梁的材料。建房全部过程共需20天左右，但起屋过程仅需1天，通过村民互助的形式来集体营造，房屋建好时，主人请村民吃饭，村民一同欢庆，跳起"阿尺木刮"。

3. 祭祀习俗：同乐傈僳族的原始宗教崇奉神、鬼，但无庙宇。信奉的神灵共五种：天神、山神、火神、龙神、家神，其中以天神地位最高。农历十一月在村中空地或附近山坡上全村共祭，进行祭天神仪式。每年也定期祭山神作为封山和开山仪式。同乐傈僳族的巫师分为尼古扒、尼扒两类，尼扒的社会地位较高，除驱鬼外，祭祀仪式也要请尼扒司祭。

4. 婚礼习俗：同乐傈僳族可与外族通婚，但通婚很稀少。同一氏族可通婚，但家族内不能通婚，实行一夫一妻制。

5. 禁忌：在傈僳族的家里，火塘居于非常重要的地位，也是家庭的一种象征。傈僳人认为火的生命和家的生命是一致的，因此火塘一年四季不能断绝火种。每逢节庆要敬祖先时，也要专门祭祀火塘。全家围坐火塘时，左侧矮床旁边通常是家中辈分最高的男子的座位，称为"上八位"，矮床中间和外面则是客人和晚辈的坐处。不论男女老少都不能有不敬火塘的行为，包括不能跨越火塘，不能用脚扒柴火，不能在火塘边讲不吉利的话等等。

此外，还有生育习俗、丧葬习俗、饮食习俗等。

同乐傈僳族的传统节日有阔时节、祭山神节等。

（七）传统饮食

少数民族的饮食文化具有鲜明的民族性和地域性，傈僳族在长期的发展过程中形成了独特的饮食习俗。同乐村傈僳族人以稻谷和玉米作为主食，辅以各色肉类和野菜。主食多是玉米稀饭（傈僳语：壳耍俄勒）和粑粑（即饼），其中以火烧粑粑（在灶灰里烤制的饼，俗称"三吹三打"）、苦荞粑粑蘸蜂蜜最具特色。特色菜众多，如烤乳猪、清水煮小猪、捂煮肉、琵琶肉、凉拌树胡子、凉拌竹笋、竹叶菜以及腌、蒸、炖制的各种肉类等等。同乐傈僳族还普遍喜好饮酒，而且善于酿酒，当地有白酒、泡酒、捏酒、米酒等。还有一道用酒做成的美食"夏拉"，即将鸡肉剁成块，用漆油爆炒后加入烧酒焖煮，这种烹饪方法风味独特，而且后劲很大，一般人不敢食用太多。此外，同乐傈僳族人还有独特的油类制作技艺，利用漆树果实，又可制成具有医治老人肠梗阻效果的漆油（傈僳语：几此），还有核桃油（傈僳族语：阿夺此）等。

三、同乐村旅游发展现状分析

（一）传统村落的开发与保护

同乐村地处三江并流核心地域，地域景观独特，自然生态环境良好，傈僳族悠久的历史积淀下丰厚、特色浓郁的传统文化，尽管随着时代的变迁，一些传统习俗有所变化，但在民族语言文字、生活起居、节庆活动、歌舞艺术、体育活动等方面的民族习俗得到了较好的存续。从乡村旅游的发展前景来看，同乐村具备一定的区位优势，具有较好的开发利用价值。同乐村是第一批云南省传统文化保护区，整个同乐傈僳族民族文化保护区作为傈僳族民族文化与村寨形象的代表，充分融合了独具特色的丰富的民族文化资源与完好的建筑群体空间形态，独特的地域环境和民风民俗构成重要的吸引点，是维西县和叶枝镇旅游开发的重要文化资源。

从民族文化保护的角度，同乐村是国家级非遗项目"阿尺木刮"的发源地，音节文字的传承地，其非物质文化遗产种类丰富，保存较好，村落文化底蕴深厚。同乐村传统民居建筑群是傈僳族传统文化内容中的重要部分，整体保存完好的建筑中不仅融入了本民族对自然环境的考虑和改造，也融入了本民族风俗习惯和宗教信仰，既表达了傈僳族人民最真实的生存生活需求和审美观念，也真实地存在并记录了同乐社会文化发展的历史，是国内少见的保存完好、成一定规模的少数民族建筑群，极具研究价值。2006年同乐傈僳族村寨被云南省政府公布为第一批省级傈僳族传统文化保护区，维西县、叶枝镇各级人民政府及相关部门对同乐村的保护给予了高度的重视；2008年，维西县总体旅游规划中将叶枝同乐傈僳族村寨列入了大的发展范畴；2012 年，同乐傈僳族传统民居建筑被云南省人民政府公布为第七批云南省重点文物保护单位，可以说为同乐提供了更多的发展契机。

从地理区位上来讲，同乐村地处金沙江、澜沧江、怒江"三江并流"的核心区，具有良好的区位和环境优势。且在方圆 70 千米左右的范围内靠近两处全国重点文物保护单位，其中一处为维西康普乡寿国寺，另一处为德钦县茨中教堂，临近一处省级文物保护单位——叶枝王氏土司衙署，在三江并流核心区域内将共同构筑成为以民族宗教为主的人文景观密集区，成为滇、川、藏香格里拉生态旅游区中民族文化生态旅游的精品项目，具有很高的经济开发前景，必将为同乐未来的发展提供更多机遇。

叶枝镇同乐傈僳族文化保护区具有鲜明的民族特色和地域特征，不仅呈现出独具特色的建筑与环境景观，更包含了丰富的傈僳族文化内涵，遗产构成丰富，具有完整性、真实性、多样性等特点，对其文化资源的科学保护和合理利用不仅有利于促进村落与当地经济文化等的综合性发展，而且能够使得文化遗产的保护更好地实施并持久。

（二）旅游服务设施建设

同乐村作为维西县和叶枝镇发展乡村旅游的重要打造点，近年来不断加大对传统民居建筑的保护力度，同时在基础设施建设上也给予了大力支持，基础设施的改善对于未来乡村旅游的发展必将提供更大的助力。

1. 道路连通现状

（1）同乐村的外部交通入口位于德维线二级公路 122 千米处的新塘桥，北距叶枝镇约 4.5 千米，路面状况良好。公路边立有一块标明村寨入口标志的石碑，从标志碑起，叶枝镇人民政府投资修建了一条全长 7.22 千米、宽 5 米的入村道路，水泥路面，可行至同乐村山脚下停车场，较好地解决了村民出行难的问题，也为今后游客的进入提供了便利。

（2）停车场面积约 500 平方米，地面铺粗大的鹅卵石，尽管视觉效果不错，但车行于其上比较颠簸。自停车场至同乐村居住区，有车行和步行两条道路。车行道全长约 3 千米，路宽 3—5 米，主要供村民使用的拖拉机、机动车及畜力车、摩托车通行；步行道全长约 1.1 千米，路面宽 1.5 米，自停车场右侧顺山势拾级而上，沿同乐河经水磨房区到庄房区，庄房区上部有一观景台，在观景台处与车行道交汇。同乐河对面另有一条田间小路通往村子，一般是村民出行使用，现在道路两侧修筑栏杆形成田间栈道，可供步行者使用。

（3）村寨内部道路系统在相关政府部门资助下大部分已实现硬化，主要路网依村寨地势呈三横两纵布局，其余巷道纵横交错，将整个村寨紧紧地交织在了一起，融合为现有的村寨格局。

2. 旅游接待设施

在同乐村进村道路入口的路边已经建立起一个游客服务中心，但平时基本处于无人的状态，没有充分发挥其作用。

根据镇政府文化站统计，现镇上有 7 家设施较为齐全的酒店，餐饮、休闲娱乐为一体的山庄 4 家，同乐村从区位上来说距离镇政府较近，交通相对便捷，能较好地利用镇上的资源。

从村子本身的接待设施来说，同乐村的许多民居建筑历史比较悠久，有的房屋建筑已有百年历史，建筑结构比较老旧，且设施不齐全，并不适合游客住宿。2013 年凌晨村子发生火灾，烧毁了位于建筑群上方的 11 户民居和附近树木，后来对民居进行规划重建时，将其改建成为具备接待能力的酒店式民宿，共 9 栋两层的木质建筑，上层为卧室，卧室外都有挑台，下层是淋浴房、卫生间和会客厅，电视、网络设施齐全。新建的民宿外墙所用的木料大多是从当时烧毁的房屋上拆卸下来继续使用的，因此在整体结构上与传统民居保持了一致，但与下方的旧建筑相比拓展了空间，设施也更加齐全，对于游客来说更加便捷。而在饮食方面，村寨内没有专供饮食的饭店，因此多是就宿人家提供餐饮。傈僳族人民热情好客，游客可以体验到原汁原味的傈僳族饮食。

3. 公共卫生设施

同乐村公共环境卫生设施较为缺乏，县文体旅游广电局在村子公共活动场地（篮球场）下方投资修建了一座公共厕所，但由于村民长期以来没有形成良好的公共卫生习惯，加之游客零散，没有形成规模，该公厕长期处于一种封锁的状态。另有三座独立厕所，入村口处有两座厕所，村子最高处一座，但也因位置及管理不当基本废弃不用。

村寨中垃圾集中收集场地较少，对于垃圾的处理除了焚烧之外，还有大量生活垃圾被随意倾倒在居住区附近同乐河两侧的山坡上，村道路面及两侧排水沟中也有生活垃圾丢弃，加上路面上时有牲畜粪便堆积，总体公共环境卫生需要改善。

4. 其他设施

（1）民俗陈列室

民俗陈列室全称为"同乐傈僳族民俗陈列室"，位于村寨中心，入村道路可以直达陈列室前公共活动场地（篮球场）。由叶枝镇党委、镇政府及维西县文化旅游局于 2012 年投资修建，同年 11 月 19 日在村内举行了揭牌仪式，自揭牌仪式结束后正式对外开放。展室分为综合展区、"阿尺木刮"展区、音节文字展区、生活展区四部分，主要以傈僳族服饰、生产生活用具等实物、照片的方式进行展出,简洁明了地展现出同乐傈僳族人民的生产生活方式、历史文化背景。

陈列室保持同村寨建筑一致的木楞房形式,分为上下两层,每层三间。上层为展示区,通过室外活动场直接进入;下层位于活动场下方,从建筑侧面的小路进入。

（2）观景台

维西县文化旅游局在庄房区以上约50米处投资建设了一座观景平台,此平台上可仰视同乐村全貌,下可俯瞰庄房和水磨房区,向西则可眺望澜沧江对岸的查布朵嘎雪山（碧罗雪山的一脉）,具有较佳的景观质量和视觉效果。游客在进入同乐之后,可以在观景台处欣赏到对面山坡上同乐村寨的美景,在观景台下方有栈道通往村口,游客可以自行选择步行或者开车前往村寨。

（三）存在问题

对于维西县的乡村旅游发展来说,其中一个最大的制约就是交通不畅。维西有着丰富的自然及人文旅游资源,原本位于"三江并流"腹地是一个极大的区位优势,但由于与周边的香格里拉、丽江、大理等热点旅游圈之间的道路交通不畅,导致多数到这一地区的旅游者绕过维西,从而使旅游资源难以得到充分利用,对同乐村的影响同样如此。同时,同乐村的发展与保护本身也存在着一些不容忽视的问题。

1. 对外宣传力度不够

在对同乐村旅游发展进行调研的过程中发现,同乐傈僳族传统民居建筑群虽然早已被列为传统文化保护区,但对外界而言一直鲜为人知。在互联网上搜索"维西同乐村",共有3220个相关结果,除却一些驴友的分享,其他与旅游相关的信息很少,与其他的热门旅游点相比几乎可以说是沧海一粟。慕名而来的游客也多是一些自驾游、自助游和民俗旅游爱好者,了解的渠道往往也都是听人介绍或是同样爱好群体中的口耳相传,其余以县内、州内、省内的散客居多,游客不成团,且停留时间不长。由于外部交通因素的制约,同乐村丰富的文化遗产对旅游者来说,仍然藏在深山人未识。近年来维西县逐渐加大了对同乐村的旅游开发和宣传,但总体仍处于起步阶段,利用程度不高,对外宣传的力度不够。

2. 自然生态环境存在一系列隐患

同乐村远离公路和城镇,空气清新,水质优良,整体自然生态环境良好,是一个较为宜居的山地村落。但同乐村自然生态环境也存在一系列隐患。

（1）由于同乐村的年温差和日温差较大,山体基岩受风化强度较大,容易导致岩石崩落现象发生,且入村道路旁有局部山体出现基岩松动崩塌和边坡水土流失情况，有可能给道路安全带来隐患。

（2）在同乐河河谷及居住区附近的林区，由于村民开垦耕地，放养的猪、牛、羊等牲畜啃食地表植被，导致这一区域的坡地和林地植被稀疏，土壤层裸露，减弱了涵养水源和水土保持的作用，增加了地质灾害的风险。

（3）村民对于生活垃圾的处理还未养成良好的习惯，一些垃圾丢弃在居住区附近的同乐河山坡上，既影响了景观，也会对土质及同乐河水质造成潜在的污染。

3. 对建筑群的管理和保护有待加强

（1）同乐村传统民居建筑群整体上保存得较好，建筑风格与材料也延续着传统的形式，但由于有的建筑年代久远，部分建筑材料逐渐老化，建筑构件有着不同程度的损坏，是建筑单体保护工作的重要隐患。传统民居采用的木瓦屋顶结构，木板经年累月易腐化，屋面容易破损漏雨，严重危害到建筑内部的安全性，同时也影响村民的正常生活。少量民居庭院的石阶抹上了一层水泥，遮盖了石片的自然肌理，对建筑的原始风貌造成了一定的影响。2017年泥石流灾害发生以后，由于入村交通受到一定影响，部分村民为了方便也搬到镇边生活，有的民居在无人居住打理的情况下院门和栅栏等出现不同程度的倾倒，需尽快地加以维护和修缮。

（2）村子的房屋基本都是木质建筑，有的家庭用电线路可能会存在老化的情况，一旦发生较大火灾，损失将不可估量，因此村内相关的消防设施及家庭用电线路的排查更换应更加及时。有关部门也要经常性开展安全用火用电及防火防灾的宣传，确保对建筑的保护。

（3）同乐村有着丰富的非物质文化遗产，但如今面临着传承面不足的情况，如祭祀等传统文化的物质载体及空间场地等逐渐减少或消失，影响着文化遗产的传承。文化遗产的管理体制不健全，相关文物保护和管理也有待加强。

4. 基础设施及相关展示设施有待进一步完善

（1）近年随着对村寨开发和保护工作的开展，在基础设施方面有所改善，但是依然存在许多不足之处。通村道路及部分河道景观有待恢复，而村子内部的主要通道铺设了石板得到一定改善，但在巷道之间没有形成一条清晰的环村线路规划以便于游客在村内参观。

（2）上文提到村内的公共服务设施如给水、排水、污水处理等基础设施和环卫设施不足，也间接影响着村内外的生态环境。

（3）"阿尺木刮"歌舞声名在外，但村中现有的公共活动场地较小，周围没有能观赏舞蹈的多余空间，可能无法展示更大规模、更加震撼的舞蹈表演。

（4）在目前乡村旅游产品还未形成系列和规模，食、住、行、游、购、娱等要素配合还不够紧密，未形成规模经济效益，游客停留时间较短。

5. 群众思想观念需进一步转变

在乡村旅游业的发展中，村民既是参与的主体也是受益的主体，与乡村旅游的联系最为密切。而在当前同乐的旅游发展中，家庭经营模式是经营方式的主体，但缺少专业的旅游从业人员及相关的专业指导，同时部分群众的观念还有待转变，这就使得旅游发展会受到一些影响。

（1）一直以来村民的经济收入是以传统的农耕、林业、养殖为主，虽然近年来随着精准扶贫力度的加大，村民在产业发展创收方面已经有了较大的提升，但总体来说旅游经济意识仍较为淡薄，有些资源并未得以充分利用。

（2）长久以来的生活方式使村民在生活习惯等方面存在一些不足之处，缺乏对文化遗产和生态环境保护的自觉性，致使村内公共环境卫生问题比较突出。过度地开垦耕地和不合理放牧也会使村落周边自然生态环境受到较大影响，应加强保护生态环境的宣传和教育，使群众素质不断得到提升。

（3）对旅游服务的规划不足。在走访过程中发现依然有村民表示听不懂普通话及汉语方言，当游客在村中参观或者有问题需要咨询时，在交流沟通方面可能会造成较大困难。而在现有食宿设施上，村庄的旅游环境和接待设施的卫生标准还未能满足批量游客的需求，并且提供食宿的家庭白天忙于农事，很难做到专业的接待。

（四）同乐村旅游发展对策分析

1. 当地政府积极发挥主导作用，引导和支持乡村旅游发展，规范管理，增强村民的服务意识，维护景区形象

对于同乐这样有着良好旅游资源禀赋的村庄来说，发展乡村旅游一方面既能满足村民农业生产经营的根本利益，另一方面也能顺应城市居民休闲旅游需求的形势，符合农村产业结构调整的基本方针。因此，当地政府以及相关职能部门应积极推动其乡村旅游业的发展，让同乐真正成为维西旅游的一张名片。在发展乡村旅游的过程中，县级和乡镇政府要积极发挥扶持乡村旅游发展的主导作用，主要体现在：

（1）加大投入，安排资金用于同乐的乡村旅游项目规划、设施建设、环境综合整治、市场宣传促销等，农村基础设施、生态农业发展项目等可适当向乡村旅游业发展区域倾斜；以有力的措施来扶持同乐乡村旅游的发展；特别是要及时对同乐村内久无人居和年久失修的房舍进行修缮和维护，保护村庄的整体风貌。

（2）乡村旅游项目经营者必须依法办理有关证照，工商、税务、卫生、公安消防等相关职能部门对乡村旅游项目有关证照的申办可以简化手续，同时

采取对餐饮、卫生、消防等领域进行严格监督，严格执行统一规定的收费标准等措施来保证旅游良性发展。

（3）将乡村旅游从业人员的培训纳入相关的就业培训体系，加强对乡村旅游项目经营者和服务人员素质及技能的培训，以提高经营管理和服务规范水平。

（4）鼓励其他非参与经营和服务的村民采取集资入股、产权入股或以村组集体经济组织为龙头，采取"公司＋农户"的形式，组建乡村旅游开发公司或合作社，将村庄的居民充分发动起来。

2. 引导村民转变思想观念，积极参与到同乐乡村旅游的建设与发展中来

同乐的乡村旅游业如果需要可持续的发展，必须使当地村民的旅游经济意识得到进一步加强，让他们认识到通过提供餐饮、住宿、咨询、表演、手工艺制作等各种各样的服务，每个人既可以成为旅游业发展的参与者，又可以成为受益者。对于乡村旅游的经营者和服务者而言，只有转变了思想观念才能够真正改变行为，既要保持住乡村本土产品的特点，又要能够了解现代旅游者的精神需求，这样才能为旅游者提供高质量的服务，才能真正提高乡村旅游的发展质量。

乡村旅游的客源大多是城市游客，因此在服务和接待标准上也要尽可能与城市接轨。比如在食宿设施建设上，要重视厨房、餐具、卧室、浴室、厕所及公共娱乐场所的卫生标准，做好定期的杀菌消毒处理。同时在提供的食材上还要注意安全、卫生。要能够培养更多专业规范的旅游从业人员，不断加强对旅游知识的学习，积极地改变一些落后的营销和服务理念，真诚地、诚信地为旅游者服务，提高接待水平，以"景美人更美"的方式让游客留下深刻印象，提高游客的体验度和参与度，留得住客人，更能让客人成为维西旅游业义务宣传的"回头客"，让本地的乡村旅游能够持续地、健康地、长远地发展。

3. 发掘乡村气息，使传统的民族文化得到最大程度的传承和发展，以民族特色树立鲜明的乡村景象

同乐傈僳族传统民居建筑群为同乐村的乡村旅游品牌提供了扎实的硬件基础，同时还要紧紧抓住傈僳族传统民俗文化作为品牌打造的亮点，使傈僳族的文化传承和发展真正做到"人无我有，人有我精，人精我新"，在游客的脑海中留下不可磨灭的印象。还要不断发掘乡村的文化内涵与底蕴，开发独具文化特色的旅游产品，不能局限于表面层次的观光，也不能局限于资源的表面现象，要注重综合的发展与深层次的情感交流，才能开发出具有民间文化特色的、具有独特的乡村气息的旅游产品。比如像"阿尺木刮"这样的传统民族歌舞表演，不仅能在视觉感官上带给游客新鲜感，而且通过游客的参与能让他

们乐在其中，加深对傈僳族传统文化的感触和印象。

4. 借助网络和新媒体平台，做好同乐的宣传和推广，大力推广科技在乡村的利用，推动乡村智慧旅游的发展

同乐村独具特色的旅游资源对游客是最大的吸引物，要让更多的游客认识同乐，就要利用网络的便捷做好宣传和推广。伴随着当前信息化、多元化的发展，科技为旅游业的发展提供了更多发展的模式。现今的旅游方式与从前相比有很大的改变，游客在选择旅游目的地之前大多会利用网络做好旅游攻略，此时，旅游地能否以最直观的方式向游客展现当地的风土人情、美景文化、周到服务就会成为游客选择的重要参考。要让游客对旅游地产生兴趣，一是可以通过互联网让游客以图片、文字等方式认识和了解同乐；二是可以让年轻人通过直播、短视频等新媒体手段把更生动的同乐展示出来。同时，利用云技术建设当地特色旅游平台，让游客通过一部手机就能实现旅游咨询、预约等一系列活动，这些是当前乡村智慧旅游发展的一个趋势，而良好的旅游体验本身也会让游客成为自发的宣传者。现代物流业的发展，也可以让乡村结合本地农特产品和工艺品等建立网络销售平台，不仅能拓宽农村的发展途径，而且有利于宣传当地乡村旅游。因此，大力推广科技在乡村的运用，大力发展农村智慧旅游，能够让乡村旅游发展得更好。

从总体上说，同乐村有着丰富的文化旅游资源，但在乡村旅游的发展中这些资源还没有得到充分利用和开发。在同乐村发展乡村旅游的过程中，对其丰富的非物质文化遗产进行充分展示和开发利用具有极其重要的意义，一方面可以让更多的人深刻地了解和认识到这些非物质文化遗产的宝贵，得到更好的传承与发展，使该地域的非物质文化遗产能够获得本民族的认同感，丰富人们的精神生活；另一方面可以为促进经济发展提供契机，使整个村落得到更好的发展，非物质文化遗产得到更好的延续。在对非物质文化遗产进行开发利用的同时，还要在旅游和文化的结合上做好文章，打造好能吸引客人的闪光点。

后 记

　　《探索与实践——迪庆州发展乡村旅游的思考》一书是迪庆州委党校教师对国家发展乡村旅游、中央 1 号文件、美丽乡村建设以及精准脱贫政策全面解读的具体研究和实践，课题组在校领导的直接领导下于 2018 年 4 月成立，课题组组长孙志娟，课题组成员彭晓岚、王蔷、杨绕才、李文敏、张红艳（德钦党校）、张艳（维西党校）。经过反复的讨论，最终确定了写作的提纲和框架，明确了课题组成员各自承担的写作内容，2018 年 4—5 月，课题组成员确定了调研路线和调研内容，对全州发展乡村旅游的基本情况进行了实地调研。

　　在调研过程中，课题组成员深入田间地头、民宿客栈，与当地群众和乡村旅游从业者面对面进行交流，了解他们的真实想法、发展乡村旅游的瓶颈和优势，大家积极为迪庆的乡村旅游发展建言献策。在调研中，课题组得到了调研对象的大力支持和帮助，他们给我们提出了许多思路，让我们从中获得了启发，在这里，我们对接受调研、访谈的群众、乡村旅游经营者、乡镇干部表示衷心的感谢！

　　在本书撰写期间，校领导、科研办多次对进度和写作质量进行了监督和把关，为课题组调研、撰稿做了许多协调工作，并且在学校经费有限的情况下，保障了本书调研和出版的所有经费。这也是本书得以面世的基础，特此表示感谢。

　　课题组在查找资料、实地调研的过程中，得到了尼西乡政府、巴拉格宗经营公司、三坝乡政府、哈巴村委会、金江乡政府、车轴村委会、上江乡政府、塔城乡政府、启别村委会、巴珠村委会、攀天阁乡政府、叶芝乡政府、同乐村委会、茨中村委会、西当村委会、奔子栏乡政府、玉洁村委会、德钦县旅发委、维西县旅发委、香格里拉市旅发委、迪庆州旅发委、迪庆州发改委等单位的大力支持，在此表示衷心的感谢！

　　乡村旅游的发展涉及经济、社会、文化、宗教等各个方面，需要深入研究的问题有很多。我们选取的仅仅只是其中的一些方面，由于课题组成员水平有限，研究得还不够透彻，撰写的内容也还不够全面，书中难免会出现不足之处，在此，敬请各位领导、专业人员以及读者朋友提出宝贵的意见，给予批评指正，以便于我们进一步提高科研能力。再次致谢！

本书编写组

2019 年 7 月 20 日